何谓中国

姜义华 著

东方出版中心有限公司

图书在版编目（CIP）数据

何谓中国 / 姜义华著. ——上海：东方出版中心, 2021.7（2025.1重印）
ISBN 978-7-5473-1867-6

Ⅰ.①何… Ⅱ.①姜… Ⅲ.①中国历史——研究 Ⅳ.①K207

中国版本图书馆CIP数据核字（2021）第132604号

何谓中国

著　　者　姜义华
责任编辑　万　骏
封面设计　王　媚

出版发行　东方出版中心
地　　址　上海市仙霞路345号
邮政编码　200336
电　　话　021-62417400
印　刷　者　上海万卷印刷股份有限公司

开　　本　890 mm×1240 mm　1/32
印　　张　9.75
字　　数　177千字
版　　次　2021年10月第1版
印　　次　2025年1月第3次印刷
定　　价　58.00元

版权所有　侵权必究
如图书有印装质量问题，请寄回本社出版部调换或拨打021-62597596联系。

目 录

第一编　历久弥新的中国　/001
　　　　中为天下之大本　/003
　　　　生生不息是中国　/013
　　　　拥有独立主权的中国　/022
　　　　谋求国际平等地位的中国　/029
　　　　正在加速实现现代化的中国　/036

第二编　多元一体的中国　/043
　　　　创造了中华文明的中国　/045
　　　　各族群多元一体的中国　/050
　　　　地理上乃至生态上的中国　/056

第三编　人文化成的中国　/073
　　　　以人为主体的中国　/075
　　　　礼仪之邦的中国　/088
　　　　国魂与民魂重铸的近代中国　/131
　　　　走向现代的文化中国　/162

第四编　大一统的中国　/183
　　　　构建了大一统国家治理制度体系的中国　/185
　　　　百年来大一统国家成功再造的中国　/217
　　　　伟大的解放运动：改革开放四十年的中国　/267
　　　　中华文明历史性跃进的中国　/276
　　　　惟精惟一，允执厥中：以中国共产党为中流砥柱的
　　　　　中国　/288

后记　/305

第一编
历久弥新的中国

第一出

副末开场并家门

中为天下之大本

"中国"两个字里的"中",在汉语言文字中有着特殊而重要的含义。笔者在2012年出版的《中华文明的根柢》里曾有一段专门的论述,略作修订,摘录如下:

《礼记·中庸》一个非常重要的立论是:"中也者,天下之大本也;和也者,天下之达道也。致中和,天地位焉,万物育焉。"与此相应的另一段论述是:"唯天下至诚,为能经纶天下之大经,立天下之大本,知天地之化育。"

汉代董仲舒《春秋繁露·循天之道》中一段论述与此互相呼应:"成于和,生必和也;始于中,止必中也。中者,天地之所终始也,而和者,天地之所生成也。夫德莫大于和,而道莫正于中。中者,天地之美达理也,圣人之所保守也。"文中进一步阐明:"是故能以中和理天下者,其德大盛;能以中和养其身者,其寿极命。""中之所为,而必就于和……中者,天之用也;和者,天之功也。"

中,被定为本体论的核心概念,是对宇宙万事万物运动变化全面性的本质性的把握。先人早就发现，天地万物一直处于运动变化之中。《庄子·天道》："万物化作，萌区有状，盛衰之杀，变化之流也。"《庄子·秋水》："物之生也，若骤若驰，无动而不变，无时而不移。"然而，所有这些运动变化，实际上都遵循着一定的规则，都是有规律可循的，这就是《易经·系辞上传》所说的"天下之至动而不可乱也"，《易经·系辞下传》所说的"天下之动，贞夫一者也"。这里的"一"，后来就被归结为"中"。

　　中，又是对宇宙万事万物互相矛盾又互相统一状态全面性的本质性的把握。先人同样早就发现，宇宙万事万物无不处于互相矛盾又互相统一状态之中。人们所熟知的《易经·系辞上传》说："一阴一阳之谓道。"整个《易经》六十四卦，就是以阴阳二爻六十四种不同组合说明宇宙万事万物如何既互相矛盾又互相统一。《易经·系辞上传》说："刚柔相推而生变化。"互相矛盾又互相统一，指的是任何事物内部都必然包含着互相对立的两个方面，但是，这互相对立的两个方面又必然相依而存在，无彼即无此，无此亦无彼，两者互相渗透，在一定条件下向对方转化。《老子》中对此有过非常透彻的论述。该书第2章中说："有无相生，难易相成，长短相形，高下相倾，音声相和，前后相随。恒也。"说的就是对立的双方如何向对方转化。第39章中说："昔之得一者：天得一以清；地得一以宁；神得一以灵；谷得一以盈；万物得一以生；侯王得一以为天下贞。"

第 42 章中说:"道生一,一生二,二生三,三生万物。万物负阴而抱阳,冲气以为和。"说的则是所有这些矛盾运动都源于宇宙本根,而它们无论怎样千差万别,总离不开这一宇宙本根。

中,还是对宇宙总运动总变化全面性的本质性的把握。既然本体是"中",那么宇宙总运动便绝不是既无始点又无终点的线性运动,宇宙总变化便绝不是同样既无始点又无终点的线性变化,因为在这种线性运动变化中不可能有中心、中点。中,被定为本体论的核心概念,是将宇宙的运动变化视为一个时空互相紧密结合的三维立体的或球形的整体,它既包括由中心点向四面八方发散的运动和变化,同时又包括紧紧环绕着中心点不断周而复始地进行的向中心回归的运动和变化。《易经·泰卦》爻辞已说:"无平不陂,无往不复。"《复卦》爻辞更说:"反复其道,七日来复。"《老子》第 16 章:"万物并作,吾以观复。夫物芸芸各复归其根。归根曰静,是谓复命;复命曰常,知常曰明。不知常,妄作,凶。"观复,就是观察万事万物周而复始的运动。由生到死,又由死到生,"夫物芸芸各复归其根"。只有认识到万事万物周而复始的运动本是常态,方才能够避免妄作非为,顺应自然之理。第 25 章说:"有物混成,先天地生。寂兮寥兮,独立不改,周行而不殆,可以为天下母。"

"中",作为知识体系和价值体系的一个核心观念,早在商代留下的甲骨文文献里,已经清晰地显现出来。

"中"字在甲骨文中作:

合29790 何组	合7363正 宾组	合27902 无名组	合29791 无名组
合补13169 黄组	怀1384 无名组	屯2529 无名组	花东75 花东子卜辞
花东286 花东子卜辞	合5574 宾组	合14859反 宾组	合23687 出组
合32982 历组	H11:57+155+163 西周	H11:112 西周	
合6449 宾组	合7369 宾组	合13375正 宾组	合19439 宾组

·006·

前贤根据这些形状，解释中字象形旗杆，上下有旌旗和飘带，旗杆正中竖立。这一解释，没有关注其间正方形、长方形或椭圆形、圆形是何意义。而这里的正方形、长方形或椭圆形、圆形，则很可能代表着居所、祭坛、仓库乃至城郭、族群成员生产与生活活动所在的土地。值得注意的是作为标识的旗杆，纵贯居所、祭坛、仓库乃至城郭、族群成员生产与生活活动所在的土地，上通于天，下立于地。从它的空间位置来说，它处在一块四方或圆形的地面的等距离的中轴上，这是一种兼顾四面八方而又有所坚守的空间观，通过阳光之下标杆的阴影，可以测定东西南北方向；从它的时间位置来说，通过阳光之下标杆的阴影，可以同时测定每天不同时辰的变化以及每年季节的变迁。在旗杆上还有处在确定位置、上下二至四条的旌旗或飘带，则不仅用于观察风向，或测验风之有无，而且更显示了在狂风考验中旗杆不可动摇的定力。这是一种兼顾过去未来而又以当下为重的时空观。李大钊1916年在《新青年》杂志上发表的《青春》中说："中华之义，果何居乎？中者，宅中位正之谓也。吾辈青年之大任，不仅以于空间能致中华为天下之中而遂足，并当于时间而谛时中之旨也。旷观世界之历史，古往今来，变迁何极！吾人当于今岁之青春，画为中点。"(《李大钊全集》，第1卷）这是对"中"的时空观相当有见地的解释。

现存甲骨文里有许多"立中"与"勿立中"的记载，如："壬申卜，贞我立中"(811正)；"人申卜，贞我立中"(811反)；"人申卜，贞勿立中"(811反)；"立中"(811反)；"勿立中"（6448）；"贞立中"（6449）；"贞勿立中"（7363 正）；"庚寅卜，永贞王惟中立若"（7363 反）；"庚寅卜，永贞王惟中立若十一月"（7364）；"……卜，争贞王立中"（7365）；"……争贞王立中"（7366）；"己亥卜，争贞王勿立中不黾"（7367）；"丙子，其立中，无风八月"（7369）；"□丙子，其立中，亡风八月"（存 2.88）；"……酉卜贞翌丙子其……立中允无风"（7370）；"□酉卜，宾贞：翌丙子其□子立中？允亡风"（续 4.4.5）；"……子其立中，无风"（7371）；"……卜，争贞王立中"（7365）；"丙子立中"（7373）；"贞勿立中"（7374）；"……卜，争贞王立中"（7365）……所有"立中"或"勿立中"，应当就是卜问要不要在这些居所、祭坛、仓库乃至城郭、族群成员生产与生活活动所在的土地的中央树立作为标识的旗杆，这就是要为时间、空间树立不可随意更易的正确标准，以保证人们的活动具有明确的时空定位。

中，在知识体系中，代表了要兼顾并统领四面八方和古往今来，在价值体系中，则代表了对于"中道""中和"的特别尊崇。

对于"中道"即"中正"与"中和"的重视和尊崇由来已久。据《尚书·虞书·大禹谟》记述，帝舜给大禹传授治理国家的主要经验时，所强调的"允执厥中"，其实就是将"中道"即"中正"与"中和"视为国家和社会生活的根本准则。原文作：

> 帝曰："来，禹！降水儆予，成允成功，惟汝贤；克勤于邦，克俭于家，不自满假，惟汝贤。汝惟不矜，天下莫

与汝争能；汝惟不伐，天下莫与汝争功。予懋乃德，嘉乃丕绩。天之历数在汝躬，汝终陟元后。人心惟危，道心惟微，惟精惟一，允执厥中。无稽之言勿听，弗询之谋勿庸。可爱非君？可畏非民？众非元后何戴？后非众罔与守邦。钦哉！慎乃有位，敬修其可愿。四海困穷，天禄永终。"

这里的"帝"，指的是舜，当帝舜选定大禹承担执掌天下与百姓的重任时，特地将帝尧和他本人执政的心得体会谆谆嘱咐给大禹。其中"人心惟危，道心惟微，惟精惟一，允执厥中"这十六个字，一直被视为尧、舜、禹所代表的执政者品德修养和治理国家经验的精髓，这就是所谓尧舜之道。后来学者多以为《大禹谟》为东晋梅赜杜撰，但《论语·尧曰》已有类似说法："尧曰：'咨！尔舜！天之历数在尔躬，允执其中。四海困穷，天禄永终。'舜亦以命禹。"《荀子·解蔽》中也曾引用古代经书说："故《道经》曰：'人心之危，道心之微。'危微之几，惟明君子而后能知之。"新近发现的郭店楚墓竹简和上海博物馆藏《战国楚竹书》中的《缁衣》，直接引用《大禹谟》文字，《墨子》中也有与《大禹谟》类似记述，足证《大禹谟》当是先秦文献。宋代朱熹等认定这十六个字是尧、舜、禹道统的真传，并非无根之谈。

这里的"中"，并非无原则的折中，而是对宇宙万事万物互相矛盾又互相统一的运动坚持总体性、全面性、本质性的认知和自觉应对，在价值取向上，这就是以"中正"与"中和"

为内核的"中道"。

源于印度的佛教也信奉"中道"。龙树的《中论》所说的"中道",是不生不灭、不断不常、不一不异、不来不去这"离于二边"的"八不"。要人们在修行上,不偏于苦行或纵乐的生活,在思想上,超越生或灭、有或无、常住或断灭、统一或差异、来或去等互相对立的各种极端的见解。佛教的"中道",重在破除众生的自性执,破除一切有所得的迷执。

尧、舜、禹以来所倡导的"中道"和佛教所信奉的"中道"有可相通之处,但又有很大差别。《论语·尧曰》中所说的"允执其中",《尚书·盘庚》中所说的"各设中于乃心",《尚书·酒诰》中所说的"作稽中德",《论语·子路》中所说的"得中行",《论语·雍也》中所说的"中庸",一是强调在认识世界和采取行动时必须自觉地考虑任何事物都包含互相对立的各种成分,要"执其两端",不能偏执于某一局部、某一侧面;更要"爱而知其恶,憎而知其善",力求客观、全面;还要努力做到"中立而不倚",即兼顾各个方面,避免"过"与"不及"。二是强调要善于将对立的双方结合起来形成新的统一体,《礼记·表记》专门述孔子论虞舜为何成为实行"中道"的楷模:"后世虽有作者,虞帝弗可及也已矣。君天下,生无私,死不厚其子,子民如父母;有憯怛之爱,有忠利之教,亲而尊,安而敬,威而爱,富而有礼,惠而能散。其君子尊仁畏义,耻费轻实,忠而不犯,义而顺,文而静,宽而有辨。《甫刑》曰:'德威惟威,德明惟明。'非虞帝其孰能如此乎？"其三是如《礼记·中庸》所述，承认"万物并育而不相害，道并行而不相悖，小德川流，大德敦化"。其四，是在时间维度上注意适应时代变迁而改变自身，这就是"君子而时中"。总之，这里的"中"，与"和"紧密相连，"致中和，天地位焉，万物育焉"。古代印度佛教所崇奉的"中道"是在观念世界中消弭各种矛盾与对立，中国古代所崇奉的"中道"则是在现实世界中努力了解矛盾对立的各方内在的相通、相容、相融之处，让它们在积极互动、和合、结合中共生共存，并通过创新而获得新生命、新发展。这是中国古代所崇奉的"中道"与古代印度佛教所崇奉的"中道"根本区别之所在。

《说文解字》卷一："中，和也。"清代段玉裁《说文解字注》将"和也"改为"内也"，说："俗本'和也'。非是。当作'内也'。宋麻沙本作'肉也'。一本作'而也'。正皆内之伪。入部曰：'内者，入也；入者，内也。'然则中者，别于外之辞也，别于偏之辞也，亦合宜之辞也。作内，则此字平声、去声之义，无不赅矣。许以和为唱和字。龢为谐龢字。龢、和皆非中之训也。《周礼》'中失'，即得失。从囗丨，下上通也。按，中字会意之恉，必当从囗，音围。卫宏说用字'从卜丨'，则中之不从囗明矣。俗皆从口，失之。云下上通者，谓中直或引而上，或引而下，皆入其内也。陟弓切，九部。"段玉裁此说，擅自改动许慎原文，将"和"改为"内"，从区别内外来界定"中"的含义。其实，现存宋代刊本《说文解字》皆作"和也"，并非段玉裁所说"俗本"误植。许慎将"中"字诠释为

"和也"可能更加符合"中"字古义。"中"字确实包含有区别于外部的"内部"这一层意义，但是，从甲骨文"立中"的众多记录可以看出，至少在那时，"中"的含义，除去中间、中部、中等、中流、中心等方位指向性意义外，更主要的已经是中枢、中轴、中坚、中规、中矩、中正、中和、中道等具有核心价值地位的价值诉求性意义。

于此，我们就可以深入了解在中华文明形成和发展过程中，"中"字为什么会成为国家、文明、文化和人自身认同的共同标志，会成为中国人知识体系与价值体系的共同归趋。

生生不息是中国

从《尚书·虞书·大禹谟》中的"惟精惟一，允执厥中"可以看到，早在尧、舜、禹时代，体现了中正、中和、中道乃至中枢、中轴、中坚、中规、中矩等价值取向的"中"，已经成为治国理政的终极目标。

甲骨文中有诸多刻有"中商"二字的卜辞，如：

……勿于中商（7837）

……巳卜王贞于中商呼……方（20453）

庚辰卜中商（20587）

戊申卜王贞受中商年……月（20650）

胡厚宣认为，商对四方称"中商"，开了后世"中国"称谓的先河。

《诗经·大雅·荡》记录周文王批评商王朝时已经多次使用"中国"这一概念："文王曰咨，咨女殷商。媢然于中国，敛怨以为德。""如蜩如螗，如沸如羹，小大近丧，人尚乎由行。内奰于中国，覃及鬼方。"

现代考古实物所见"中国"一词最早出现在何尊上。何尊是中国西周早期一个名叫何的西周宗室贵族所制之祭器，1963年出土于陕西省宝鸡市宝鸡县贾村镇，收藏于中国宝鸡青铜器博物院，国家一级文物。尊内底部铸有铭文12行、122字，记载了周成王五年四月，周王在成周营建都城，对武王进行丰福之祭后，周成王于丙戌日在京宫大室中对宗族小子何进行的一番训示：

惟王初□，宅于成周，复禀武王礼福自天。在四月丙戌，王诰宗小子于京室，曰："昔在尔考公氏，克弼文王，肆文王受兹大命；惟武王既克大邑商，则廷告于天，曰：'余其宅兹中国，自之乂民。'呜呼！尔有唯小子，亡识视于公氏，有爵于天，彻命。敬享哉！"惠王恭德裕天，训我不敏。王咸诰，何赐贝卅朋，用作□公宝尊彝。惟王五祀。

这一铭文记载了成王继承武王遗志并营建东都成周的史实，当时成王赏了何贝三十朋，何因此作尊，以资纪念。其中涉及"中国"的铭文为："惟武王既克大邑商，则廷告于天，曰：'余其宅兹中国，自之乂民。'"论者多将铭文中的"中国"指为以洛阳盆地为中心的中原地区。但武王灭商，是取代商而统辖全国，这里的"中国"当指商之全境。这个尊上明确提到"宅兹中国",当然很有价值,但这种现代考古收获,其实没有告诉我们更多的信息,古代读过书的人早都知道,在《尚书·周书·梓材》(公元前六世纪汇编)记载周公进谏武王时,即提及"中国":"皇天既付中国民,越厥疆土,于先王肆。"这里的"中国"是指当时周王朝统治下的全国而言。《诗经·大雅·民劳》据说是周朝大臣召伯虎所作,更明白地以"中国"立论:"民亦劳止,汔可小康。惠此中国,以绥四方。"这里的"中国"是周人对自己居住的地域的称谓,他们认为自己位于大地的中央,而四周的民族则分别被他们称为蛮、夷、戎、狄。相对来说,四方就是德义较逊之邦了。后来乃以此而形成了华夷之辨,"中国/四方""华夏/四夷"等区分,皆本于此。如《左传》僖公二十五年载周王赐晋侯以阳樊之地,阳樊不服,围之。苍葛呼曰:"德以柔中国,刑以威四夷,宜吾不敢服也。"《大学》载:"唯仁人流之,迸诸四夷,不与同中国。"《孟子·滕文公上》说:"当尧之时,天下犹未平,洪水横流,泛滥于天下。草木畅茂,禽兽繁殖,五谷不登,禽兽逼人,兽蹄鸟迹之道,交于中国……禹疏九河……然后中国可得而食也……吾闻用夏变夷,未闻变于夷者也。陈良,楚产也,悦周公、仲尼之道,北学于中国。"凡中国与四夷相对时,都用中国来代表文明昌盛之地、礼仪之邦,这里的"中国"都是就当时周王朝统治下的全国而言的。

到春秋战国时期,各诸侯国则自称"中国",其中"国"就是各诸侯的封地,《孟子·公孙丑下》记载了一次齐王的谈话"我欲中国而授孟子室",此"中国"为都城之意。汉朝时则将其统治的中原地区称为"中国",如《史记·武帝本纪》中的"天下名山八,而三在蛮夷,五在中国"。汉朝以来,"中国"一词逐渐演变称为正统的朝代的标志,例如在南北朝时期和宋朝,对峙双方都自称"中国",而不承认对方是"中国"。但中国历史上各个朝代并不把"中国"作为国名使用,而是使用自己独特的名称,如唐、宋、元、明、清等,直到1912年中华民国成立,才将"中国"作为"中华民国"的简称正式使用,使其首次成为具有近代国家概念的正式名称。

王尔敏所撰写的《"中国"名称溯源及其近代诠释》一文将先秦典籍所见的"中国"词称178次汇录成表(《中国近代思想史论》,台北:华世出版社,1977)并引用其他诸多考证资料,说明"中国"一词,自商代起至秦汉统一以前,诸夏民族已普遍习用。研探其所含意旨,约有五类:一是京师,凡9次;二为国境之内,凡17次;三是诸夏之领域,凡149次;四为中等之国,凡6次;五为中央之国,凡1次。该文据此指出:

> 在秦汉统一以前,"中国"一词所共喻之定义已十分明确。那就是主要在指称诸夏之列邦,并包括其所活动之全部领域。至于此一称谓之实际含义,则充分显示民族文化一统观念。诸夏列邦之冠以"中国"之统称,主要在表明同一族类之性质与同一文化之教养之两大特色。因为实

际上自远古以来并无政治统一之事实，而族类之混同，则已构成一致同血缘之庞大族群，在当时则称为诸夏。同时文化之融合与同化，也已构成一致之观念意识、生活习惯、语言文字与社会结构，在当时则形容为中国。所以"中国"称谓之形成，实际显示出当时中华族类全体之民族与文化统一观念。

178次中含"中央之国"之意的只有1次，见之于《列子》，原文为："南国之人，祝发而裸；北国之人，鞨巾而裘；中国之人，冠冕而裳。"所强调的其实还是文教的差异。王尔敏上述研究成果清楚表明，"中国"这一名词从商代到秦汉统一以前，作为一个地理名词、文化名词、族类名词，实际已经逐渐形成了共识。地理上，它当时指黄河中下游的周、晋、郑、齐、鲁、宋、卫等国；文化上，它表现为"以诗书礼乐法度为政"（《史记·秦本纪》），如赵国公子成所说："中国者，聪明睿知之所居也，万物财用之所聚也，贤圣之所教也，仁义之所施也，诗书礼乐之所用也，异敏技艺之所试也，远方之所观赴也，蛮夷之所义行也"（《战国策·赵策三》）；族类上，当时以"中国"自居者，都称作华夏族。"中国"当时正以上述这些特征而与所谓东夷、南蛮、西戎、北狄相区别。

秦汉统一以后，"中国"这一名称的政治意义更为现实，它所包含的地理、文化、族类意义也与此相应而有所变迁。首先，地域大大扩展了；其次，在文化上、族类上，原先的所谓东夷、南蛮、西戎、北狄，先后不同地都逐渐成了"中国"的一个组成部分。对此，王尔敏的上述论文指出：

> 古代"中国"在地球上所笼罩固定领域之范围，秦汉统一前，当已形成了共喻之理解。就是普通观念之中国，载于文献者，均漫指黄河及淮河流域之大部分。而沿边裔之秦、楚、吴、越则不在"中国"领域之内。至秦统一之后，形成政治大一统局面，中国行政制度改变，遂使"中国"称谓之实义又有新确立，不但三十六郡沿为正确之中国领域，而东南至于海，北到于塞，西接流沙，则俱为秦汉时代所共喻之中国领域。

历史的进程是曲折的。秦、汉统一以后，中国又经历了一个相当长的分裂时期。晋室南渡后，东晋人将十六国斥为夷狄，南北朝时，南朝骂北朝为索虏，北朝骂南朝为岛夷，不过，它们都以"中国"自居。隋唐统一，使"中国"版图进一步扩大，和周围各地区联系进一步密切。经由五代十国的分裂至宋统一，又有辽、金、西夏等国与之相峙。继此之后，经由从成吉思汗到忽必烈祖孙三代的经营，渐次统一了蒙古高原上的蒙古各部、突厥各部，东北和黄河流域的金，宁夏、甘肃的河西和鄂尔多斯一带的西夏，新疆的西辽，西藏的吐蕃各部，云南的大理，以及淮河、长江、珠江流域的南宋，再次形成了空前的大一统局面。所有这些地区，都是"中国"的一部分。

明朝时期，这个大一统局面又受到破坏。而到清朝建立时，经过从努尔哈赤、皇太极到顺治、康熙、雍正、乾隆六代二百多年的经营，形成了比之元朝远为稳定的新的大一统国家。

主持编绘八卷本《中国历史地图集》的谭其骧教授在《历史上的中国和中国的历史疆域》(《长水集续编》，北京：人民出版社，1994）一文中提出："我们应该采用整个历史时期，整个几千年来历史发展所自然形成的中国为历史上的中国。"他认为，17、18世纪的清版图便代表了这个由几千年历史发展而自然形成的中国的范围。他分析了中原地区与各个边疆地区长期以来经济、文化、政治的关系，指出："随着历史的发展，边区各族和中原汉族之间的关系越来越密切了，形成了一种相互依存的关系，光是经济文化的交流关系不够了，光是每一边区和中原的合并也不够了，到了17、18世纪，历史的发展使中国需要形成一个统一的政权，把中原地区和各个边区统一在一个政权之下。而清朝正是顺应了历史发展的趋势，完成了这个统一任务。"他特别强调了"自然形成"这一根本特征，指出，当时清朝之所以能够在这么大的范围之内完成统一，绝不是仅仅因为那时的清朝在军事上很强，这个统一之所以能实现，首先是因为清朝以前，中原地区已和各个边疆地区关系很密切，不但经济、文化方面很密切，并且在政治上曾经几度同处在一个政权统治之下。如东北地区在唐朝时候已经建立了若干羁縻都督府、羁縻州，经过辽、金的统治和明朝奴尔干都司的治理，清朝时走向统一便是自然趋势。北方蒙古高原上匈奴与汉朝曾多次战争，后来分裂为南北匈奴，南匈奴降汉；唐朝灭东西突厥，一度统治了整个蒙古高原；元朝时蒙古高原属岭北行省；清朝时，绝大多数蒙古部落均纳入国家的版图之中。今新疆地区，西汉设西域都护府，唐设安西、北庭都护府，元置哈密力、北庭和哈剌火州，至1884年清政府在新疆设省。吐蕃和唐有过相当密切的交往，彼此征伐、和亲不断，元时始为宣政院辖地，明时置乌斯藏都司及朵甘都司，后来长期处在厄鲁特蒙古统治之下，至清朝经营青海、西藏地区，创设驻藏大臣制度，遂渐成体制。台湾地区在明朝后期已有颜思齐、郑芝龙等人去那里建立了汉人政权，后来荷兰人入侵，郑成功在1661年从荷兰人手中收复了台湾，奉明朝正朔，1683年为清朝所平定。所有这些地区在清朝时走向统一，同样都是自然趋势。这个统一到清王朝时终于巩固下来，稳定下来，主要不是靠军事征服、军事胜利，"主要的原因是中原需要边区，边区更需要中原，需要统一在一个政权之下，这对中原人民有利，对边区人民更有利"。正是有了社会、经济的基础，中国在18世纪中叶至1840年稳定的版图内实现了政治的统一。这时"中国"作为一个地理名词，已涵盖了满、蒙、藏、维、汉等各个民族以及所有这些民族的文化。谭其骧上述文章论及清朝创建的特征时曾指出："清朝统一基本上就是统一满、汉、蒙三区。蒙区实际上包括维吾尔地区及藏区……一六三六年皇太极即皇帝位，把国号大金改为大清，臣下所进呈的劝进表就是由满、蒙、汉三种文字组成的，充分表明这个王朝是由满、蒙、汉三种人组成的。据我来看，这是顺应历史潮流的。因为到了十六世纪、十七世纪，汉、满、蒙等中国各民族已经迫切需要统一。"努尔哈赤建满洲八旗，皇太极建蒙古八旗、汉军八旗，三支八旗成为创建清朝的骨干力量，这也是谭其骧教授上述论点的有力佐证。正由于清朝系满族联合蒙、汉两族共同创建，对于各民族在政治上走向统一，文化上走向共同发展，便比之先前各个时代更为有利。尽管在这中间也有不少摩擦与冲突，但汉族以外的各民族和他们的民族文化成为中华民族和中国文化不可分割的一部分，则已确定无疑。

由此可知，历史的中国生生不息，尽管代有变迁，但她的主体部分或核心结构早就已经确定无疑、巩固地自然形成。1840年以后，当西方列强来到东方时，所面对的正是这个确定无疑的中国。王尔敏先生《近代中国知识分子应变之自觉》，遍举当时著名的知识分子66人所提出的变局言论，其中凡述及"中国"或"中外"者，所指的"中国"，都正是这一确定无疑的中国（《中国近代思想史论》）。这些事实表明，人们对于"中国"一词的地理含义、政治含义、文化含义、族类含义，早就已经形成了无可置疑的共识。

拥有独立主权的中国

在古代自给自足的生产方式支配下，人们通常更多关心的是自己的家庭、家族，国家主权意识相对比较淡薄。近代以来，中国遭逢几千年来所未有的巨变，外患内忧，催生了人们极为强烈的国家主权意识。

众所周知，中国从 19 世纪中叶起，就遭到当时最发达的资本主义国家英国、美国、法国以及俄国的不断侵凌。19 世纪末，新崛起的德国、日本也咄咄逼人地肆虐于中国。附从这六大强国的还有一批西方的中小国家。列强凭借炮船的威胁，取得了一系列特权。汪敬虞在《资本、帝国主义国家在近代中国的特权》一文中，将列强所攫取的特权分成"根据不平等条约取得的特权"和"没有条约根据的特权"两类。条约特权有：条约口岸，协定关税，领事报关，租赁土地房屋（后来侵略者歪曲条约而辟为租界），片面最惠国待遇，驻军，治外法权，免征税收，内港引水，雇佣买办，办理邮政，内地传教，内地游历通商，内河航行，协定内地通过税，贩卖鸦片，管理海关行政，掠卖华工，租借地，减征税收，沿海转运贸易，势力范围，修筑铁路，口岸设厂，内地开矿，敷设有线电报，收存税款，管理盐务行政，管理无线电台，航空运载，等等；没有条约根据的特权有：外国在中国开设银行，外国银行在中国发行纸币，对中国政府贷款，直接向烟农收购烟叶，外国在中国兴办农场，等等（《中国社会科学院经济研究所集刊》，第10集，北京：中国社会科学出版社，1988）。除去这些特权外，列强还屠杀中国军民，割占中国大片领土，帮助清王朝血腥镇压中国民众运动，在租界及其铁路附属地内为所欲为。诚如湖南巡抚王文韶在1874年一份奏折中所说："窃惟中国之有外患，历代皆然，而外洋之为中国患如此其烈，实为亘古所未有。"（《筹办夷务始末》，同治朝，卷99）独立与主权问题就是这样极为尖锐地摆在中国面前的。

早在19世纪70年代，一批先觉者已经明确提出了维护国家自立与主权的问题。王韬已将列强所获取的各种侵及中国主权的特权称作"额外权利"，而要求予以收回（《除额外权利》，见《弢园文录外编》，卷3，北京：中华书局，1959）。郑观应已强调必须在确定税率时坚持独立自主，指出，交涉中"一切章程均由各国主权自定，实于公法吻合"（《盛世危言》，正续编，卷3）。到19世纪末、20世纪初，"主权"一词已相当流行。约翰·施莱克在《帝国主义与中国民族主义：德国在山东》一书中，曾统计了"主权"在《清季外交史料》一书中出现的次数，1875年至1894年每百页出现1次，1895年至1899年每百页出现2.5次，1900年至1901年每百页出现次数增至8.8次，1902年至1910年每百页出现次数更增至22次。陈独秀1904年在《安徽俗话报》上发表的《说国家》一文指出："凡是一国，总要有自己做主的权柄，这就叫做'主权'……一国之中，像那制定刑法、征收关税、修整军备、办理外交、升降官吏、关闭海口、修造铁路、采挖矿山、开通航路等种种国政，都应当仗着主权，任意办理，外国不能丝毫干预，才算得是独立的国家。若是有一样被外国干预，听外国的号令，不得独行本国的意见，便是别国的属地。凡是一国失了主权，就是外国不来占据土地，改换政府，也正是鸡犬不惊，山河易主了。"（《陈独秀著作选》，第1卷，上海：上海人民出版社，1993）这一认识，出自一位25岁青年之口，而且以白话阐述，足以说明主权意识这时已经在人们国家意识中占据了突出的地位。正因为如此，收回已经丧失的主权、保护主权自立，成了当时爱国者的普遍呼声。康有为发起成立保国会时说："本会以国地日割，国权日削，国民日困，思维持振救之，故开斯会，以冀保主，名为保国会。"（《湘报》，第68号，光绪二十四年四月五日出版）其后各地成立的各类公法学会、国权挽救会、保矿会、保路会、保界会，都将保护和收回国家主权作为他们直接的奋斗目标。

怎样才能维护国家主权？起初，人们寄希望于公理、公法，以为可以据此向列强力争；很快人们发现，列强常常肆无忌惮地践踏这些公理、公法。人们又寄希望于朝廷励精图治，有所作为；但是，不多久，人们就失望了。于是，人们转而寄希望于民权。汪康年在《论中国参用民权之利益》中写道：" 若夫处今日之国势，则民权之行尤有宜亟者。盖以君权与外人相敌，力单则易为所挟，以民权兴外人相持，力厚则易于措辞。"（中国史学会主编：《戊戌变法》，第3册，上海：神州国光社，1953）严复在《原强》中进而强调："积人而成群，合群而求国。国之兴也，必其一群之人，上自君相，下至齐民，人人皆求所以强，而不自甘于弱，人人皆求所以知，而不自安于愚。"（王栻主编：《严复集》，第1册，北京：中华书局，1986）他强调了齐民为国家的主体，维护国权必待其群都能奋起努力，但他认为当时所可实际去做的只是鼓民力、开民智、新民德，即宣传启发民众。与此差不多同时，梁启超已更为明确地提出了振兴民权的重要性。他说："君权日益尊，民权日益衰，为中国致弱之根源。"（《饮冰室合集》，文集1，上海：中华书局，1936）为此，他要求大力鼓吹民权之说，大力伸张民权，断言："民权兴则国权立，民权灭则国权亡"，"若人权尽复，民智大开，则人知爱国，下令流水，国权乃一张而不可仆，主权亦一隆而不可替。"（《爱国论》，见《饮冰室合集》，文集3）。其后，以"国民"为刊名的《国民报》在《二十世纪之中国》一文中进一步系国家命运于全体国民："今日已二十世纪矣，我同胞之国民，当知一国之兴亡，其责任专在于国民。"（《国民报》，第1期）到了邹容的《革命军》及提倡民族、民权、民生三大主义的孙中山那里，民权更具体化为建立"中华共和国""建一大共和国以表白于世界"（"中华共和国"见之于邹容《革命军》，"建一大共和国以表白于世界"见之于孙中山《在东京中国留学生欢迎大会上的演说》)。

主权意识的增强,推动了拒俄、抗法、抵制美货、保矿、保路等运动的高涨;民权意识的增强,促进了立宪运动与革命运动的展开。这些运动汇合在一起,终于推翻了丧权辱国的清王朝的统治,迎来了中华民国的诞生。

"中华民国"的命名及其诞生,在中国近代国家意识的发展中具有重要的地位。这是周、秦以来第一次将已经流传数千年的"中国"两字径直用来作为正式的国名。"中华民国"四字出自中国同盟会"恢复中华,建立民国"誓词。孙中山、黄兴、章太炎等人1906年所制定的《中国同盟会革命方略》解释"恢复中华"时强调:"中国者,中国人之中国;中国人之政治,中国人任之……敢有为石敬瑭、吴三桂之所为者,天下共击之。"在解释"建立民国"时强调:"今者由平民革命以建国民政府,凡为国民,皆平等以有参政权……敢有帝制自为者,天下共击之。"(《孙中山全集》,第1卷,北京:中华书局,1981)为推翻清朝统治,革命派曾起劲地鼓吹过"驱除鞑虏",但是,在武昌起义后,鼓吹"反满"最力的章太炎便致书满族留日学生,说道:"若大军北定宛平,贵政府一时倾覆,君等满族,亦是中国人民,农商之业,任所欲为,选举之权,一切平等。"(冯自由:《清肃王与革命党之关系》,见《革命逸史》,第5集,上海:商务印书馆,1939)孙中山1912年1月1日就任中华民国临时大总统职时所发布的宣言书中,第1条就宣布:"国家之本,在于人民。合汉、满、蒙、回、藏诸地为一国，即合汉、满、蒙、回、藏诸族为一人。是曰民族之统一。"(《临时大总统宣言书》，见《孙中山全集》，第 2 卷，北京：中华书局，1982）明示"中华民国"是生活在中国广大领土上的所有各族共有的统一国家。孙中山在临时大总统就职宣言书中还宣布，中华民国决心谋求实现"领土之统一""军政之统一""内治之统一""财政之统一"。在参议院 1912 年 3 月议决的《中华民国临时约法》总纲中明确宣布："中华民国，由中华人民组织之。""中华民国之主权，属国民全体。""中华民国领土，为二十二行省，内外蒙古、西藏、青海。"(《孙中山选集》，北京：人民出版社，1981）这时，由于民众的崛起范围还很有限，中华民国的根基并不坚实。也就没有足够的力量解决收回已经丧失的主权以及防止主权继续丧失的问题。孙中山就任临时大总统时，在《宣告各友邦书》中就不得不宣布继续承认革命以前清政府与各国所缔结的各种条约、向各国所借的外债以及各种赔偿，继续承认先前所让于各国的种种权利。已经割让给日本的台湾领土收回问题，也因此未在《临时约法》中提出。但是，中华民国的建立这一实践对于主权意识与民权意识的普及和深化所起的推动作用，其力度、广度都非往昔各种宣传和运动所可比拟，正因为如此，民众奋起为维护国家主权而进行斗争，其规模、其成效也都非往昔所可比拟。蓬勃开展的反对沙俄分裂外蒙古及反对英国侵略西藏的斗争，反对日本所提出的"二十一条"的斗争，程度不同地挫抑了列强的气焰。在第一次世界大战中，1917 年中国对德、奥宣战，废止了中德、中奥间所有条约合同、协定，收回了德国在天津、汉口的租界和奥国在天津的租界，取消所有德、奥在中国的领事裁判权等各种特权。1919年的五四爱国运动，终于迫使北洋政府拒绝在继续维护列强特权的《巴黎和约》上签字。1920年3月，中国收回了中东铁路界内的主权。1922年中国收回已被日本侵占了八年之久的胶州原德国租借地。1924年5月，中苏签订了《解决悬案大纲协定》，宣布沙俄和中国签订的一切条约一概无效，苏联放弃在中国境内的一切租界、租借地，取消在中国的治外法权和领事裁判权。这是中国近代国家意识日臻成熟，在争取国家自立、保障国家主权方面所取得的第一批成果。在以后的岁月里，经过了艰苦卓绝的努力、奋斗和牺牲，中国人民在中国共产党的领导下，推翻了帝国主义、封建主义和官僚资本主义的反动统治，建立了人民当家作主的新中国，彻底收回了国家主权。自此，中国一扫百年屈辱，结束了半殖民地、半封建社会的历史，作为一个拥有完全独立主权的国家屹立于世界民族之林。

谋求国际平等地位的中国

1924年1月召开的中国国民党第一次全国代表大会，实现了中国国民党与中国共产党的合作，对民族主义、民权主义、民生主义作了新的解释，有力地推动了工人运动、农民运动、学生运动、市民运动和妇女运动的发展。中国国家意识的发展，这时，集中为一个目标，这就是孙中山以中国国民党名义发表的《北伐宣言》中所说的"造成独立自由之国家，以拥护国家及民众之利益"，"要求重新审订一切不平等之条约，即取消此等条约中所定之一切特权，而重订双方平等互尊主权之条约，以消灭帝国主义在中国之势力"。这也就是"令中国出此不平等之国际地位"，而"蹈于国际平等地位"（《孙中山选集》，第2卷）。

声势浩大的五卅运动，粉碎广州商团叛乱，省港大罢工以及北伐战争的节节胜利，给予帝国主义在中国的特权以前所未有的猛烈冲击。广大民众为使中国摆脱被凌辱、被欺侮的屈辱地位，强烈要求废除强加于中国的各种不平等条约，和各国建立双方平等、互尊主权的新型关系。借助广大民众同仇敌忾之势，1926年8月，中国收回了上海公共租界内的会审公廨；

1927年初，中国收回了汉口、九江的英租界；接着，中国又陆续收回了镇江、威海卫、厦门的英租界，并相继与美、比、葡、英、法、日等国签订关税条约，废除各国在中国的协定关税权，收回了关税自主权。但是，中国并没有沿着这一趋势发展下去而取得国际平等地位，原因在于这时遇到了19世纪后半期以来最为严峻的外部及内部的挑战。

外部的挑战，首先在于日本军国主义悍然侵入中国东北，企图独霸东亚乃至整个亚洲太平洋地区。这一事件与德国在欧洲重新崛起相呼应，在世界范围内引发了一场新的争夺世界或区域霸权的斗争，并由此导致第二次世界大战的爆发。

内部的挑战，来自以蒋介石为代表的特殊利益集团，他们在北伐战争势如破竹向前发展之时，为保障自己的特殊利益，转而向列强妥协，乞求得到他们的支持，同中国共产党分裂，将如火如荼的工农运动镇压下去。当日本军国主义的铁蹄步步进逼时，他们采取了"不抵抗政策"，致使东三省失陷，华北被蚕食，最后华东、华中、华南及中国其他广大地区惨遭蹂躏。

面对国家危亡的严峻形势，中国人民认识到，侵略者不但不让中国与其他国家"平起平坐"，还要完全灭亡中国。中国人民奋起反对妥协、投降，掀起了轰轰烈烈的抗日救亡运动，推动了国共两党第二次合作，实现了全民族团结一致，坚持了十四年的抗日战争。

抗日救亡运动与十四年的浴血抗战，对于中国走向主权独立、取得国际平等地位起了巨大作用。尽管中国主要工业总产值这时只达到欧洲小国水平,但是中国人民保卫国家的独立、主权、自由的不屈意志和面对强敌英勇无畏的斗争精神,使中国成了世界反法西斯战争中足以和苏联、美国、英国相匹敌的反法西斯主力之一,中国因此赢得了世界上众多反法西斯国家的崇敬和广大爱好和平的人民的同情,终于取得了世界大国的地位,成了1942年1月1日签署《联合国家共同宣言》的26国中带头的四大国之一[①],1943年10月30日又与美、英、苏三国共同签署《关于普遍安全的宣言》[②],宣布将尽速"根据一切爱好和平国家主权平等的原则",成立大小国家均得参加的"普遍性的国际组织"。1945年中国又与美、英、苏三国一道发起于4月15日在美国旧金山召开"联合国家国际组织会议"。在《联合国宪章》中,中国被确定为联合国安全理事会常任理事国。尽管在此之前,斯大林曾对此表示过异议,表示"无论如何,他不认为中国在战争结束时会是非常强大的",借口

[①] 美国总统罗斯福1942年元旦文告中首次将中国列为"四强"之一。美国国务卿赫尔在解释罗斯福将中国列为"四强"之一的意图时说:"对于中国,我们有两个目标:第一是有效地共同作战。第二是在战时和战后,为了筹建国际组织以及在东方确立稳定和繁荣,承认和把中国建成一个跟俄、英、美这三个西方大盟国具有同等地位的大国。"1943年3月罗斯福会见英国外相艾登时说,中国一定要参加"大国圈子",美国希望"世界组织的真正决定,应由美、英、苏、中四国做出","倘和俄国在政策上发生严重冲突,中国毫无疑问会站在我们这一边"。

[②] 1943年10月苏、美、英三国外长莫斯科会议上,美国国务卿赫尔坚持将中国列为《普遍安全宣言》发起国之一。苏联外长莫洛托夫曾表示反对。赫尔对莫洛托夫说:"关于中国的局势问题,美国政府正在作一切努力,并且已尽可能作了一切努力。在我看来,把中国从四国宣言中给略掉,将是不可能的。我国政府认为,在世界局势中,中国一直是从事这场战争的四大国之一。"

"例如一个欧洲国家或许会对中国有权对它动用某种机构表示不满",而企图将中国排斥于"四强"之外,但中国终于还是取得了安理会常任理事国的地位,这就使中国有了可能真正取得国际平等地位,成为维护国际安全和世界和平的一支中坚力量。

在成为世界四大国之一的过程中,中国先于1941年12月宣布废止对日本及意大利的一切不平等条约、协定、合同,并明确宣布战后决定收复台湾、澎湖、东北土地。1943年1月,中英、中美签订条约,废除英国、美国在华不平等条约及各种特权,其后,英联邦废除对华不平等条约。但是,中国并没有因此而在事实上真正取得国际平等地位。英国仍拒绝将新界、九龙、香港岛归还中国,葡萄牙仍然占据着澳门。尤为严重的是在第二次世界大战行将结束时,世界已实际形成美、苏两大强权企图彼此划分势力范围、共同主宰世界的格局。两大国都不愿更没有真正平等地对待中国,而总是试图由它们来安排和决定中国未来的命运。在1945年2月举行的雅尔塔会议上,美国与苏联首脑专门讨论了中国问题。美国国务院会前拟定的《美国对华长期目标和政策大纲》及《英、美、苏的对华政策统一》说明了美国对华的基本要点,这就是:"由我们(指美国)负起领导责任,帮助中国发展一个强大的、稳定的和统一的政府,以便它可以成为远东的主要稳定因素。"为此,美国"应争取英国和俄国的合作来达到这个目标"。在罗斯福与斯大林讨论两国问题时,为换取苏联支持美国上述对华政策,罗斯福答应了斯大林所提出的"外蒙古(蒙古人民共和国)的现状须予维持","大连商港须国际化,苏联在该港的优越权益须予保证,苏联之租用旅顺港为海军基地也须予恢复",及"对担任通往大连之出路的中东铁路和南满铁路应设立一苏中合办的公司以共同经营之"等严重损害中国主权的条件,双方并邀请丘吉尔共同签署了秘密的《三大国关于远东问题的协定》。会后,美国负责说服中国政府答应上述条件,最终由中国外交部长王世杰与苏联外交人民委员莫洛托夫于1945年8月14日在莫斯科签订包含上述不平等内容的《中苏友好同盟条约》。而作为对美国的回报,苏联首脑则一再表示"帮助中国恢复起来的工作必须以美国为主","美国是唯一有足够资本和人才,在紧接着战争结束的这个时期内,能对中国真正有所帮助的国家"。实际上,就是承认美国在中国具有特殊地位,中国属于美国的势力范围。

旧的霸权主义者日本军国主义刚刚倒下去,美国这个不可一世的新的霸权主义者又逞威于中国。驻华美军司令魏德迈1945年11月向华盛顿提出的报告说:"中国是东西方之间的一座桥梁。今天由于出现了强大的苏俄,中国也是世界上两个最大的强国,即苏俄和美国政治、经济角逐的舞台。"美国为使中国成为其仆从,以其为巩固的根据地控制亚洲大陆,运用"以华制华"的手段,全力支持蒋介石政府在抗日战争胜利不久就悍然发动全面内战,图谋一举扑灭在浴血抗日中成长壮大起来的中国共产党及其所领导的人民力量。中华民族又一次面临整个国家盛衰存亡的生死考验。中国没有心甘情愿地去作美国的仆从而是奋起斗争。中国国家意识在维护国家自主、独立和国际平等的这场斗争中又一次升华。中国共产党领导的中华人民共和国的成立，就是这一升华的集中表现。

"中华人民共和国"这一名称，比之"中华民国"旧名，保持了"中华"这一中国传统的称呼，同时，更加凸显了"人民共和国"这一国家的现代性质。毛泽东在筹建中华人民共和国的新政协会议筹备会上强调："中国必须独立，中国必须解放，中国的事情必须由中国人民自己作主张，自己来处理，不容许任何帝国主义国家再有一丝一毫的干涉。"他还明确提出，中国和其他国家将在"平等、互利和互相尊重领土主权的原则的基础上"发展外交关系。(《毛泽东选集》，第4卷，北京：人民出版社，1967）中华人民共和国的成立，表明中国人民已战胜了国际霸权主义，自己掌握了国家的命运。正因为如此，人民共和国诞生，对于中国人民来说，确如毛泽东在中国人民政治协商会议第一届全体会议开幕词中所说："我们有一个共同的感觉……我们的民族将从此列入爱好和平自由的世界各民族的大家庭，以勇敢而勤劳的姿态工作着，创造自己的文明和幸福，同时也促进世界的和平和自由。我们的民族将再也不是一个被人侮辱的民族了，我们已经站起来了。"(《建国以来毛泽东文稿》，第1册，北京：中央文献出版社，1987）但是，历史留下的国际霸权主义的沉重负荷不可能一夜间骤然全部消除。新中国成立伊始，中国不得不对朝鲜战争作反应，和美国军队在朝鲜领土上直接对垒，在一定意义上可以说，这是中国20世纪40年代后期在自己的国土上同美国强权较量的继续，只是先前所面对的是美国强权的代理人。朝鲜战争结束后，"冷战"总格局仍然笼罩着整个中美关系，而且冲突又因为美国插足台湾海峡，阻止两岸走向统一而具有特殊紧张的性质。除此之外，中国还有一个消除苏联在中国的特权及抵制苏联霸权主义新要求的问题。这方面的抵牾、冲突逐步发展，后来终于演化为中苏公开论战及在边疆地区一度兵戎相见。

因此，就中国现代国家意识的发展历程来看，20世纪30年代、40年代、50年代至60年代及70年代中期，可以说，是中国同一个又一个不可一世的国际霸权主义者进行针锋相对斗争而逐步取得国家独立、自由和领土主权完整以及国际平等地位的时期。经过这近半个世纪的艰难岁月，从70年代开始，一方面是美国总统尼克松来华访问，结束了中美之间的敌对状态，1978年12月16日《中美关于建立外交关系的联合公报》中，美国正式承认"中华人民共和国是中国唯一合法政府"，"承认中国的立场，即只有一个中国，台湾是中国的一部分"，中美关系迅速改善；另一方面则是中国正式结束了50年代初同苏联结成的同盟关系。以这两大事件为标志，中国终于开始作为世界上独立的一极而屹立于欧亚大陆的东方，尽管中国国力还比较弱小，但这却是不容忽视和轻视的一极。这些事实也证明，在"民族—国家"认同方面，并不是中国人自己没有"共识"，而是国际霸权主义者一而再再而三地总是试图主宰中国、肢解中国、分裂中国。正是中国人民不屈不挠的奋斗，终于使这些图谋未能得逞。

正在加速实现现代化的中国

从近代国家意识逐渐形成开始,一代又一代志士仁人把现代化建设同现代中国的发展紧密联系在一起,而进行现代化建设,就必须吸取世界一切物质文明与精神文明的成果。正因为如此,维护国家独立、主权、领土完整和对外实行以我为主的开放,二者互相辅佐、互相补充。这样就不难了解,为什么倡导除去"额外权利"的王韬又强调"当今之世,非行西法则无以强兵富国"(《杞忧生易言跋》,见《弢园文录外编》,卷11)。为什么一生倡导"三民主义"的孙中山制定了"实业计划",主张"使外国之资本主义以造成中国之社会主义,而调和此人类进化之两种经济能力,使之互相为用,以促进将来世界之文明"(《建国方略之二:实业计划(物质建设)》,见《孙中山选集》);为什么在日本、美国、苏联三大强权面前都铁骨铮铮的毛泽东也倡导"学习资本主义国家的先进的科学技术和企业管理方法中合乎科学的东西",认为"工业发达国家的企业,用人少,效率高,会做生意,这些都应当有原则地好好学过来,以利于改进我们的工作",明确表示"我们的方针是,一切民族、一切国家的长处都要学,政治、经济、科学、技术、文学、艺术的一切真正好的东西都要学"(《论十大关系》,见《建国以来毛泽东文稿》,第6册,北京:中央文献出版社,1992)。但是,历史实践已经表明,中国这样一个大国,当仍然处在国际霸权主义的严重威胁之下,尚未取得真正的独立、主权和国际平等地位时,不可能集中全力来进行现代化的建设,也不可能真正充满自信、坦然有效地对外实行开放政策。王韬那一代面临内忧外患,无法潜心富国强兵不用说了;即如孙中山,虽然拟订了《实业计划》,晚年却仍不得不倾注全力于政治的、军事的斗争,显然是由于这一总的形势;而毛泽东从抗美、反美到反修防修,一而再再而三地将自己的注意力从经济建设这一主轴上转移开去,"冷战"总态势及中国所受到的种种威胁,不能不说是一个极为重要的原因。

世界走向多极化,导致美、苏两霸对峙所造成的"冷战"格局终告结束,给中国集中主要力量专心致志地进行现代化建设提供了广阔的外部空间。中国的国家意识,在继续珍视国家的独立、主权、领土完整和国家尊严、国家利益的同时,愈来愈重视富国富民。谋求国家的独立、主权和领土的完整,本就是为了保障全体人民全面而自由地发展,使他们不再为愚昧、落后、贫困、恐惧所困扰,富民富国本来就是其应有之义。同样,如果民不富,国不强,始终处于落后与贫穷状态,就不可能真正不受别国欺侮而名副其实地站立在世界上。将这二者紧密结合在一起确定国家发展战略,表明现代国家意识有了进一步成熟。

在20世纪最后20多年中,专心致志进行现代化建设终于成为中国发展的现实。为推进社会主义现代化事业的积极发展,中国在确保国家独立、主权和领土完整的前提下,实行了全方位的开放政策,大量吸收和借鉴人类社会创造的一切文明成果,特别是拥有资本的优势、对外贸易的优势、科学技术的优势、产业结构应变能力较强的优势、劳动者素质高的优势的西方发达国家的优秀文明成果。在承认社会主义同资本主义存在着对立和斗争这一面的同时,更看到两者之间又有互相借鉴、合作和利用的一面。对于历史上遗留下的所有有损于中国主权与领土完整的问题,以及若干领土纠纷,都采取了既有原则的坚定性又有高度灵活性的办法,努力用和平的方式一一加以解决。依循这一基本国策,很长一段时间以来中国和世界各国特别是和各西方发达国家的关系,都能在平等、友好、互利的基础上普遍而全面地得到大幅度的发展,同时,中国的社会主义现代化建设也取得举世瞩目的持续、高速、稳定发展的宏伟成就。

近代以来,中国同世界的交往,特别是同西方发达国家的交往,从来也没有像今天这样广泛而密切。中国人没有将现代化等同于"西化",这是因为中国人经过一个半世纪曲折反复的实践,已经深刻认识到,实现中国现代化,不能机械地仿效西方。中国必须充分吸取西方发达国家几百年的发展在经济、政治、科技、教育、文化和社会管理方面所积累的丰富经验,但是，又必须从中国的实际出发，走适宜于中国情况的自己的路。这并不是憎恨西方所致。西方所有国家，无论是英国、美国、法国，还是德国、意大利，乃至东方的日本，在实现现代化的时候，也没有任何一个国家是机械地完全仿效别国，盎格鲁—撒克逊型不同于莱茵型，美国型不同于英国型。中国同样必须走自己的路。

1925年，孙中山在日本神户作过一次关于"大亚洲主义"的演讲，正面驳斥了当时一位美国学者所鼓吹的"黄祸论"。孙中山指出，美国这位"黄祸论"者"指斥一切民族解放之事业的运动，都是反叛文化的运动"，其实是要"来压制我们九万万民族，要我们九万万的大多数，做他们少数人的奴隶"；欧洲人"自视为传授文化的正统，自以文化的主人翁自居，在欧洲人以外的，有了文化发生，有了独立的思想，便视为反叛"。孙中山认为，这其实只是一种"霸道的文化""专用武力压迫人的文化"。(《大亚洲主义》，见陈德仁、安井三吉编：《孙文・讲演"アツア主义"资料集》，东京：日本法律文化社，1989)

无论是旧"黄祸论"，还是新"黄祸论"，距离正在发生巨变的中国现实都太遥远了。轰动世界的《大趋势》的作者约翰・奈斯比特在其《亚洲大趋势》(蒋忠强译，北京：外文出版社，1996)的结论中说：

> 近一百五十年间，当西方人享用他们创造的进步和富

庶时，大多数亚洲人还生活在贫困之中。现在亚洲踏上了富强发展之路，经济的复苏使东方人有机会重新审视传统文明的价值。随着技术和科学的引进，亚洲向世界展示了现代化的新型模式，这是一种将东、西方价值观完善结合的模式，一种包容自由、有序、社会关注和个人主义等信念的模式。东方崛起的最大意义是孕育了世界现代化的新模式。亚洲正在以"亚洲方式"完成自己的现代化，它要引导西方一起迈入机遇与挑战并存的二十一世纪。

这段结论同样适用于中国。奈斯比特也是一位美国学者，但是，他对"东方社会日益趋向功利化和高科技型，面临精神危机的西方人越来越东方化"抱着积极的态度，认为"东、西方两种文化、经济交融之时，世界将会更加生机勃勃"。因此，观察亚洲问题，包括中国问题在内，奈斯比特显然要比那些以西方为中心的霸权主义者公正和准确得多。

中国进行现代化建设和中国所实行的开放政策，没有像国际霸权主义者所希望的那样走向丧失国家独立、主权和领土完整的"门户开放，利益均等"，这是霸权主义者所最为愤懑不平的。但中国正因为坚持了真正的独立自主，包括不和世界上任何大国及国家集团结盟，不插手任何国家的内部事务，方才能够真正做到有容乃大，突破地域性联系的局限，而将东西方文明的优秀成果结合在一起，将中国的发展置于人类文明所提供的全部优秀成果筑成的基础之上。这是中国近代以来国家意识在更高层次上的发展,真正关心 21 世纪人类的和平与发展者,都应当对此表示欢迎,并积极给予支持。作为一个严肃的学者,应当像奈斯比特那样,努力帮助西方对中国、对亚洲有一个客观的了解,从而推动西方国家对中国、对亚洲的理解、尊重和合作,使中国和西方各国,特别是美国的关系,建立在更高的更有成效的基础之上,这方才是对西方世界真正负责,对包括东西方世界在内的整个人类的未来负责。

第二编
多元一体的中国

创造了中华文明的中国

中华文明是具有原生性的、独立的、自成体系的文明。中国之所以生生不息,与这一伟大的文明有着密切关系。

中华文明是一个客观的存在,它至少已经延续了五千年,是世界五大原生性的第一代文明中唯一一个没有中断,至今仍然具有旺盛生命力的文明。

中华文明可以说正是应对环境的挑战而形成的一种以农耕文明为主轴,以草原游牧文明与山林农牧文明为两翼,并借助传统商业、手工业予以维系,以现代工业、现代农业、现代服务业予以提升的复合型文明。

中国传统农耕文明起源甚早,可能已有七八千年之久。它逐步演变为一种具有独特形态的非常成熟的农耕文明。自从商鞅变法以后,中国农耕地区就一直以一家一户为基本生产单位和生活单位,以男耕女织自给自足的小农经济为其根基。这种小农经济,其顽强的生命力,源于直接生产者——农民对主要生产资料(土地)和生产工具拥有较多的支配权与自主权,他们自身拥有较多的人身自由,这就使他们对家庭中的人力、畜力、物力，能够较为合理而充分地予以利用，而在生产和生活过程中又特别能够节省与节约。小农的土地可以买卖，劳动力、资金、资源等各种生产要素可以在一定范围内流动，这固然会导致土地集中，社会两极分化，但它们又可使小生产者具有很高的生产积极性，并能够在受到严重摧残后，顽强地迅速恢复与再生。

正是这种小农经济，奠定了中华农耕文明长时间绵延不断地存在与繁荣的主要基础。同时，中华传统文明的形成，从一开始就与北方与西部地区的草原游牧文明、西南广大地区山林农牧文明（包括后来渐渐发展起来的东北地区的山林渔猎农牧文明）的生成和发展密切联系在一起。农耕文明区域虽较小，但人口集中，生息在这一区域的人口经常占全体人口的80%以上，因此，它构成了中华传统文明的主轴。草原游牧文明与山林农牧文明地区人口相对较少，但地域特别广阔，极其广泛地影响着农耕文明和整个中华文明的发展。这三种文明在长时间的积极互动中，互相取长补短，形成互相依存互为补充的密切关系。

在中华文明形成和发展过程中，相当发达的商业与手工业，不仅是将分散的广大小农维系在一起的重要纽带，而且是将农耕地区、草原游牧地区、山林渔猎农牧地区维系在一起的重要纽带。它们不仅推动着传统农耕文明成为一个整体，而且推动着传统农耕文明、草原游牧文明、山林渔猎农牧文明成为一个整体。至于现代工业、现代农业、现代服务业的建立和巨大的发展，虽然极大地改变了中华文明传统的经济根基，但这只是中华文明自身的提升，而不是中华文明的断裂与否定。

与这一经济基础相适应，中华文明创造了由大一统国家长时间进行有效控制、协调与管理的政治文明。自秦汉以来，政治大一统成为中华文明一个最显著的特征。隋、唐、宋、元、明、清，毫无疑问是大一统的国家；三国、两晋南北朝、五代十国、辽金西夏，虽呈分裂态势，但只是追求大一统而未达目的的结果，分治的每一方都希望以自己为中心实现大一统。这也许可以对应汤因比所说的"统一国家"与"统一和平"，但在中华文明中，它绝非一个短暂的发展阶段，而是整个文明存在和发展的基本诉求和主要支柱。

传统的政治大一统国家政权体系之所以产生并长久地运行，首先，分散的小农经济需要集中而统一的行政权力对于社会的全面支配，解决他们无法分别解决的兴修水利、防灾防荒、利益冲突等一系列共同问题；其次，在农耕文明与草原游牧文明及山林渔猎农牧文明之间需要建立起稳定的秩序，使它们不再彼此冲突，而能积极地相辅相成。从修筑长城、屯垦戍边，到结盟和亲、羁縻修好，从守土卫疆、远征苦战，到设官分治、并入版图，都是为了解决农耕文明与草原游牧文明及山林渔猎农牧文明的冲突，为中华文明的发展提供安全保证。

中华文明和其他文明也不同。中华文明以"不语怪、力、乱、神"而著称。中华文明一直注重以人为本，将人文化成视为实现人的最高价值的根本途径。人文化成，即尊德性，崇礼义，重教化，尚君子，以伦理为本位。中华文明因此常被称为一种泛道德主义文明。中国有过"罢黜百家，独尊儒术"，但无论在国家政治生活中,还是在人们日常生活里,道家、法家、墨家、纵横家一直被广泛运用,佛教、道教、伊斯兰教,其后又有基督教、犹太教和各种民间宗教为不同人群所信仰。中华文明恰恰没有"统一教会"和"统一宗教"对全社会的统治。

中国乱世亦常用重典,但平时对德治、礼治的重视要远远高过对法治及刑治效果的期待。这种以伦理为本位的泛道德主义,体现了小农经济对家庭及社会长久保持和睦与稳定的强烈诉求,也体现了大一统国家有序与稳定运行的原则需要。泛道德主义,将人们的政治关系、经济关系、血缘关系、地缘关系以及其他各种关系贯通与统一起来,具有极强的包容性与适应性,又较易操作。它使每个人都处在一个巨大的极为复杂的社会网络之中,成为夫妇、父子、家庭、亲友、同学、同宗、同事、同乡、同胞等关系中的一个无法割断的一环,必须承担起相应的社会责任。敦孝悌,笃宗族,和乡党,"其行己也恭,其事上也敬,其养民也惠,其使民也义"(《论语·公冶长》),这种责任伦理被视为天经地义。中华文明这一文化特征,在两千多年历史演进中,尽管受到过各种挑战与冲击,却一直保持着主导的地位。

中华文明在其发展历程中,也多次发生过下层民众的起义、暴动,经历过游牧民族的猛烈冲击,类似于汤因比所说的历史上"无产阶级"革命与"蛮族军事集团"的冲击。但是,这只是中华文明自身周期性的危机爆发与自我调节、自我修复，而不是文明的衰落、解体和灭亡。由此可以看出，中华传统文明就物质文明层面和精神文明层面而言，已延续了数千年，它自成体系，是一种社会生产与社会生活都按照其自身规律而运行的具有很强独立性的文明，一种具有自己特质的规定性并具有高度稳定性、持续性的文明。这是中国作为国家持续存在并不断在挫折中重新崛起、实现伟大复兴的稳定的基础。

各族群多元一体的中国

生生不息的中国是由中国历史的主人——中国人、中华民族创造的。中国各族群在不同时代,利用历史形成的各种主客观条件,一边承继先前世代已经形成的传统,一边通过自己的实践根据实际需要不断改革创新,从而使历史的中国一步步发展演变为现今的中国,使古老的中华文明一步步发展演变为现今的中华文明。从远古时代到公元前20世纪左右,是中华族群、中华酋邦、中华文明的孕育与萌芽阶段。在今日中国版图内的广袤大地上,由血缘性原始群体、氏族、部落逐步组合成一批较大的族群,相当于古史传说中的华夏集团、东夷集团、西戎集团、三苗集团、南蛮集团等,开始形成了具有政治管理性质的酋邦。由于石制工具的进步,他们由采集与渔猎经济发展到开始农耕与游牧,创造了丰富的原始文化。

从公元前20世纪前后到公元前3世纪中期,是中华族群、中华早期国家、中华文明基本架构形成阶段。夏族、商族、周族相继崛起,同西戎、北狄、东夷、南蛮各族联系扩大而频繁,中华族群趋同性、内聚力增强,出现了一大批区域性初期国家，它们在相互交往、冲突、兼并、同化过程中，逐步形成春秋、战国时代领土相当广大的诸侯国，它们名义上拥戴一个共主，相互建成各类不同的政治联盟，开始趋向建立统一国家。农耕经济范围在扩大，北方游牧经济、山林渔猎农牧经济也都有了一定发展，在它们相互之间广泛的碰撞、互补与融合过程中，中华文明的基本架构和中华文化的核心观念形态逐步确立。

从公元前3世纪晚期至公元3世纪初，是中央集权的多民族统一国家与大一统的中华古代文明确立阶段，也是今日中国版图内尚未纳入上述统一国家治内的各民族所建立的区域性邦国获得显著发展的时期。秦汉王朝的疆域西部已达巴尔喀什湖和帕米尔高原，东部达到朝鲜半岛中部，西南达到云贵高原及缅甸，南部达到了越南中部，以后历代中原王朝的疆域主体此时已大体确定，也就是说，地域的中国的主体这时已经形成。就族类的中国而言，这时具有共同地域、共同文字语言、共同经济生活及共同心理素质的汉族已经形成，原来的戎、蛮、狄、夷诸族也发展为西域、匈奴、西南夷诸族，与汉族的联系更为广泛而密切，很多甚至融为一体。就国家形态、文明形态的中国而言，由于中央集权的大一统的国家控制与协调体制的建立，经济上、政治上、思想上、文化上的大一统格局也逐步确立。

从3世纪初至13世纪中叶，是在新的民族融合与重组基础上，大一统的中华族群、中华国家、中华文明辉煌发展阶段。这一阶段开始时，东汉王朝分裂为魏、蜀、吴三国，经过西晋短暂的统一，进入南北朝时期，匈奴、氐、羌、羯、鲜卑等族群入居内地，在激烈冲突中形成新的民族融合。隋、唐在这一基础上重建了大一统国家，毗邻的南诏、吐蕃、突厥等族群也进一步强大。稍后又出现了五代十国的分裂局面，逐步形成宋、辽、金、西夏、于阗、大理、吐蕃诸部并峙的局面。农业文明、游牧文明和山林农业文明经过近千年新的大碰撞、大融合，以及同印度文明、中亚及西亚文明的相互交流，中华文明以及中华国家体制都获得了创造性的重大发展，中华文明光芒四射，对周边国家产生了广泛影响。

从13世纪中期至19世纪中叶，是大一统的中华族群、中华国家和中华古代文明普遍发展与局部开始转型阶段。推动历史进入本阶段的，是蒙古族的崛起与强大，它引发了欧亚大陆空前广大范围内的民族流动与人口迁徙，促成族类的新的组合。由于蒙古高原游牧文明一度取代农耕文明而占据支配地位，给原先中原大地的农耕文明造成巨大损害，但是，商业、手工业经济得到发展，并开始在原先农耕经济体制内形成一支具有相对独立性的社会经济力量。其后，经过明王朝、蒙古及乌斯藏的新的磨合，至清王朝时期，中国作为一个包含现今全部版图在内的多民族的统一国家已经稳定地确立。农耕文明、游牧文明、山林渔猎农牧文明仍呈三足鼎立之势，农耕文明更臻成熟，但是，初期工业化和商业文明已经有了不可忽视的长足发展。中国与欧陆文明的关系，在起伏曲折的发展中已产生多方面的联系。

从19世纪中叶至20世纪中叶，是中华民族、中华国家、中华文明面临西方资本主义的冲击而开始向现代民族、现代国家和现代文明转型的阶段。这一阶段，中国一方面面临着内部社会矛盾激化的挑战，另一方面又面对着先前从未遇到过的西方资本主义列强殖民扩张的冲击。中华民族在空前危机与共同奋斗中形成了新的凝聚力，在新崛起的工业文明和市场经济基础上，开始向现代民族转变。国家形态结束了已持续两千多年的君主制体制，开始向现代国家体制转变。由于新型工业文明的诞生与成长，传统的中华文明、中华文化面临数千年未有之巨变。

从20世纪中叶开始，在空前广泛而直接的世界联系中，中华民族、中华国家、中华文明重新确立了自身独立自主的主体地位，经由众多曲折和全国范围的付出沉重代价的反复试验，终于寻得了根植于中华文明、符合中国实际、具有鲜明中国特色的社会主义道路，推进中国向现代民族、现代国家和现代文明全方位转型。中华民族一步步走向伟大复兴，中华文明凭借质的升华而重振雄风，生机蓬勃地跻身于世界现代文明之林。

中华文明发展的以上诸阶段表明，历史上不同部族、民族每一次大规模的迁徙、冲突、混合、同化、重构，都有力地打破了中国今日版图内原先居民血缘的、地域的乃至部族、民族的封闭性，推动了生产方式与生活方式的变化，促进了新的社会共同体的形成。中华民族的形成与发展是历史的必然结果，各族人民是中国历史的共同创造者。各族人民为缔造中华国家与中华文明做出了各自独特的贡献，尽管这一进程并不都是和平的，其中不乏战争、征服与屠戮，但都无损于他们在中国历史发展中的主体地位。

中华文明发展的以上诸阶段还表明,作为国家形态的中国形成与发展具有极为重要的意义。历史上中国的国家政权尽管经常为剥削阶级所控制,但是这些国家政权除去维护剥削者的特殊利益外,它存在的合法性基础,更在于它在社会物质生产、精神生产以及人们社会生活实际中,提供必要的、不可或缺的多方面的公共服务,对纷繁复杂的经常的相互冲突有效地进行社会控制和社会协调,保障社会安全与社会稳定。其活力源于制度上的、体制上的、机制上的一系列具有原创性的发明和固守。

中华文明的创造,包含物质文明、精神文明、制度文明的创造,包含人们的生产方式与生活方式的构建。自从阶级产生以后,生产、流通、交换、分配,经常都是在阶级对立的关系中进行的。物质生产如此,精神生产如此,制度生产也是如此。人们的日常生活,也经常不免要烙上阶级冲突的烙印。但是,中华文明发展的过程表明,任何一种生产过程得以有效地进行,在阶级存在的历史阶段,不仅与阶级对立、阶级斗争相联系,而且离不开对立阶级之间的互相依存、互相妥协,乃至一定条件下的互相合作。在一种生产方式与生活方式稳定发展时期,阶级对立、阶级斗争最终是以不使生产方式破裂为限度的,这时,实际上同一性是主要的,斗争性则是次要的。只有当一种旧的生产方式已经濒临崩溃,将不可避免地被一种新的生产方式所取代时,斗争性方是绝对的,同一性才转为相对的。

中华文明发展诸阶段又表明,在资本主义世界市场开始建立以后,人类历史方才开始全面超越先前的区域史而真正成为世界史。中国在漫长的历史进程中,和外部世界发生过多种多样的联系,包含和平的交往与非和平的冲突,中国从世界其他文明的发展中吸取了丰富的养料,也对世界其他文明提供了自己的创造性贡献。近代以来,中国先是被动地,后来则是主动地成为世界历史的一部分。要了解世界,不能不了解中国,不能不了解中华文明;同样,要深入地了解中国,了解中华文明,又不能不了解世界。只有在中华文明与世界其他诸文明的深入比较中,才能更深刻更全面地认识中华文明。也只有立足于无比博大精深的中华文明,才能真正理解当今中国的崛起。

地理上乃至生态上的中国

中华文明最初根植于中国以黄河流域、长江流域为中心的历史悠久的农耕文明。中华文明之所以一直坚持以人的现实社会为轴心，坚持以人的生存发展和人们的政事日用、工商耕稼为认知的主要对象，坚持以能否合乎社会实践所积累的经验为判断是非的标准，都适应了农耕文明的需要。这种农耕文明，深厚的基础就是男耕女织、精耕细作，农艺、园艺和家庭副业紧密结合，自给自足，人们企盼的是风调雨顺，政通人和，有良好的水利设施，有可以持续不断的生态环境。

但中华文明除去农耕文明外，它还拥有地域广大的游牧文明、山林渔猎农牧文明。这三者早就有机地结合在一起，形成你中有我、我中有你、彼此相依、优势互补的一体化格局。

地理学家胡焕庸根据1933年的人口分布图与人口密度图，1935年在《地理学报》第2期发表的《中国人口之分布》一文中提出"瑷珲（今黑河）—腾冲线"这一概念：

> 今试自黑龙江之瑷珲，向西南作一直线，至云南之腾冲为止，分全国为东南与西北两部，则此东南部之面积，计四百万方公里，约占全国总面积之百分之三十六，西北

部之面积，计七百万方公里，约占全国总面积之百分之六十四；惟人口之分布，则东南部计四万万四千万，约占总人口之百分之九十六；西北部之人口，仅一千八百万，约占全国总人口之百分之四，其多寡之悬殊，有如此者。

这条线，基本上和我国400毫米等降水量线重合，两边地理、气候迥异，线东南方以平原、水网、丘陵、喀斯特和丹霞地貌为主要地理结构，线西北方则是草原、沙漠和雪域高原。这条线同时又是一条文明分界线，它的东部，是农耕文明；它的西部，从北亚到西亚，基本上是游牧文明；而西南地区，以青藏高原、云贵高原为主，崇山峻岭间，则基本上是山林渔猎农牧文明。

不过，在晚清开放东北以前，东北地区人口数量和东北开发水准一直受到很大限制，生活在那里的族群，既以山林渔猎农牧文明为主，也受到草原游牧文明的影响，所以，从历史实际情况看，这一条线更应是沿着长城向西，到达兰州后折而向南至腾冲，或许可以称之为"长城—腾冲线"。它的北部和西部，基本上是游牧文明和山林渔猎农牧文明，它的南部和东部，则基本上是农耕文明。当然，长城建筑完成之前，长城线只是一条虚拟线，长城建成以后，这条线也只代表一个大致的走向。

中国北方游牧文明，是在高寒干旱的地理与气候条件下形成的，为了保护稀缺的水资源和可以持续轮换使用不同的草场，生活在这一地区的犬戎、匈奴、鲜卑、突厥、契丹、蒙古等游牧族群以血缘为纽带，以地域分聚落，过着群居生活，实施严格的集体游动放牧的畜牧业经营方式。因为处于经常流动的状态，这些族群习惯于口头语言的交流和传承，文字和书籍产生较晚，他们的文化大量保存在代代口耳相传的史诗中。

中国西南青藏高原、云贵高原一带的山林渔猎农牧文明，是藏、苗、瑶、彝、羌、壮、侗、傣等族群所创造。这些地区，高山深谷、重冈复岭、密箐丛篁，交通非常不便，其中少量族群甚至仍停留在采集和渔猎时代。他们经常保留着相当原始的信仰，文字和书籍也产生甚晚，口耳相传的史诗也很丰富。

中国北方游牧文明和西南青藏高原、云贵高原一带的山林渔猎农牧文明，同"长城—腾冲线"以南、以东的农耕文明地区，早已有着频繁的人员接触、商贸往来和文化交流。由于生产方式、生活方式、知识体系、价值体系有着很大差别，他们在交往过程中，也常常会产生冲突。地理上乃至生态上的中国的成长和成熟，本质上就是"长城—腾冲线"两侧三个文明在交往和冲突过程中互相了解、互相认同，并在此基础上形成统一的国家认同的过程。①

---

① 竺可桢先生曾梳理研究5000年来中国气候变迁的基本规律，将中国气候变迁划分为考古时期、物候时期、方志时期和仪器测量时期。竺先生认为，中国在仰韶殷墟时期的温度相对温和。自西周之后，气候的变化渐趋频繁。西周时期，中国的气温由暖入寒。而自春秋直到秦汉，气温渐趋温和。魏晋南北朝时期，重又陷入一轮气温低寒的时期。隋唐盛世与气候的温暖并行不悖，而宋元时期，气温再度维持较低水平。到明清两朝，也就是竺先生所谓方志时期，气候温寒分组排列，变动趋于平稳。总体而言，气候变动与历史兴替成为互证的一种方法。而气候的变动与规律性循环，又成为理解5000年历史兴衰的重要维度。另外他发现，任何最冷的时期，似乎都是从东亚太平洋海岸开始，寒冷波动向西传布到欧洲和非洲的大西洋海岸，同时也有从北向南趋势。气候的波动是全世界性的，虽然不同地区的最冷年和最暖年出现在不同年代，但彼此先后呼应。例如中国5000年气温升降与挪威的雪线高低大体一致，但有先后参差之别。而格陵兰与中国相距20000余公里，古代气候变动却如出一辙，足以说明这种变动是全球性的。

《国语·周语上》有一篇《祭公谏征犬戎》,讲的是"穆王将征犬戎,祭公谋父谏曰不可"的故事,其中说道:"夫先王之制:邦内甸服,邦外侯服,侯、卫宾服,蛮夷要服,戎狄荒服。甸服者祭,侯服者祀,宾服者享,要服者贡,荒服者王。"要服与荒服为蛮、夷、戎、狄所居,要服地区的夷、蛮需要"岁贡",荒服地区的戎、狄需要"终王"。所谓"终王",就是部族首领要到周王的居处朝见周王。祭公谋父认为"犬戎树,惇帅旧德,而守终纯固",并没有什么过错,因此没有理由征发犬戎。"王不听,遂征之,得四白狼四白鹿以归。自是荒服者不至。"这一篇文献非常著名,后来收入《古文观止》卷三,为人们所熟知。它表明,西周时代,所统辖的地区除了主要从事农业生产的甸服、侯服、宾服各部外,还包括基本上处于游牧阶段的要服和荒服各部族,关系疏密程度不一因而治理方式不同。而自从周穆王征犬戎之后,居住在荒服地区的戎、狄各部就不再信任周王朝,也就不再前来朝见。这一后果,应当归咎于周穆王违背了"先王之于民也"的优良传统,这就是"懋正其德而厚其性,阜其财求而利其器用,明利害之乡,以文修之,使务时而避害,怀德而畏威"。这应当是对怎样正确处理"瑷珲—腾冲线"两边农耕、游牧、山林渔猎农牧各部关系的一次很有深度的总结。

西周末期,申侯因其女为周幽王所废,引犬戎入侵,致使周幽王被杀,镐京被毁,西周王朝覆灭。关中地区为犬戎所占据。创立东周的周平王将关中地区分封给秦襄公。秦襄公开始对犬戎进行讨伐，到秦文公时，秦国基本控制了关中之地。犬戎中一部分在关中平原定居下来，放弃了游牧，接受了农耕的生活方式。而秦人则和这些犬戎中这部分定居者融为一体。一部分犬戎则退出关中地区，向西发展，成为西戎。秦穆公发动讨伐西戎的大规模战争，秦昭王时终于将西戎基本消灭。

秦国通过和犬戎的长时间交往作战以及对关中犬戎定居者的接纳，接受了多大的犬戎游牧文化的影响，这同秦人特别能作战并最终统一中国有多大的关系，前人很少关注。从新发现的云梦秦简《日书》中，可以看出，秦人信仰和周人恰好相反，它所盛行的是自然神崇拜，而不是像周人那样的祖先崇拜。《日书》中所列举的土地山川、动物植物、日月星辰、风雨云气等各种鬼神，表明秦人的信仰似乎更接近犬戎游牧文化。陈寅恪论隋唐统一国家形成与发展时说过，李唐一族之所以崛兴，盖取塞外野蛮精悍之血，注入中华文化颓废之躯，旧染既除，新机重启，扩大恢张，于是能再造盛世。这个判断是否也可移用于观察秦之勃兴呢？

秦分全国为三十六郡，基本上都在农耕地区，还筑起长城，将农耕地区和匈奴所在的游牧地区区分开来。汉代所面临的最大的外来挑战，也是北方的匈奴。正是在同匈奴长时间的激烈冲突中，汉王朝增强了自己的军事实力，并投入很大力量，向"长城—腾冲线"以西广大地区深入拓展，打开了前往西域三十六国的通道，并通过建立西域都护府，将这一地区纳入版图。这是将"长城—腾冲线"两侧三个文明统一在一个国家治理体系内的首次尝试。

魏晋南北朝时期,北方的匈奴、鲜卑、羯、羌、氐等所谓"五胡"族群纷纷南下,先后在长江以北各地区建立了自己独立的政权,即所谓十六国,在这些地区开始了让原居民汉人大规模胡化和让他们自身大规模汉化的双向运动。苏秉琦认为,五胡不是野蛮人,是牧人。北方草原文化是极富生气和极其活跃的,它为中华民族注入新的活力和生命。阎步克则指出,隋唐中华民族的复兴活力,来自北朝的民族融合。他们都认同陈寅恪的结论,即隋唐"取塞外野蛮精悍之血,注入中华文化颓废之躯",于是能再造盛世。

唐代首次将"长城—腾冲线"两侧三个文明区域都置于自己统辖之下,并延续了一百数十年乃至更长的时间。唐代在广大游牧地区和山林渔猎农牧地区,特设安西都护府、北庭都护府、单于都护府(云中都护府)、安北都护府(燕然都护府、瀚海都护府)、安东都护府、安南都护府等负责各地治理事宜。其中安西都护府自唐太宗贞观十四年(640)起,到唐宪宗元和三年(808)止,存在约170年。其管辖范围包括今中国新疆维吾尔自治区和今中亚许多地区。唐长安二年(702)武则天析安西都护府一部分在庭州设置,管辖天山以北包括阿尔泰山和巴尔喀什湖以西的广大地区。景云二年(711),北庭都护府升为大都护府,与安西都护府分治天山南北。安东都护府在唐高宗总章元年(668)灭高句丽后于平壤设置,统辖今辽东半岛全部、朝鲜半岛北部、吉林省西北地区和今乌苏里江以东和黑龙江下游西岸及库页岛等地。安北都护府是唐高宗总章二年（669）改瀚海都护府所置，治所在今蒙古共和国杭爱山东端，统辖漠北铁勒诸部府、州，辖境包括今蒙古共和国全境及俄罗斯西伯利亚南部一带。单于都护府，唐高宗永徽元年（650）置，府治初设于云中城（今内蒙古自治区托克托县东北），一度名云中都护府。安南都护府设置于唐高宗调露元年（679），治所在宋平（今越南河内），辖境北抵今云南省南盘江，南抵越南河静、广平省界。其下列置都督府、州县，任命突厥、回纥、靺鞨、铁勒、室韦、契丹等各部首领担任都督、刺史，处理本部事务。唐代还任用这些族裔人士担任中央军政要职。据统计，担任宰相的就有二十四人，名将中，屈突通、尉迟恭为鲜卑人，李光弼为契丹人，哥舒翰为突厥人，沙陀人、高句丽人、铁勒人、回纥人等也甚多。这一事实也足以表明，唐代"长城—腾冲线"两侧各文明区域一统化程度比之汉代已经高出许多。

唐代的中华文明知识体系也非常明显地体现了"长城—腾冲线"两侧三个文明区域进一步融通的特征。唐代以"五经正义"为代表的经学，以《晋书》等五朝史、《南史》《北史》《通典》《史通》和《唐六典》为代表的史学，表明这时知识体系的主流仍然是以人的现实社会为轴心，以人的生存发展为认知的主要对象，以社会实践所积累的历史经验为判断是非的标准。同时，唐代道教、佛教也都很活跃，景教也在传播，浪漫主义、现实主义交相辉映的唐诗更是人类文明史上不可多得的瑰宝,形象思维的发育成为人类知识史上一个难以企及的高峰。

唐代由盛转衰的关键事件是安史之乱。安禄山,是栗特人,母为突厥族女巫;史思明,是突厥人。他们都居住在营州(今辽宁省朝阳市)。由于深得唐玄宗信任,安禄山任平卢节度使,加范阳节度使,兼领河北采访使,又加领河东节度使。在范阳即幽州一带居住着许多契丹、奚人、突厥人,安禄山在发动叛乱前,一次提升奚人和契丹人二千五百名任将军和中郎将,收买他们为自己所用。安史之乱使整个黄河中下游地区受到极大破坏。《旧唐书·郭子仪传》记载:"宫室焚烧,十不存一,百曹荒废,曾无尺椽。中间畿内,不满千户,井邑榛荆,豺狼所号。既乏军储,又鲜人力。东至郑、汴,达于徐方,北自覃、怀经于相土,为人烟断绝,千里萧条。"唐王朝从此一蹶不振。而在平定安史之乱中发挥了重要作用的,又正是安西、安北等都护府属下许多部族,据记载,奴剌、颉跌、朱邪、契苾、浑、蹄林、奚黠、沙陀、蓬子、处蜜、吐谷浑、思结、于阗、回纥等都曾纷纷出兵助唐平乱。

这些情况表明,中国地理上乃至生态上三大文明的统合,在唐代已经成为无可置疑的事实。由于唐王朝统治集团日益腐败,社会矛盾激化,中央权力和权威的严重削弱,无力继续控制和指挥全国各地,加上各区域发展水准和发展速度不一,打破了原先平衡和稳定的格局,中国地理上乃至生态上结构性的改变和重组,已是势所必然。

当宋朝结束了五代十国纷乱局面而建立时,北方的辽(契丹）、金（女真）、西北的西夏（党项羌）和西州回纥，西南的大理、吐蕃诸部，都已经壮大，而且都吸取了农耕文明地区大量知识和国家治理经验，以致这时他们中的任何一方都没有足够的力量将"长城—腾冲线"两侧三大文明区域统一起来。这一历史使命其后即由蒙古高原上新崛起的蒙古族承担起来。

蒙古族始源于额尔古纳河流域，是一个以天然草原为本位、逐水草而经常迁徙的游牧部落。当时，在金朝统治下，大漠南北草原各部互不统属，蒙古只是其中之一，其他部落分别为尧烈、篾儿乞、塔塔尔、乃蛮、弘吉剌。蒙古内部又分成若干部。12世纪末13世纪初，铁木真凭借顽强不拔、勇猛无敌的奋斗精神和机智敏捷的战略战术，统一了蒙古和大漠南北草原各部，1206年春天，在斡难河（今鄂嫩河）源头各部族首领大会上被尊为"成吉思汗"，成为大蒙古国大汗。成吉思汗立国后，对外发动大规模征服战争。陆续灭亡西辽、花剌子模、西夏、金。成吉思汗于1227年病逝后，蒙古大军继续西进，席卷欧亚大陆，征服了整个俄罗斯和东欧，还曾进入北印度、占领底格里斯河上游。蒙古1214年与南宋建立夹击金朝的同盟，灭金后，即绕道攻宋，占襄阳，破成都，又攻云南，灭大理国。1276年兵至临安，宋帝上表降投。1279年崖山海战之后，南宋彻底灭亡。

1271年，忽必烈取《易经》"大哉乾元"之意，定国号为"大元"，他名义上还兼任蒙古大汗。元代版图包括"长城—腾冲线"两侧游牧、农耕、山林渔猎农牧三个文明几乎所有地区，地域范围比唐朝更大，对各地区的治理也比唐朝更直接。

元朝仿效金朝体制，设行尚书省统辖一个大区的路、府、州、县，后尚书省并入中书省，地方机构也改称行中书省，简称行省。元朝在全国共设10个行省，即岭北行省、辽阳行省、河南江北行省、陕西行省、四川行省、甘肃行省、云南行省、江浙行省、江西行省、湖广行省。而山东、山西、河北和内蒙古等地则称为"腹里"，由中书省直辖，吐蕃地区则为宣政院辖地。岭北行省与辽阳行省不仅有效地控制了漠北，而且向北一直延伸到北冰洋。西域的一部分则分别属于蒙古的钦察汗国、察合台汗国。

在对外征服以及确立了大蒙古国统治后相当一段时间里，蒙古人仍然像最初一样以游牧生活的基地漠北草原为立国之本和统治中心，视居庸以北为内地，而将中原只看作帝国的东南一隅。忽必烈即汗位后，改燕京为大都，改行汉法，并六部为四部：吏礼部、户部、兵刑部、工部，选随朝百官、近侍和蒙古、汉人子孙及俊秀者入国子学，恢复科举考试制度，才将蒙古国家的统治政策由草原本位变为汉地农耕本位。

蒙古人是游牧文化的典型代表，游牧文化的集大成者。蒙古人长时间继续坚持草原游牧本位，元朝虽然已经逐步改变为汉地农耕本位，草原游牧文化在中华文明知识体系中的影响仍超过以往各个时代。最为突出的一点，就是多种宗教信仰在知识体系中的分量超过了周秦以来所有时代。产生于母系氏族社会的萨满教仍然渗透在蒙古人的价值观念、思维模式和行为方式中，积淀为一种具有鲜明民族特色的深层文化心理结构。蒙古萨满教的最高神是"长生天",蒙古人无一事不归之于"长生天"。元朝皇室祭祖、祭太庙、皇帝驾崩,都以萨满为主祭祀。13世纪初,藏传佛教进入蒙古,得到蒙古皇室的崇尚。汉传佛教,金和南宋流行的道教、摩尼教,畏兀儿和西方各国信奉的伊斯兰教,钦察、斡罗思各国信奉的基督教(包括:景教,即聂斯托利派;也里可温,即罗马派),都得到保护。大批色目人从西方来到东方,带来西方的知识和技术,也促进了东方知识和技术向西方的传输。

1368年,元朝被明朝所灭,退居漠北,史称"北元"。北元皇帝兼任蒙古大汗。北元亡于1402年,其后明朝长期和分裂成鞑靼、瓦剌等部的蒙古诸部并存,直到17世纪初以后蒙古诸部被清朝渐次收服。

明朝取元朝而代之,改变了元朝以草原游牧文明为本位的做法,更为明确地以农耕文明为本位,同时,通过一系列新的举措,来推进构成地理上乃至生态上的中国的三大文明区块互通、互知、互联。

一个很有成效的举措,就是在农耕文明地区设置15个省级单位进行治理时,将西南不少山林渔猎农牧地区划入这些省区范围,如四川布政使下有四个羁縻府、一个宣慰司、两个安抚司、十个长官司,广西布政使司下有三个羁縻府、一个军民府、十一个直隶羁縻州、十八个羁縻属州,云南、贵州俱设布政使司即省政府,云南布政使司下有六个军民府、十个羁縻府、一个羁縻军民府、六个羁縻宣慰司、三个羁縻宣抚司、六个羁縻宣慰司、三个羁縻宣抚司、二十四个长官司,贵州布政使司下有四个直隶羁縻州、一个宣慰司、两个安抚司、八十个长官司。这些羁縻府、羁縻州、羁縻属州、羁縻宣慰司、羁縻安抚司、羁縻长官司、羁縻军民府所管辖的基本上都是山林渔猎农牧地区,虽然同属布政使司,冠以"羁縻"二字,表示仍基本保持他们原先治理方式,但既然同属布政使司,自然会促进处于崇山峻岭中的州府同外界经济上与文化上的沟通。

最引人注目的,就正是在贵州省的直隶羁縻州——安顺州万山之中的龙场,诞生了王阳明的心学,史称"龙场悟道",王学影响随后扩大到全国,延及后世。

明武宗正德元年(1506),王阳明因反对宦官刘瑾擅政,被谪贬至贵州龙场驿任驿丞。当时的龙场,处于万山丛棘之中,如《王阳明年谱》所记:"蛇虺魍魉,蛊毒瘴疠,与居夷人鴃舌难语,可通语者,皆中土亡命。""与居夷人",指这里的居民多为苗、仡佬、布依、彝人,语言不通,所以说是"鴃舌难语"。荒山野岭,没有地方住,王阳明起始只好住在山洞中。但就是那些朴质无华的"夷民"为他修房建屋,建起了"龙岗书院":"居久,夷人亦日来亲狎。以所居湫湿,乃伐木构龙冈书院及寅宾堂、何陋轩、君子亭、玩易窝以居之。"王阳明在《龙冈新构》小序中说:"诸夷以予穴居颇阴温,请构小庐。欣然趋事,不月而成。诸生闻之,亦皆来集,请名龙冈书院,其轩曰'何陋'。"龙冈书院建好之后,王阳明"翳之以桧竹,莳之以卉药;列堂阶,辨室奥;琴编图史,讲诵游适之道略俱。

学士之来游者,亦稍稍而集于是"。王阳明作《教条示龙场诸生》,定立志、勤学、改过、责善为四条学规,诫勉弟子。王阳明在此讲学授徒,后来又受聘主讲贵阳文明书院。

在这穷乡僻壤的龙场,在同"夷民"及"中土亡命"的交往中,王阳明对人生对社会有了新的领悟。"今夷之俗,崇巫而事鬼,渎礼而任情,不中不节,卒未免于陋之名,则亦不讲于是耳。然此无损于其质也。诚有君子而居焉,其化之也盖易。"他所接触到的这些"夷民",很多还固守着神巫时代的原始信仰,人、神、鬼三者一念之间就可自由转换。是不是这里所充分显示出来的认知的主观性和接受了教育之后认知的变化,给了王阳明以启迪?他的弟子罗洪先说:"余尝考龙场之事,于先生之学有大辨焉。夫所谓良知云者,本之孩童固有而不假于学虑,虽匹夫匹妇之愚,固与圣人无异也。乃先生自叙,则谓困于龙场三年而后得之。"王阳明悟出"致良知",发现愚夫愚妇之良知与圣人同,离不开他在龙场的这段经历。正是在龙冈,他写成《五经臆说》,这就是"龙场悟道",他和程朱理学相对立的"心学"之一系列核心思想于此形成。

龙冈书院讲学名声日大,当地"夷民"子弟"暨四方之从游先生者,自是日弥众"。据《修文县志》记载:"当日坐拥皋比,讲习不辍,黔之闻风来学者,卉衣鴃舌之徒,雍雍济济,周旋门庭。""卉衣"指"夷民"的色彩鲜丽的衣服,"鴃舌"指"夷民"所使用的语言。王阳明此举影响甚广,如他在《寓贵诗》中所写:"村村兴社学,处处有书声。"清初贵州巡抚卫既齐在《修毕节县学碑记》中说:"黔自阳明先生谪居龙场,以致良知之学倡明于世,苗蛮无不憬悟信从,相传于今,百有余年矣。"清道光年间贵州学政翁同书曾说:"黔学之兴,实自王文成始,文成……悟反身之学,揭良知之理,用是风厉学者,而黔俗丕变。"这些论述足证,即如贵州这样"天无三日晴,地无三尺平"的地方,包括众多"夷民"在内,有明一代在国家文化认同方面确实已经远远超过往昔。

另一个重要举措,就是在北方草原游牧地区,明王朝通过建立大批卫所,扩大了农耕文明在这些地区的影响。

明朝所创建的都司、卫所制度,是借鉴历史上的屯田经验,寓兵于农、守屯结合的军事建设制度。都司管着卫所,卫所驻扎在地方,统辖军民合一的军户。士兵官佐成家以后,家庭成员也编入军籍,称为军户。这些军户是世代相传的,平时务农,进行耕作以自给,并参加一定军事训练,战时军户中抽调壮丁出征。朱元璋曾自夸这一制度:"吾养兵百万,不费百姓一粒米。"

边疆地区的卫所职责有别于内地的卫所,他们更具军屯性质。在蒙古地区,明王朝册封蒙古大小部族首领为王,如瓦剌的顺宁王、贤义王、安乐王,鞑靼的和宁王、忠勇王等,收编其军事将领负责边防的各个卫所,如全宁卫、朵颜卫、赤斤蒙古千户所、海剌儿千户所、卜剌罕卫、斡难河卫等。明初在与蒙古地区相邻的一带共设置有四十余个卫所,其走向大致为阴山、大青山、西拉木伦河一线。在西北地区,明初先后设有哈密、沙州、安定、阿端、曲先、赤斤蒙古、罕东左等卫。在东北地区，先置辽东都司经营辽东，后设奴儿干都司，辖130多个卫所，至万历年间卫所增加至384个，其中黑龙江口的南北地区和库页岛就设立了四座卫，即奴儿干卫、兀的河卫、囊哈儿卫、波罗河卫。在青藏地区，设乌思藏都司、朵甘都司，册封了一些高僧为乌斯藏都司、朵甘都司和西番诸卫的长官。这些卫所，尤其是奴儿干都司所辖的一批卫所，在军屯中引入农耕地区的耕作方法，在东北地区起了示范作用，使得在这一地区成长起来的女真部落能够很快熟悉并接受农耕文明，而超越自己原先所习惯的山林渔猎农牧生活。

清王朝建立后，比之明朝，进一步统一了"长城—腾冲线"两侧全部地区。对广大农耕区域，清王朝经历了初期的摩擦和冲突后，终于接受了这里原有的治理制度而只稍加更动。在东北，清王朝设立黑龙江将军、吉林将军、盛京将军，将外兴安岭以南全部领土置于自己控制之下。对漠北蒙古，清王朝设置乌里雅苏台将军府，对喀尔喀四部及科布多、唐努乌梁海两区进行军事控制；设立科布多、唐努乌梁海、库伦办事大臣等管理地方民政。对新疆、西藏和西南其他地区，在某种程度上也延续了当地原有的制度，但清王朝在这些地区的控制力也全部超过以往各代。

这些事实说明，地理上乃至生态上的中国是生活在中国这片土地上的各个族群、各种不同生产方式和生活方式互相交往的必然产物。参与中华文明和中国国家建构活动的，不仅有代表中国农耕文明的汉族，而且有萌芽于先秦的犬戎，角逐于汉唐的匈奴、五胡、突厥、吐蕃，发育于辽、金、元，成熟于清的草原游牧及山林渔猎农牧各族。"长城—腾冲线"两侧的农耕文明创造者、草原游牧文明的创造者、山林渔猎农牧文明的创造者，都是地理上乃至生态上的中国的缔造者。

第三编

人文化成的中国

以人为主体的中国

一、鸿蒙初开即人伦

任何知识的生产,都是知识生产者、知识生产对象、知识生产工具三者的结合与互动。由于知识生产者从属于不同民族、不同地域、不同文明,经常处于文明发展不同阶段,所拥有的知识结构、知识积累不同,知识生产对象又经常不一样,知识生产可利用的手段、条件、环境、资源、基础不同,知识生产过程便会产生很大差异,知识生产的产品自然就会形成各自的特点。知识,以及作为知识总和的知识体系,也就一方面具有客观性、公共性、普遍性,另一方面又不可避免地具有各自的主观性、个别性、特殊性。

纵览世界上绝大多数古代文明的知识体系,占据支配地位的几乎都是宗教神学。知识的传授、传播、传承,最初几乎完全被可以同神灵"自由交往"的巫祝所垄断,其后,则为教会和教士所垄断。

宗教神学曾在很长一段时间主宰了欧洲整个知识体系。基督教在公元4世纪被罗马帝国定为国教,宗教教义成为政治信条，《圣经》的词句在任何一个法庭上都具有法律效力，教会所崇奉的天国主义、来世主义、超验主义、神权主义等垄断了所有学术、学科。当时，仅高层的传教士能够识字，民众基本上都是文盲，甚至连一些君主都不识字；普通民众乃至许多贵族，除了接受教会神职人员的宗教神学教育外，通常接触不到其他任何学说，对教会所崇奉的神学只能信奉和盲从，稍有异议就会受到教会设立的宗教裁判所的残酷迫害。直到欧洲文艺复兴运动兴起，宗教神学对知识体系的全面统治才被推翻，知识的重点开始转向世俗生活和人们的社会实践，那里的宗教也随之转向世俗化。

中华文明形成之初，巫祝也曾一度用宗教神学垄断过知识的创立和传授。现存商代甲骨文献显示，王室贵族涉及祭祀、征伐、田猎、生育、出门等活动时，都要求神问卜，以预测吉凶祸福，决定行止。《礼记·表记》记述："殷人尊神，率民以事神，先鬼而后礼。"但商代巫祝已经从图腾神崇拜、自然神崇拜逐步转到血缘祖先崇拜、英雄人物崇拜。如"王梦惟祖乙"卜辞累累出现，对商代兴盛做出很大贡献的"祖乙"在甲骨卜辞中出现1 000多次，足以证明当时人们已经从对神灵的崇拜逐步转变为对有作为的人的崇拜。随着农业在社会生活中地位的上升，出现了越来越多为告囱、告麦、告秋、祈年、观耤、烝尝而占卜，为求雨、宁雨、大雨、小雨、足雨、及雨、多雨、延雨、雨疾诸事而占卜，因为和农事关系最为密切的就是季节时令变化和风霜雨雪状况，这表明商代巫祝已经愈来愈关注人们的世俗生活。中国古代传说中发明用火的燧人氏，发明建造房屋的有巢氏，制作衣裳、发明养蚕缫丝的黄帝及嫘祖，发明农业和医药的神农氏，都是人而不是神，这些传说也证明中华文明形成之初就将人自身而不是神灵作为文明的创造者。

周代商，以周公制礼作乐为标志，神学和巫祝对于知识体系的垄断地位宣告终结。"民惟邦本，本固邦宁"，现实的人在知识体系中占据了支配地位。与此相应，学校教育成为知识传授、传播、传承的主要渠道，《礼记·学记》说："古之教者，家有塾，党有庠，术有序，国有学。比年入学，中年考校。一年视离经辨志，三年视敬业乐群，五年视博习亲师，七年视论学取友，谓之小成；九年知类通达，强立而不反，谓之大成。夫然后足以化民易俗，近者说服而远者怀之，此大学之道也。"巫祝从西周起就退居为负责祭祀、祈福仪式的专职人员。

二、走出巫术时代

宗教神学主导整个知识体系时，知识的最高使命是帮助人走出现实的、世俗的、有生有死的此岸世界，引导人们超越现实、超越世俗、超脱生死而达到彼岸世界。德国思想家马克斯·韦伯从1904年开始对基督教新教伦理与资本主义精神的内在联系进行专门研究，并由此陆续扩展到天主教、道教、佛教、印度教、犹太教、伊斯兰教等宗教研究。按照韦伯的类型学分析，在这些宗教中，人与神、此世与彼世之间有着不可逾越的鸿沟，人们只有借助巫术、仪式及信守禁忌等方式，才能接近"神祇"。在1915年出版的《儒教与道教》一书中，韦伯延续一贯做法，强加给中国儒学一个"儒教"的名称。但他不得不承认，中国早已走出了巫术时代。他说："儒家的中国知识分子，他们根本上对神灵置之不论。""为了教育上的目的，儒教所编纂的古典经籍，不仅成功地驱除了这些民间的神祇，并且也消灭了所有足以冲犯其伦理因袭主义的事物。"韦伯发现，儒学没有一个超验的绝对者，没有神圣世界与现实世界、彼岸世界与此岸世界的对立，儒家经典里宣扬的是入世的俗人的伦理道德。儒家肯定包括宇宙和人类社会在内的现存世界秩序，俗世中的人应当小心谨慎，克己守礼，适应这个世界及其秩序与习俗，有意识地抑制由狂欢、极乐活动所引发的非理性情感，因为那样会对秩序的和谐与平衡造成破坏。儒家认为人性本善，其伦理观中从来没有原罪的概念，也谈不上什么救赎的观念。应当说，韦伯的上述描述大体反映了儒学的实际。中华文明知识体系整体说来，最为关注的是现实的人而不是超越现实世界的神，是人的现实生活、现实的社会交往、现实的社会治理，而不是对只存在于人的观念与意识世界中的神灵的无条件服从和信仰。

西周时，中国出现了礼、乐、射、书、御、数或名为六艺的知识分类。春秋时期，孔子在讲学时将他所要传授的知识分为德行、言语、政事、文学四科。这都表明，那个时代知识体系已经整体性转向面对现实世界，面对世俗生活，面对立人、立国、立世的各种社会实际问题。

春秋战国时期，诸子百家竞相争鸣，知识体系的传授、传播、传承，除去各级官立学校之外，逐步下移至民间。老子、孔子、墨子、庄子、孟子、孙子、韩非子等都是私家讲学最突出的代表。他们中的绝大多数都坚持以人而不是鬼神为主体，以人间的政事日用、工商耕稼而不是超越人世的彼岸世界为关注的中心主题，以能否合乎社会实践所积累的经验包括历史所积累的经验而不是先验的原理或者无法验证的某些绝对观念为判断是非的标准。六艺也好，四科也好，概莫能外。章太炎在《驳建立孔教议》中说，"中土素无国教矣"，"老子称以道莅天下，其鬼不神；孔子亦不语神怪，未能事鬼。次有庄周、孟轲、孙卿、公孙龙、申不害、韩非之伦，浡尔俱作，皆辩析名理，察于人文，由是妖言止息，民以昭苏"。章太炎进一步指出，正是在他们的努力与引领下，中华文明知识体系形成了最根本的特征："国民常性，所察在政事日用，所务在工商耕稼。志尽于有生，语绝于无验。人思自尊，而不欲守死事神，以为真宰，此华夏之民所以为达。"这段论述符合周秦以来中华文明知识体系的实际。

春秋战国时期诸子学一个最重要的贡献，就是他们用以现实的人为中心的一元世界取代了先前巫术下人神分裂的二元世界。《尚书·泰誓》记载了周武王一段话："惟天地万物父母，惟人万物之灵。"周武王还一再强调，民，就是天，"民之所欲，天必从之"，"天视自我民视，天听自我民听"。《左传》庄公三十二年中"吾闻之:国将兴,听于民;将亡,听于神"的论述,更明白无误地说明了决定国家命运的是民众而非神灵。《老子》强调:"圣人无常心,以百姓心为心。"在这里,现实的人,普通的平民百姓,才是实实在在的主体,是他们而不是天地、神明才具有至高无上的决定性地位。

人为什么能够成为万物之灵?《中庸》说:"仁者,人也。"能够具有"仁"的品格,也只有具备了"仁"的品格,人才可以成为真正的人。什么是"仁"的品格?樊迟问仁,孔子说:"爱人。"樊迟又问仁,孔子说:"居处恭,执事敬,与人忠。"仲弓问仁,孔子说:"己所不欲,勿施于人。"(《论语·颜渊》)人是社会群体中的一员,具有其他动物所没有的社会性,作为社会群体中的人,对于社会群体中的其他人能够做到爱人、立人、达人、忠于人,能够做到己所不欲,勿施于人,这就是现实的人成为实体、主体、万物之灵的根本原因。

孟子更言"民为贵,社稷次之,君为轻"(《孟子·尽心下》)。在谈到人的本质时,孟子特别重视人的社会性,重视人与人的交往。他说:"口之于味也,目之于色也,耳之于声也,鼻之于臭也,四肢之于安佚也,性也。有命焉,君子不谓性也。仁之于父子也,义之于君臣也,礼之于宾主也,知之于贤者也,圣人之于天道也,命也。有性焉,君子不谓命也。"(《孟子·尽心下》)五官的感知功能并非人所独有,也不代表人的本质,仁、义、礼、智所反映的人与人的关系,方才反映人的本质。孟子还说:"恻隐之心,人皆有之;羞恶之心,人皆有之；恭敬之心，人皆有之；是非之心，人皆有之。恻隐之心，仁也；羞恶之心，义也；恭敬之心，礼也；是非之心，智也。仁义礼智，非由外铄我也，我固有之也，弗思耳矣"(《孟子·告子上》)这里所强调的人就是现实社会中的人，就是处于多重社会关系制约中的人，仁、义、礼、智都是人在多重社会关系交往中所应遵循的基本准则。孟子关注民众的品格，也关注民众的生计："民之为道也，有恒产者有恒心，无恒产者无恒心。苟无恒心，放僻邪侈，无不为已。"(《孟子·滕文公上》)正因为人是现实的人，孟子将民众的土地占有问题、财产保障问题、经济负担和社会生活问题，以及不堪重负起而反抗的合理性合法性问题，视为知识体系所应关注的重要课题。

荀子坚持人"最为天下贵"，坚持人在知识体系中的主体与实体地位。《荀子·王制》中说："水火有气而无生，草木有生而无知，禽兽有知而无义，人有气、有生、有知，亦且有义，故最为天下贵也。"人何以"最为天下贵"？荀子认为，最根本的原因就是人能够"合群明分"。《荀子·王制》接着写"人"道："力不若牛，走不若马，而牛马为用，何也？曰：人能群，彼不能群也。人何以能群？曰：分。分何以能行？曰：义。故义以分则和，和则一，一则多力，多力则强，强则胜物。"人结成了社会，社会就是人与人之间既分工又合作："故人生不能无群，群而无分则争，争则乱，乱则离，离则弱，弱则不能胜物，故宫室不可得而居也，不可少顷舍礼义之谓也。""群道当，则万物皆得其宜，六畜皆得其长，群生皆得其命。"荀子不仅认定人与人之间必须依据礼义分工合作,还强调人类社会和自然环境也必须互相辅助、互相协调:"圣王之制也:草木荣华滋硕之时,则斧斤不入山林,不夭其生,不绝其长也;鼋鼍、鱼鳖、鳅鳝孕别之时,罔罟、毒药不入泽,不夭其生,不绝其长也;春耕、夏耘、秋收、冬藏,四者不失时,故五谷不绝而百姓有余食也;污池渊沼川泽,谨其时禁,故鱼鳖优多而百姓有余用也;斩伐养长不失其时,故山林不童而百姓有余材也。"(《荀子·王制》)这里所说的人,不仅是现实社会的人,而且是人的社会与自然环境形成的良性互动关系中的人。

先秦诸子中,墨子提倡"兼爱""非攻""尚贤""尚同""非乐""节葬""节用",影响甚广,曾与儒家并称"显学";但墨家仍然讲"天志""明鬼",保留了一部分对鬼神的信仰,这可能正是墨家不久就由盛转衰的重要原因。

章太炎所说"人思自尊,而不欲守死事神,以为真宰",就是承认人具有天下最为尊贵的地位,绝不能继续俯伏在鬼神面前对他们顶礼膜拜。《列子·天瑞》说:"天生万物,唯人为贵。而吾得为人,是一乐也。"这些观念已成为人们的常识。而"志尽于有生,语绝于无验",则是指中华文明知识体系拒绝将超乎一般世俗生活经验之上的那些先验说教、绝对观念视为终极真理,拒绝承认这些具有全知全能、至高无上品格的特殊知识对于人的精神世界的统治。中国古代知识体系整体上拒绝自我封闭、自我停滞,坚持知识必须根据客观世界的变化而变易,根据社会实践的发展而更新。《周易·贲卦》象辞说:

"刚柔交错，天文也；文明以止，人文也。观乎天文，以察时变；观乎人文，以化成天下。"知识体系的形成，源于认真观察日月星辰和风云雷电刚柔交错的运动，以了解季节、气候、自然变化的规律；源于认真观察现实社会的人伦秩序，通过教化使人们的行为合乎文明。这是对中华文明知识体系起源最初的概括。天文也好，人文也好，二者有别又紧密相依，事实上已成为一个互相为用的统一体。它们经常处于运动变化之中，"生生之谓易"。易，就是变易。变易，就是阴与阳、刚与柔双方既相对立又相统一的矛盾运动，"刚柔相推，变在其中矣"。中华文明知识体系本质上就是一个开放式的容许无限发展的体系。

三、以史为鉴

中华文明知识体系特别重视总结和借鉴历史经验，因为了解历史演进的真实过程，尊重历史经验的不断积累和总结，有助于人们立足社会实际，明辨思想和行为的是非曲直，了解什么才是正确的价值取向，进而确定行动方向和选择行动路径。《春秋》《左传》是编年史，《世本》叙述人们的社会组织和衣食住行，尤其是《史记》，其中的十二本纪历述帝王主要事迹，三十世家记述各诸侯国和汉代诸侯勋贵兴亡过程，七十列传扼要叙述重要历史人物的言行业绩，十个史表明示各重大历史事件的时序，八书综合研究礼、乐、音律、历法、天文、封禅、水利、财用诸种典章制度的来龙去脉，所有这些，都是"网罗天下放失旧闻,略考其行事,综其终始,稽其成败兴坏之纪",记录纷繁复杂的人间社会的历史。它们都是能够实证的历史。

从《春秋》《左传》《世本》到《史记》,这些宏大严谨的历史著作有助于人们复原人的现实存在、人的现实生活和世俗社会。特别重视总结和借鉴历史经验,成为中华文明知识体系最耀眼的一个特点。历史研究可以帮助人们从人类活动与自然界变迁的统一、人们个体与群体活动的统一、社会历史演进与社会现实的统一中,把握现状和展望未来,谋求公众与国家整体利益,这就是司马迁所说的"究天人之际,通古今之变"。也正是汗牛充栋的历史著作,使得无法实证的神灵在中华文明知识体系中丧失了存在的根基,因为神是不会有历史的,宗教的神秘主义是无法实证的。高度重视实证历史这一传统,使宗教与神学在中华文明知识体系中只能成为存而不论的另类世界。

佛学或所谓"内典"的传入,引发了中华文明知识体系的一次重大变革。佛学于性理之学独有深造,宋明儒者,若程、朱、陆、王,都吸收了佛学逻辑层次分明的演绎方法和思辨化的理论结构,将传统儒学、传统道学和中国化的佛学糅合起来,构建了"存理去欲"或"存心去欲"的修养论,"格物"或"格心"的认识论,格物致知诚意正心修身齐家而治国平天下的社会实践论。知识体系的这场变革,对于先前所一直坚持的"所察在政事日用,所务在工商耕稼,志尽于有生,语绝于无验"的知识体系形成了一大冲击。但这一传统,在广大民众中仍然根深蒂固,他们仍坚持以现实的人为主体,以人间的政事日用、工商耕稼为中心，以能否合乎社会实践所积累的经验特别是历史所积累的经验为判断是非的标准。在士人中，倡导经世致用，致力于"实学"者，势头仍然一直不容小觑。

四、中华文明与马克思主义

近代以来，中华文明知识体系迎来了一次更为深刻的变革，激起这场变革的是中国面临的前所未有的严重危机，以及伴随资本主义和工业革命而成长起来的西方知识体系的全面挑战。西方这一知识体系，是文艺复兴结束了传统神学和教会的统治，确立了以现实的人为本位以后逐步形成的。但科学技术和机器大工业所造就的世俗世界，在资本的统治下，又造成高度原子化的个人，他们被驱赶着追求利益最大化，这就同生产、流通、消费的全面社会化形成了尖锐的二元对立，而对各种自然资源破坏性乃至掠夺性的开发和攫取，又导致同生态保护及可持续发展的二元对立。

中国先进分子为救亡图存，曾一度试图将西方知识体系现成地拿来就用，但很快在实践中发现，近代西方知识体系和中国固有知识体系有着很大差异。知识体系的全盘西化难以适应救亡图存的实际需要，中国固有知识体系可以吸取西方知识体系的各种优秀成果充实、提升自我，但不能失去自我，不能放弃以现实的人、现实世界为知识体系之本的传统，不能放弃以现实的人、现实的社会、现实的社会群体为价值主体这一中华文明的生命之基、力量之源。

中华文明知识体系中自然科学和技术科学的基础理论研究一直比较薄弱，工艺、技术研究不够全面、系统化、精密性不足，西学在中国的传播对于克服这些弱点起到了积极作用。由于西学在这些领域的许多方面已经走在前面，中国不需要一切从头开始。当然，要更进一步在这些领域有所创新、突破、超越，单纯的"拿来主义"就不行了，这需要在自然科学、技术科学的基础理论和实际应用方面扎扎实实地努力。

与此同时，西学在中国的传播，也带来了与中华文明知识体系差别很大的一套价值体系和制度体系。西方各国人文社会科学在资本强有力的控制下，形成了以原子化个人为本位的价值体系，几乎毫无例外地捍卫追求利益最大化的合理性与合法性，将物竞天择、优胜劣汰、弱肉强食的线性进化宣布为铁律，全力以赴推进以自由竞争、自由博弈为核心的经济、政治、社会制度的全面构建。尽管这些价值目标为一些中国士人所歆羡、师法，但要根本改变中国根深蒂固的家庭本位、集体本位、社会本位、家国共同体本位，终究难以奏效。

十月革命后，马克思主义在中国广泛传播，给中华文明知识体系的变革带来决定性影响。马克思主义既充分吸取了西方知识体系优秀成果，又对西方知识体系存在的根本性问题进行了全面深刻批判。中华文明知识体系正是在马克思主义中找到了融合中西两种知识体系精华的最佳切入点。马克思主义坚持以现实的人、人与人的现实交往为全部知识的出发点，坚持人的本质是社会关系的总和，坚持以最广大的人民群众为人类全部活动的主体，这和中国固有知识体系坚持以人为本、以群体的人为本，以从个人到家庭到社会到国家直至天下的共同体为最高价值，很自然地互相印证、互相融通。马克思主义坚持实践第一，坚持一切从实际出发，坚持在实际生活中开始实证的科学，和中国传统的实践主义、经验主义、历史主义知识体系非常容易结合。马克思主义的方法论是唯物辩证法，这和《周易》的"一阴一阳之谓道"，《道德经》的"道生一、一生二、二生三、三生万物"，以及儒家倡导的"中也者，天下之大本也；和也者，天下之达道也"的辩证思维，非常容易契合。马克思主义彻底的革命精神和批判精神，在一贯信奉"汤武革命，顺乎天而应乎人"的中华文明知识体系中很容易找到生根发芽、开花结果的丰厚土壤。马克思主义作为一种知识体系，和中国固有知识体系的深度结合，是中华文明知识体系自身发展的必然结果，也是马克思主义中国化、时代化、大众化的应有之义。

礼仪之邦的中国

一、礼、礼治、礼学缘起

礼，在甲骨文中原作"豐""豐""豊""豊""豊""豊""豊"。罗振玉案：卜辞玉字作王，亦作丰，像三玉连贯之。卜辞殆从珏也。古者行礼以玉帛，故从珏。王国维释："此诸字皆像二玉在器之形。古者行礼以玉，故说文曰：豊，行礼之器，其说古矣。""盛玉以奉神人之器，谓之曲，若豊。推之而奉神人之酒醴，亦谓之醴。又推之而奉神人之事，通谓之礼。其初当皆用曲若豊二字，其分化为醴、礼二字，盖稍后矣。"林沄指出，豊并非从豆，而系从壴、壴、壴等形，像古代鼓形。"豊字何以从珏从壴？这是因为古代行礼时常用玉和鼓。孔子曾感叹说：'礼云礼云，玉帛云乎哉！乐云乐云，钟鼓云乎哉！'这至少反映古代礼仪活动正是以玉帛、钟鼓为代表物的。"林沄特别指出，甲骨刻辞中有专门用鼓的祭祀，鼓或壴本身就成为一种祭名，为一种隆重的典礼，似取鼓声能上震天庭，达于帝所。故中原地区在造字之初，以玉鼓之形以表达礼这一概念。许慎《说文解字》五上释豊为"行礼之器"，而在一上释礼为

"履也,所以事神致福也,从示从豊,豊亦声。㼓,古文礼"。豊、礼作这样的分别,显然是后来的事。1977年河北平山县中七汲村发掘的战国时期中山国墓地出土的中山王礜方壶铭文中,"礼义"和"礼敬"之礼,仍作"豊",字形作"㪢",铸此壶时已是公元前314年或前313年。

其实,早在文字产生以前,礼就已在人们的生活实际中逐渐形成。大量考古发掘资料以及人类学、民族学调查表明,原始时代,人在出生、成人、婚娶、生育、疾病、老死、安葬之时,在居住、饮食、欢会之时,在共同渔猎、农耕、制作之时,在向上天、土地、山川星辰、各种图腾祈祷、礼拜之时,常常举行特别的仪式,分别佩戴不同的饰物,使用不同的器皿,或歌或舞,或喜或悲,有一定的规矩、一定的程序,这就是最初的礼。

孔子说过:"夏礼,吾能言之……殷礼,吾能言之。""殷因于夏礼,所损益可知也;周因于殷礼,所损益可知也。"夏、殷两代在古代礼制形成中具有重要地位。今夏代礼制只能凭借文献略知梗概,殷代礼制则可凭借甲骨卜辞稍知其详。从卜辞中可以看出,殷代已经初步形成朝觐、盟会、锡命、祭祷、军旅、丧葬、乡宴、馈赠等各类礼仪。

西周初,周公制礼作乐,首次将礼提到治国总纲领和社会生活总规范的高度。《通鉴外纪》卷三引《尚书大传》:"周公摄政,一年救乱,二年克殷,三年践奄,四年建侯卫,五年营成周,六年制礼作乐,七年致政成王。"《尚书·洛诰》孔颖达正义释"朕复子明辟"时说:"王肃于《金縢》篇末云:武王年九十三而已,冬十一月崩,其明年称元年,周公摄政,遭流言,作《大诰》而东征。二年克殷,杀管叔。三年归,制礼作乐。出入四年,六年而成。七年营洛邑,作《康诰》《召诰》《洛诰》,致政成王。"两则记载,年代略有差异,当是时间既久,传闻有误,但"制礼作乐"一事则确定无疑。《尚书·洛诰》中有周公所说的一段话:"王肇称殷礼,祀于新邑,咸秩无文。予齐百工,伻从王于周。"说的就是让百工由殷代典礼改行周代典礼。周公去世后,成王作《君陈》说:"昔周公师保万民,民怀其德。往慎乃司,兹率厥常。懋昭周公之训,惟民其乂。"足见周公制礼作乐的影响。周公制作的礼典和刑典等,可能流传至春秋时还可见到,所以《左传》文公十八年季文子说:"先君周公制《周礼》,曰:'则以观德,德以处事,事以度功,功以食民。'作《誓命》曰:'毁则为贼,掩贼为藏;窃贿为盗,盗器为奸。主藏之名,赖奸之用,为大凶德,有常无赦!'在九刑不忘。"《左传》昭公二年晋侯使韩宣子聘于鲁,"观书于大史氏,见《易》《象》与鲁《春秋》",也说:"周礼尽在鲁矣,吾乃今知周公之德与周之所以王也。"

礼从风俗习惯变为治国总纲领和社会生活总规范后,礼乐制度由周天子确定。在西周天子权力逐渐衰退之后,诸侯坐大,在礼乐制度方面开始自行其是。孔子说过:"天下有道,则礼乐征伐自天子出;天下无道,则礼乐征伐自诸侯出。自诸侯出,盖十世希不失矣;自大夫出,五世希不失矣;陪臣执国命,三世希不失矣。"春秋前期,礼乐已成了诸侯、大夫们关注的中心。《左传》隐公十一年记君子肯定郑庄公有礼,指出:"礼,经国家,定社稷,序民人,利复嗣者也。"桓公二年记载晋国大夫师服的论说:"夫名以制义,义以出礼,礼以体政,政以正民,是以政成民听。易则生乱。"闵公元年记载仲孙湫同齐侯的对话,齐侯询问可否灭鲁,仲孙回答说:"不可。犹秉周礼。周礼,所以本也。臣闻之:'国将亡,本必先颠,而后枝叶从之。'鲁不弃周礼,未可动也。"并且,仲孙湫直率地将"亲有礼"即亲近循礼的国家视作"霸王之器"。文公十五年记季文子评论齐侯己则无礼而讨伐有礼者的话:"礼以顺天,天之道也。己则反天,而又以讨人,难以免矣。""奉礼以守,犹惧不终,多行无礼,弗能在矣。"成公十三年记载刘子一段论说:"吾闻之:民受天地之中以生,所谓命也。是以有动作礼义威仪之则,以定命也。能者养以之福,不能者败以取祸。是故君子勤礼,小人尽力。"襄公二十一年记载晋国大夫叔向评论齐侯、卫侯对朝见天子及互相盟会态度轻慢的一段话:"二君者必不免。会、朝,礼之经也;礼,政之舆也;政,身之守也。怠礼,失政;失政,不立,是以乱也。"昭公二年记叔向又一段论述:"忠信,礼之器也。卑让,礼之宗也。"昭公十五年记叔向又一段话:"礼,王之大经也。"昭公二十五年记鲁人昭子的一段论述:"君子贵其身,而后能及人,是以有礼……贱其身也,能有礼乎?无礼,必亡。"所有这些论述,都表明礼已成为贵族社会普遍关心的问题。

曹元弼《礼经学》卷四《会通》中指出："考之左氏，卿大夫论述礼政，多在定公初年以前。自时厥后，六卿乱晋，吴、越迭兴，而论礼精言，惟出孔氏弟子，此外罕闻。"鲁定公以后，进入了所谓"礼崩乐坏"的时期，礼制陷入了混乱。这时，只有孔子及其弟子，深知礼的价值：以"克己复礼"为己任，坚持研习各种典礼，体会这些典礼的真正含义，努力通过礼的新的阐释使国家和社会能够顺利从失范、失衡、无序状态中走出来，构建起一整套新的规范、新的秩序，使国家和社会重新得到均衡、有序的发展。

刘泽华《中国传统政治思维》（长春：吉林教育出版社，1991）一书中区别了礼与礼学。他指出："礼与礼学并不完全是一回事。在礼学产生之前，礼多表现为制度性和仪式性的规定；而礼学则是研究礼的学说，它把礼作为认识的对象，以阐发礼义为根本，具有一套系统的理论体系。"根据这一标准，他认为，礼学兴起于春秋时期，孔子是礼学的创始人。杨向奎在《宗周社会与礼乐文明》（北京：人民出版社，1997）中提出："孔子重视礼，加工和改造了礼，丰富了礼的内容，美化了礼，目的是使人们的生活丰富多彩，都成为'文质彬彬，然后君子'的君子。"经由孔子，"礼不再是苦涩的行为标准，它富丽堂皇而文采斐然，它是人的文饰，也是导引人生走向理想境界的桥梁"。尽管这些说法不完全相同，孔子在中国古代礼、礼学、礼的文明发展中具有特别重要的地位，则是毫无疑问的。

《论语》中有四十多章论及礼。从《论语》中这些论述可以看出,孔子及其弟子不仅坚持了"为国以礼",确认"上好礼,则民易使也","上好礼,则民莫敢不敬",而且将是否守礼看作能否做一个名副其实脱离了兽性的合格的人的基本条件,断言"不学礼,无以立"。真正合格的人,在孔子眼中,就是达到了仁这一境界的人。而所谓仁,就是"爱人",就是"己欲立而立人,己欲达而达人",就是"己所不欲,勿施于人"。要达到这一境界,就要"非礼勿视,非礼勿听,非礼勿言,非礼勿动"。为此,孔子说:"克己复礼为仁。一日克己复礼,天下归仁焉。"礼成为规范人的行为举止和人与人关系的最高准则,它所要达到的目标是要使他人都能和自己一样立身于社会并得到顺利的发展,由此,礼具有了更为丰富及更为确定的人文意义。

春秋时代之末、战国时代,礼更为混乱,礼治受到更为严重的破坏,以孔子的弟子、传人为代表的儒者则更加热衷于礼学,至荀况而集其大成。荀况的著作《荀子》中,有以《礼论》为名的专篇论礼,其他《乐论》《大略》《不苟》《王霸》《强国》等篇中,对礼也有许多精到的论述。在荀况这里,礼被定位为"亲亲、故故、庸庸、劳劳"及"贵贵、尊尊、贤贤、老老、长长",即使所有的人都能"行之得其节"。(《荀子·大略》)他特别强调了礼的分界和给养这双重作用:"礼起于何也?曰:人生而有欲;欲而不得,则不能无求;求而无度量分界,则不能不争;争则乱,乱则穷。先王恶其乱也,故制礼义以分之,以养人之欲、给人之求,使欲必不穷乎物,物必不屈于欲,两者相持而长。是礼之所起也。"(《荀子·礼论》)一方面，贵贱有等，长幼有差，贫富轻重皆有称；另一方面，又通过各种礼仪、礼器来养信、养威、养安、养生、养财、养情。荀子以为，这方才是有别于霸道、危道的王道："君人者，隆礼尊贤而王，重法爱民而霸，好利多诈而危。"(《荀子·大略》)可以说，这是为国家统一后建立新的礼治奠定了理论基础。但是，荀子的礼论直到汉王朝建立后方才结出硕果，它表现为叔孙通为汉代制定礼仪，开启了汉代的礼治新格局。

二、《礼记》论礼、礼治、礼教

什么是礼？《礼记》一书提出了四个命题：礼是"物之致""义之实""政之本""事之治"。

"礼也者，物之致也。"这一命题见之于《礼器》，其义和《乐记》中所说的"礼也者，理之不可易者也"相同，说的都是礼应当符合并体现客观世界的运行规律。《礼记》中对此曾一再加以强调。《礼运》中说："夫礼，先王以承天之道，以治人之情，故失之者死，得之者生……是故夫礼，必本于天，殽于地，列于鬼神，达于丧、祭、射、御、冠、昏、朝、聘。"同一篇又说："夫礼，必本于天，动而之地，列而之事，变而从时，协于分艺。"这里的天、天之道，都是自然界乃至宇宙运行规律的别称。《礼器》中说："礼也者，合于天时，设于地财，顺于鬼神，合于人心，理万物者也。是故天时有生也，地理有宜也，人官有能也，物曲有利也，故天不生，地不养，君子不以为礼。"

《乐记》中说:"大礼与天地同节。"《丧服四制》说:"凡礼之大体,体天地,法四时,则阴阳,顺人情,故谓之礼。"所有这些"合""设""顺""理""同""体""法""则",都凸显了礼必须尊重、遵循天时、地理、阴阳、人心、人情及万物自身的运行法则。礼并非随心所欲地作一些规定,它必须以宇宙万物运行的规律、节奏为其基础。这是《礼记》所提出的关于礼的第一命题。

"礼也者,义之实也。"这一命题见之于《礼运》。《礼运》中指出:"义者,艺之分、仁之节也。"陈澔注:"艺以事言,仁以心言。事之处于外者,以义为分限之宜;心之发于内者,以义为品节之制。协于艺者,合其事理之宜也;讲于仁者,商度其爱心之亲疏厚薄,而协合乎行事之大小轻重,一以义为之裁制焉。"礼为义之实,指的是礼作为一种规范、定制,它修治约束着人的情感、欲望以及人与人之间的相互关系。《礼运》中说:"何谓人情?喜、怒、哀、惧、爱、恶、欲,七者弗学而能。何谓人义?父慈、子孝、兄良、弟弟、夫义、妇听、长惠、幼顺、君仁、臣忠,十者谓之人义。讲信修睦,谓之人利。争夺相杀,谓之人患。故圣人所以治人七情,修十义,讲信修睦,尚辞让,去争夺,舍礼何以治之?"礼就是人的情感、欲求与人与人关系的一种正确规制、约束。《曲礼上》一开始就指出:"敖不可长,欲不可从,志不可满,乐不可极……夫礼者,所以定亲疏、决嫌疑、别同异、明是非也。礼,不妄说人,不辞费。礼,不逾节,不侵侮,不好狎,修身践言,谓之善行。行修言道,礼之质也。"礼的核心或礼的灵魂,就是使人归之于"人道之正"。为此,《大传》中指出:"圣人南面而听天下,所且先者五,民不与焉。一曰治亲,二曰报功,三曰举贤,四曰使能,五曰存爱。五者一得于天下,民无不足,无不赡者。五者一物纰缪,民莫得其死。圣人南面而治天下,必自人道始矣。"《乐记》更明确地指出:"是故先王之制礼乐也,非以极口腹耳目之欲也,将以教民平好恶而反人道之正也。"如果不能了解"人道之正"为礼的本质、礼的立身立命之本,那么,礼便会失去生命力而徒存形式、躯壳,即《郊特牲》中所说的:"礼之所尊,尊其义也。失其义,陈其数,祝、史之事也。故其数可陈也,其义难知也。知其义而敬守之,天子之所以治天下也。"

"为政先礼,礼,其政之本与!"关于礼的这第三个命题出于《哀公问》。礼为政之本,一指当以行礼为治天下前提,二指当以礼订正法度、刑律,三指以实现礼治为施政的根本任务。

关于行礼为治天下的前提,提出"为政先礼"的《哀公问》即指出:"民之所由生,礼为大。非礼无以节事天地之神也,非礼无以辨君臣上下长幼之位也,非礼无以别男女父子兄弟之亲、昏姻疏数之交也。君子以此之为尊敬然,然后以其所能教百姓,不废其会节。"以此,哀公询问为政如之何时,孔子简要地概括为:"夫妇别,父子亲,君臣严。三者正,则庶物从之矣。"《经解》中指出:"夫礼,禁乱之所由生,犹坊止水之所自来也。"《坊记》更全面地阐发了这一观点,说明"礼者,因人之情而为之节文以为民坊者也"和"夫礼者,所以章疑别微以为民坊者也"，前者使民富不足以骄，贫不至于约，贵不慊于上，后者使民贵贱有等，衣服有别，朝廷有位，这一切也就是所谓"坊民所淫，章民之别，使民无嫌，以为民纪者也"。这就从导引与预防这积极与消极两个方面说明了行礼何以成为治理天下的前提。

礼成为法度、刑律的基准，是礼为政之本的第二重含义。《礼记》一书中《王制》《月令》《文王世子》《明堂位》等篇叙述各种国家政令制度，并非游离于全书基本内容之外，实是表现了礼的应有之义。《经解》指出："礼之于正国也，犹衡之于轻重也，绳墨之于曲直也，规矩之于方圆也。故衡诚县，不可欺以轻重；绳墨诚陈，不可欺以曲直；规矩诚设，不可欺以方圆。"以《王制》而论，列述班爵、授禄、祭祀、养老及职官、朝聘、巡狩、田猎、赋税、学校、选举、丧祭、刑法、道路、边裔等各项制度，注者以为其中或为虞制，或为夏制，或为殷制，或为周制，或为汉制，系糅合各代之制而成，其实，它是以周制为骨骼，根据礼的标准而设计出来的方案。《月令》也是如此。《曲礼上》指出："道德仁义，非礼不成；教训正俗，非礼不备；分争辩讼，非礼不决；君臣上下，父子兄弟，非礼不定；宦学事师，非礼不亲；班朝治军，涖官行法，非礼威严不行；祷祠祭祀，供给鬼神，非礼不诚不庄；是以君子恭敬、撙节、退让以明礼。"说明了礼成为法度、刑律及各种政治行为的基准，范围多么广泛。

礼治的实现为施政的直接目标与根本任务，是礼为政之本的第三重含义。《冠义》中指出："重礼，所以为国本也。"《乡饮酒义》中指出："古之制礼也，经之以天地，纪之以日月，参之以三光，政教之本也。"三光，即三大辰，指三大星辰。《祭义》一段话可视为这一重含义较为具体的发明："先王之所以治天下者五，贵有德，贵贵，贵老，敬长，慈幼。此五者，先王之所以定天下也。贵有德何为也？为其近于道也。贵贵，为其近于君也。贵老，为其近于亲也。敬长，为其近于兄也。慈幼，为其近于子也。是故至孝近乎王，至弟近乎霸……先王之教，因而弗改，所以领天下国家也。"只有确立了礼治，天下方能安定，政治方能清明，若破坏了礼治，国家便将陷入混乱。《礼运》中强调："礼者，君之大柄也，所以别嫌明微，傧鬼神，考制度，别仁义，所以治政安君也。"国家建立了礼治，犹如容器有了柄，国君执此国柄，便可使国家得到正确的治理。这大约可以称作礼为政之本的终极意义。

第四个命题为"事之治"，出自《仲尼燕居》："子曰：礼者何也？即事之治也。君子有其事，必有其治。"该篇接着就此更加具体地指出："若无礼，则手足无所错，耳目无所加，进退揖让无所制。是故以之居处，长幼失其别；闺门、三族失其和；朝廷、官爵失其序；田猎、戎事失其策；军旅、武功失其制；宫室失其度；量鼎失其象；味失其时；乐失其节；车失其式；鬼神失其飨；丧纪失其哀；辩说失其党；官失其体；政事失其施。加于身而错于前，凡众之动失其宜。"很明显，所谓"事之治"，指的就是处理各类事务，指礼除去共同的原则外，各种不同的礼还为处理这些不同的事务规定了相应的行为规范、行动纪律。《昏义》中指出："夫礼，始于冠，本于昏，重于丧、祭，尊于朝、聘，和于射、乡，此礼之大体也。"《礼记》一书便通过对这些不同礼仪的分述与诠释，阐明了应当如何据礼处置好各类事务。

以冠礼而论，它被看作"礼之始"，因为它标志着一个人已经成年，从此就应负起成人的责任，按照成人的规矩行事，如《冠义》所说："成人之者，将责成人礼焉也。责成人礼焉者，将责为人子、为人弟、为人臣、为人少者之礼行焉。将责四者之行于人，其礼可不重与！故孝、弟、忠、顺之行立，而后可以为人；可以为人，而后可以治人也。"以昏礼而论，它被说成"礼之本"，其意义不在于教人们结婚时当懂得如何行礼，而在于要求结婚者懂得"敬慎重正而后亲之"，如《昏义》所说："男女有别，而后夫妇有义；夫妇有义，而后父子有亲；父子有亲，而后君臣有正。"丧礼，《礼记》中所论篇幅最多，在所有的礼中，也数丧礼最为繁杂琐细，然而，所有这一切，都是为了使整个社会通过亲亲、尊尊而结为有序的整体，犹如《大传》所说："人道亲亲也。亲亲故尊祖，尊祖故敬宗，敬宗故收族，收族故宗庙严，宗庙严故重社稷，重社稷故爱百姓，爱百姓故刑罚中，刑罚中故庶民安，庶民安故财用足，财用足故百志成，百志成故礼俗刑，礼俗刑然后乐。"祭礼被视为最重要的礼，同样，祭礼所重是在懂得所谓十伦，如《祭统》所说："夫祭有十伦焉：见事鬼神之道焉，见君臣之义焉，见父子之伦焉，见贵贱之等焉，见亲疏之杀焉，见爵赏之施焉，见夫妇之别焉，见政事之均焉，见长幼之序焉，见上下之际焉，此之谓十伦。"同样，朝、聘之礼是为使人明宾客君臣之义；乡饮酒礼是为了使人们明贵贱、辨隆杀、和乐而不流，弟长而无遗，安燕而不乱；射礼是为显示对勇敢强有力者的尊重，天下无事则用之于礼义，天下有事则用之于战胜。凡此，都正如《曲礼上》所说："夫礼者，所以定亲疏，决嫌疑，别同异，明是非也。"

物之致、义之实、政之本、事之治，这四个命题对礼所作的新诠释，是对春秋、战国以来礼学的全面总结。礼给作了这样高的定位，礼的教育也就被提到了前所未有的重要地位。《曲礼上》已指出："鹦鹉能言，不离飞鸟；猩猩能言，不离禽兽。今人而无礼，虽能言，不亦禽兽之心乎？夫唯禽兽无礼，故父子聚麀。是故圣人作，为礼以教人，使人以有礼，知自别于禽兽。"是否接受礼的教化，是将人与禽兽区别开来的根本条件。《礼运》则进一步指明了教化多少将可使君子与小人区别开来："礼之于人也，犹酒之有糵也：君子以厚，小人以薄。故圣王修义之柄、礼之序，以治人情。故人情者，圣王之田也，修礼以耕之，陈义以种之，讲学以耨之，本仁以聚之，播乐以安之。"《礼运》还对礼的教化中所有这些环节的必要性、不可替代性作了形象的叙述："治国不以礼，犹无耜而耕也；为礼不本于义，犹耕而弗种也；为义而不讲之以学，犹种而弗耨也；讲之于学而不合之以仁，犹耨而弗获也；合之以仁而不安之以乐，犹获而弗食也；安之以乐而不达于顺，犹食而弗肥也。四体既正，肤革充盈，人之肥也；父子笃，兄弟睦，夫妇和，家之肥也；大臣法，小臣廉，官职相序，君臣相正，国之肥也；天子以德为车，以乐为御，诸侯以礼相与，大夫以法相序，士以信相考，百姓以睦相守，天下之肥也。是谓大顺。"《经解》还特别强调了礼教潜移默化的作用："礼之教化也微，其止邪也于未形，使人日徙善远罪而不自知也，是以先王隆之也。"礼的教化被提到如此重要的地位，表明春秋、战国以来礼的仪文及其意义都已遭到严重的破坏，同时，也表明人们试图通过礼的教化来重建礼治，特别是已经作了新的诠释的礼治。

三、《礼记》论制礼与作乐

《礼记》一书的编纂者在选录文章时，于礼家中所列记、明堂阴阳说、中庸说之外，又越出礼类，从乐家《乐记》23篇中选录11篇编入《礼记》，这不是偶然的，它表现了编者以乐与礼相制衡，使礼与乐交相为用、相辅相成的深刻见解。

2021年7月中共中央总书记习近平在政治局常委会上总结庆祝中国共产党成立100周年活动时说："庆祝活动盛大庄严，气势恢宏，礼序乾坤，乐和天下。""礼序乾坤，乐和天下"这八个字，正和礼仪中国的核心。郑玄注《乐记》，说该篇系由11篇缀合而成为一篇，这11篇的篇名是：《乐本》《乐论》《乐礼》《乐施》《乐言》《乐象》《乐情》《魏文侯》《宾牟贾》《乐化》《师乙》。文中《师乙》之末，另有"子贡问乐"四字，很可能另有《子贡问乐》一篇,编者抄辑时删削未尽。于此也可以想到,11篇究竟是全文照录还是有所删削,恐怕难以论定,但辑录时当体现有辑录者本人的见解,则应无疑义。

什么是乐?《乐记·乐本》指出:"凡音之起,由人心生也。人心之动,物使之然也。感于物而动,故形于声;声相应,故生变;变成方,谓之音;比音而乐之,及干、戚、羽、旄,谓之乐。乐者,音之所由生也,其本在人心之感于物也。"乐起源于人与外界环境发生接触而产生的心物感应,因而它是人的感情、人的精神的一种表达。《乐记·乐本》还进一步指出:"凡音者,生于人心者也;乐者,通伦理者也。是故知声而不知音者,禽兽是也;知音而不知乐者,众庶是也。唯君子为能知乐。"通伦理,突出了人的社会性,突出了乐的社会性,由此,乐就成了人所特有的感情表现方式,成了人的社会精神生活所独有的表现形式,非但禽兽不可能产生这种乐,即使是一般民众,若没有积极承担起社会责任并充分发挥乐的社会效能,那么他们也不能称作懂得了乐。

就这一点而言,《乐记·乐本》认为,乐和礼一样,都代表了人按照"天理"来调节、控制"人欲",以使人免于物化、兽化的历史性需要。所以文中强调:

> 人生而静,天之性也;感于物而动,性之欲也。物至知知,然后好恶形焉。好恶无节于内,知诱于外,不能反躬,天理灭矣。夫物之感人无穷,而人之好恶无节,则是

物至而人化物也。人化物也者，灭天理而穷人欲者也。于是有悖逆诈伪之心，有淫佚作乱之事。是故强者胁弱，众者暴寡，知者诈愚，勇者苦怯，疾病不养，老幼孤独不得其所。此大乱之道也。是故先王之制礼、乐，人为之节。衰麻哭泣，所以节丧纪也；钟鼓干戚，所以和安乐也；昏姻冠笄，所以别男女也；射乡食飨，所以正交接也。礼节民心，乐和民声，政以行之，刑以防之。礼、乐、刑、政，四达而不悖，则王道备矣。

这里所要防止的所谓"物至而人化物"，就是人任由兽欲泛滥，完全为外物所同化，失去人所应具备的主体性、自我修养的自觉性。

既然有了礼，为什么又必须有乐，二者缺一不可呢？《乐记》各篇分别从情与理、同与异、合与散、阴与阳、动与静、内与外等不同的角度，说明了礼与乐具有不同的性质、不同的功能，二者必须互相结合，方才能够充分发挥其正面效能而防止其负面后果。

首先，从情与理的关系上说，《乐记·乐言》指出：

夫民有血气心知之性，而无哀乐喜怒之常，应感起物而动，然后心术形焉。是故志微噍杀之音作而民思忧，啴谐慢易繁文简节之音作而民康乐，粗厉猛起奋末广贲之音作而民刚毅，廉直劲正庄诚之音作而民肃敬，宽裕肉好顺成和动之音作而民慈爱，流辟邪散狄成涤滥之音作而民淫乱。是故先王本之情性，稽之度数，制之礼义，合生气之和，道五常之行，使之阳而不散，阴而不密，刚气不怒，柔气不慑，四畅交于中而发作于外，皆安其位而不相夺也。

这里所说的由血气心知之性感物而生的各种音声，表现的是情性、度数、礼义、生气之和、五常之行，则代表着理。只有二者互相结合，人情方能沿着正道抒发。所以，《乐记·乐情》中说："乐也者，情之不可变者也。礼也者，理之不可易者也。乐统同，礼辨异，礼乐之说，管乎人情矣。"

《乐情》已涉及同与异的关系，《乐记》中对此曾多次论述。《乐论》劈头就说：

乐者为同，礼者为异。同则相亲，异则相敬。乐胜则流，礼胜则离。合情饰貌者，礼乐之事也。礼义立，则贵贱等矣；乐文同，则上下和矣。

《乐论》中又说：

乐者，天地之和也；礼者，天地之序也。和，故百物皆化；序，故群物皆别。乐由天作，礼以地制，过制则乱，过作则暴。

人与人既有相同之处，又有相异之处。只求同而不顾其异，就会导致"流"和"暴"；反之，只讲异而不顾其同，就会导致"离"与"乱"。所以，二者必须互相结合，方才能防止这两个极端。《乐礼》中就此写道：

> 天尊地卑，君臣定矣；卑高以陈，贵贱位矣；动静有常，小大殊矣；方以类聚，物以群分，则性命不同矣。在天成象，在地成形，如此，则礼者天地之别也。
>
> 地气上齐，天气下降，阴阳相摩，天地相荡，鼓之以雷霆，奋之以风雨，动之以四时，暖之以日月，而百化兴焉。如此，则乐者天地之和也。

天地之别，说的是万物之异；天地之和，说的则是万物之同。《乐礼》就散与合的关系也作了说明：

> 天高地下，万物散殊，而礼制行矣。流而不息，合同而化，而乐兴焉……仁近于乐，义近于礼。乐者敦和，率神而从天；礼者别宜，居鬼而从地；故圣人作乐以应天，制礼以配地。礼乐明备，天地官矣。

礼表现了万物散殊的特性，乐则表现了万物同化的特性，前者与后者的关系，和义与仁的关系相近，它们只有互相结合起来，宇宙万物，人类社会，都方才能健全地运行、发展。

阴阳、动静、内外，都是从所列二者不可相离的关系来说明礼乐相辅相成。《郊特牲》中说："乐由阳来者也，礼由阴作者也，阴阳和而万物得。"由阳来者，指发扬、舒畅；由阴作者，指肃敬、收敛；二者相配合，万物方能得宜。《文王世子》说："乐所以修内也，礼所以修外也。礼乐交错于中，发形于外。"《乐记·乐论》中说："乐由中出，故静；礼自外作，故文。大乐必易，大礼必简。乐至则无怨，礼至则不争。揖让而治天下者，礼乐之谓也。"《乐记·乐化》中说："乐也者，动于内者也；礼也者，动于外者也。"凡此，都表明礼乐相结合，正是为了使运动与静止、人的内心活动与外在行为恰当地统一起来。而所有这一切，都是为了防止在实行等级差别非常分明的礼时，不因所使用的器具、物品和仪容动作方面严格的差别而使人们互相分离、隔阂和对立。乐是通过感情的抒发、沟通、共鸣，而打破这种分离、隔阂和对立。乐最能感化人，它移风易俗的效力最强。所以，《乐记·乐化》中说：

> 君子曰：礼乐不可斯须去身。致乐以治心……致礼以治躬……乐极和，礼极顺，内和而外顺，则民瞻其颜色而弗与争也，望其容貌而民不生易慢焉。故德辉动于内而民莫不承听，理发诸外而民莫不承顺。故曰：致礼乐之道，举而错之天下无难矣。

也正因为如此，《礼记》将乐教视为礼教不可或缺的组成部分。

《乐记·乐施》强调指出："乐也者，圣人之所乐也，而可以善民心。其感人深，其移风易俗。故先王著其教焉。"《乐记·乐象》也指出："乐者，乐也。君子乐得其道，小人乐得其欲。以道制欲，则乐而不乱。以欲忘道，则惑而不乐。是故君子反情以和其志，广乐已成其教。乐行而民乡方，可以观德矣。"广泛进行乐教，使民众潜移默化，知道趋向道德，就可以使礼能够较为顺利地将人们引向道德境界。

透过礼与乐关系的这些论述，就能进一步把握《礼记》一书贯彻始终的基本思想。《礼记》第三十一篇为《中庸》，这一篇所展开论述的"致中和"，便是这一基本思想。

郑玄在《三礼目录》中解释"中庸"这一题目的题义时指出："名曰中庸者，以其记中和之为用也。庸，用也。""中和"在全篇中的地位，从题目中就可看出。什么叫作"中和"？《中庸》中说："喜怒哀乐之未发，谓之中；发而皆中节，谓之和。中也者，天下之大本也；和也者，天下之达道也。致中和，天地位焉，万物育焉。"中与和这两个字都很早就被当作认识论和方法论上的重要范畴而为人们所运用，两个字合成一个词并被置于如此重要的位置，则是第一次。以中而书，《尚书·盘庚》便有"各设中于乃心"之语，《尚书·酒诰》述周公要求"作稽中德"，《论语·尧曰》述尧已提出"允执其中"，同书《子路》提出"得中行"，《雍也》更提出"中庸"一词，说："中庸之为德也，其至矣乎！民鲜久矣。"所有这些"中""中德""中行""中庸"，大体上都是指在作判断和采取行动时，自觉地考虑到事物所包含着的对立成分,防止走向极端,防止只顾及其中一个方面。以和而言,《诗经·商颂·那》中就有"既和且平"之语,《论语·子路》述孔子提出"君子和而不同,小人同而不和",同书《学而》有子提出"礼之用,和为贵,先王之道,斯为美",指的都是不同的人和平、协调地相处。《中庸》以"中"为"天下之大本",将"中"提高到本体论层次,并视之为"大本"即终极本体;以"和"为"天下之达道",是指以"中"为本,发为喜、怒、哀、乐,其轻重、大小、高下都能恰如其分,这样的"和"为使天下万事万物各得其所的根本方法,具有普遍适用性。致,朱熹注:"推而极之。"真正做到"中和",天地将会正常运转,万物将会生机蓬勃。

致中和,在认知结构与实践方式上,至少包含有以下几个层面的意义。

其一为《中庸》所谓"执其两端,用其中于民",所谓"中立而不倚",指的是既避免过分,也避免不及,"发而皆中节"。该篇引孔子之语说:"道之不行也,我知之矣:知者过之,愚者不及也。道之不明也,我知之矣:贤者过之,不肖者不及也。"《檀弓上》引子思之语说:"先王之制礼也,过之者俯而就之,不至焉者跂而及之。"同一篇又引子夏之语说:"先王制礼,而弗敢过也。"还引子张之语说:"先王制礼,不敢不至焉。"过与不及都离开了中节,这两种偏向都会使"道"不明,也会使"道"无法践行。制礼时必须注意避免这两种偏向。《曲礼上》所说的"敖不可长,欲不可从,志不可满,乐

· 108 ·

不可极"及"临财毋苟得,临难毋苟免,很毋求胜,分毋求多",就具体地说明了在实践中当如何避免"过"与"不及"。

其二为《中庸》所说的"可以赞天地之化育,则可以与天地参矣",指的是能够将对立的双方都包容起来而形成新的统一物。《曲礼上》所谓"贤者狎而敬之,畏而爱之,爱而知其恶,憎而知其善,积而能散,安安而能迁",《中庸》所谓"君子尊德性而道问学,致广大而尽精微,极高明而道中庸",说的都是包容或兼顾正反两个方面,而形成既区别于正方又区别于反方的第三物。礼和乐互相结合就属于这一情况。《仲尼燕居》中孔子答子贡时说"达于礼而不达于乐谓之素,达于乐而不达于礼谓之偏",答子张问政时说"君子明于礼乐,举而错之而已",都突出了这一点。孔子以虞舜为实行中道的楷模,《表记》中说:"子言之曰:'后世虽有作者,虞帝弗可及也已矣。君天下,生无私,死不厚其子,子民如父母,有憯怛之爱,有忠利之教,亲而尊,安而敬,威而爱,富而有礼,惠而能散。其君子尊仁畏义,耻费轻实,忠而不犯,义而顺,文而静,宽而有辨。《甫刑》曰:德威惟灭,德明惟明。非虞帝其孰能如此乎!'""亲而尊"等,都是兼有正负两个方面而形成第三物。《礼运》中讲到人时就指出:"故人者,其天地之德、阴阳之交、鬼神之会、五行之秀气也。"人本身就综合了天地、阴阳、鬼神、五行而与天地、阴阳、鬼神"参"。

其三为《中庸》所说的"万物并育而不相害,道并行而不相悖,小德川流,大德敦化"。这是指不同的事物按照中道当如何相处。坚持做到这一点的代表人物就是孔子本人："仲尼祖述尧、舜，宪章文、武，上律天时，下袭水土，辟如天地之无不持载，无不覆帱；辟如四时之错行，如日月之代明。"《礼器》中说，礼有以多为贵者，有以少为贵者，有以大为贵者，有以小为贵者，有以高为贵者，有以下为贵者，有以文为贵者，有以素为贵者，说的是礼有各种各样，各有当然的规则，要让它们各如其分，而不可强行划一，这也是一种"万物并育"及"道并行"。这一层意思，大而言之，当如《中庸》所说："天地之道，博也，厚也，高也，明也，悠也，久也。今夫天，斯昭昭之多，及其无穷也，日月星辰系焉，万物覆焉。今夫地，一撮土之多，及其广厚，载华岳而不重，振河海而不泄，万物载焉。今夫山，一卷石之多，及其广大，草木生之，禽兽居之，宝藏兴焉。今夫水，一勺之多，及其不测，鼋鼍蛟龙鱼鳖生焉，货财殖焉。"这是天、地、山、水万物并育而不相害的景象；"大哉圣人之道！洋洋乎，发育万物，峻极于天。优优大哉！礼仪三百，威仪三千，待其人然后行。"这则是"道并行而不相悖"的景象。

其四为《中庸》所说的"时中"："仲尼曰：'君子中庸，小人反中庸。君子之中庸也，君子而时中；小人之反中庸也，小人而无忌惮也。'"如果说，上一点是从空间范围立论，那么，就可以说，这一点是从时间范围上立论。《乐记·乐礼》中指出："五帝殊时，不相沿乐；三王异世，不相袭礼。"《曲礼上》中指出："礼从宜，使从俗。"《礼器》中指出："礼，时为大，顺次之，体次之，宜次之，称次之。"这些论述，都强调了礼必须随着时代的推移而变化,方能达之天下。但是,这个变化又不是无条件的,"时"与"中"结合在一起,"中"又寓于"时"中。这就是《大传》中所说的"立权度量、考文章、改正朔、易服色、殊徽号、异器械、别衣服,此其所得与民变革者也。其不可得变革者则有矣,亲亲也,尊尊也,长长也,男女有别,此其不可得与民变革者也"。君子方才能做到这一点,小人"无忌惮",是指他们既不能随着时代而变化,也不能坚守不可改变的原则。

《仲尼燕居》中说:"子曰:'礼乎礼!夫礼,所以制中也。'"《礼记》一书就"中""中和"提出了一整套认知结构与实践原则,全书对冠、昏、丧、祭、乡、相见、朝、聘诸礼的叙述、诠释,充分体现了这一认知结构与实践原则。在中国历史发展中,这一中庸思想在社会与文化上的影响是如此广泛而深入,远远超出了《礼记》中其他论述;宋、明以来,阐述中庸思想的《中庸》被列为四书中的第二部,正是这一影响的表现。

四、伦理本位社会的新设计

《礼记·礼运》描述过理想中的大同世界的情景:

大道之行也,天下为公,选贤与能,讲信修睦,故人不独亲其亲,不独子其子,使老有所终,壮有所用,幼有所长,矜、寡、孤、独、废、疾者皆有所养,男有分,女有归。货，恶其弃于地也，不必藏于己；力，恶其不出于身也，不必为己。是故谋闭而不兴，盗窃乱贼而不作，故外户而不闭。是谓大同。

《礼运》中以五帝之世为大同，而以禹、汤、文、武、成王、周公之世为小康。小康世界的情景被描绘为：

今大道既隐，天下为家，各亲其亲，各子其子，货、力为己。大人世及以为礼，城郭沟池以为固，礼义以为纪，以正君臣，以笃父子，以睦兄弟，以和夫妇，以设制度，以立田里，以贤勇知，以功为己，故谋用是作，而兵由此起。禹、汤、文、武、成王、周公，由此其选也。此六君子者，未有不谨于礼者也，以著其义，以考其信，著有过。刑仁讲让，示民有常。如有不由此者，在势者去，众以为殃。是谓小康。

这里所描绘的大同世界和小康世界，可以说，都是一种伦理本位社会，只是大同世界为亲情全面泛化的社会，而小康世界则是按宗法关系使亲情有序扩大的社会。

然而，小康世界的秩序也在崩解。《礼运》中就列举了这样一些现象：

孔子曰：呜呼哀哉！我观周道，幽、厉伤之，吾舍鲁何适矣。鲁之郊禘，非礼也，周公其衰矣。……祝嘏辞说，藏于宗、祝、巫、史，非礼也。是谓幽国。醆斝及尸君，非礼也。是谓僭君。冕弁兵革藏于私家，非礼也。是谓胁君。大夫具官，祭器不假，声乐皆具，非礼也。是谓乱国。……以衰裳入朝，与家仆杂居齐齿，非礼也。是谓君与臣同国。……刑肃而俗敝，则民弗归也。是谓疵国。

《礼记·坊记》中也列举了诸如此类许多现象：

子云："君不与同姓同车，与异姓同车不同服，示民不嫌也。以此坊民，民犹得同姓以弑其君。"

子云："利禄先死者而后生者，则民不偕……以此坊民，民犹偕死而号无告。"

子云："父母在不称老，言孝不言慈……君子以此坊民，民犹薄于孝而厚于慈。"

子云："修宗庙，敬祀事，教民追孝也。以此坊民，民犹忘其亲。"

子云："敬则用祭器，故君子不以菲废礼，不以美没礼……以此示民，民犹争利而忘义。"

其下，《坊记》还列举了"诸侯犹有薨而不葬者""子犹有弑其父者""民犹忘其亲而贰其君""民犹贵禄而贱行""民犹忘义而争利以亡其身""民犹有自献其身""民犹以色厚于德""民犹淫洗而乱于族""妇犹有不至者"等十余项。

凡此种种都表明，小康之世适应宗法社会而形成的各类礼仪规范现在已经失去了过去的约束力，无论是贵族社会，还是平民社会，在各个方面都出现了大量"非礼"的行为。

在世界各大文明中，没有一种文明像中华文明这样重视家庭、家族、宗族，没有一种文明形成过中国那样以家庭关系为中心的完备的伦理本位社会秩序。伦理，不仅涉及家庭内部父子、夫妇、兄弟等各种关系，而且包括家庭之外君臣、朋友等关系。然而，事实表明，原先的伦理本位社会已动摇。《礼记》论礼、礼治、礼教，论制礼作乐及其理论基础"致中和"，可以说，都属于通论性质。《礼记》中关于政治制度和冠、昏、丧、祭、乡、相见等各种礼仪制度的论述，则可以说，都环绕着伦理问题而展开。《礼记》一书实际上为重建伦理本位社会提出了一种新设计，或者说，提出了一种新的伦理本位社会的构建蓝图。

芮逸夫 1961 年在夏威夷大学第十届太平洋科学会议上提出的《递变中的中国家庭结构》报告中指出：中国的家庭结构，自周代以来，三千年中已经过一系列改变。他认为，自周初至战国，凡八百余年，是宗族单位占优势时期，政治组织为封建制；自秦、汉至清末，凡二千一百余年，是家族单位占优势时期，政治组织为帝国。这一时期又分为两个阶段，从秦、汉至隋末，凡八百余年，为主干家庭占优势时期；从唐至清末，凡一千三百余年，为直系家庭占优势时期。他认为，在周代封建制下，贵族实行扩大家庭的制度，其特点是嫡长子继承，庶子分立出去，对前者为小宗，在本家为大宗；平民则实行主干家庭制度、分立者仍与前者相联系而使前者成为核心家庭。秦、汉以后，宗法家庭解体，主干家庭占据优势，并趋向于核心家庭。唐、宋鼓励建立大家庭，但以"父母在，诸子不别籍异财"的直系家庭为主。《礼记》一书对伦理本位社会所作的新设计，可以说，主要就是使这一社会从原来以宗法关系为基础转到以家族关系特别是以主干家庭关系为基础。

《礼记》为构建与社会变迁相适应的伦理本位社会，首先提出了一套有别于往昔的伦理规范体系。

在《论语》中，《学而》提出"弟子入则孝，出则弟，谨而信，泛爱众，而亲仁"，《公冶长》提出"有君子之道四焉：其行己也恭，其事上也敬，其养民也惠，其使民也义"，《颜渊》提出"君君，臣臣，父父，子子"，《微子》提出"长幼之节"和"君臣之义"为"大伦"。一系列伦理规范已经提出了，并已形成了"君君，臣臣，父父，子子"系统。

《左传》隐公三年，卫国大夫石碏说："且夫贱妨贵、少陵长、远间亲、新间旧、小加大、淫破义，所谓六逆也。君义、臣行、父慈、子孝、兄爱、弟敬，所谓六顺也。"《左传》昭公二十六年，齐国晏子说："君令臣共，父慈子孝、兄爱弟敬、夫和妻柔、姑慈妇听，礼也。君令而不违，臣共而不贰，父慈而教，子孝而箴，兄爱而友，弟敬而顺，夫和而义，妻柔而正，姑慈而从，妇听而婉，礼之善物也。"在这里，伦理规范体系更加充实了。和《论语》一样，这些伦理规范体系都将君臣之义放在第一位。

《孟子·滕文公上》中孟轲说:"圣人有忧之,使契为司徒,教以人伦:父子有亲,君臣有义,夫妇有别,长幼有序,朋友有信。"这里最早提出五伦,而且是将父子有亲放在第一位。

《礼记》各篇对人伦的概括不完全一样。《丧服小记》说:"亲亲,尊尊,长长,男女之有别,人道之大者也。"讲了四伦,将亲亲放在第一位。《大传》说:"圣人南面而听天下,所且先者五,民不与焉:一曰治亲,二曰报功,三曰举贤,四曰使能,五曰存爱。五者一得于天下,民无不足,无不赡者。"同一篇又说:"服术有六:一曰亲亲,二曰尊尊,三曰名,四曰出入,五曰长幼,六曰从服。"两段论述都不是直接叙述人伦,但都将亲亲放在首位。《中庸》说:"君臣也,父子也,夫妇也,昆弟也,朋友之交也,五者,天下之达道也。"在次序上,似乎是将君臣关系放在第一位,但是,在这段话之前,《中庸》就说:"仁者,人也,亲亲为大;义者,宜也,尊贤为大。亲亲之杀,尊贤之等,礼所生也。"仍是以亲亲为所有人伦关系的前提。《礼记》中也有多处从更多方面对人伦作概括者,如《礼运》中说:"何谓人义?父慈,子孝,兄良,弟弟,夫义,妇听,长惠,幼顺,君仁,臣忠。十者谓之人义。"《祭统》述祭有十伦:"见事鬼神之道焉,见君臣之义焉,见父子之伦焉,见贵贱之等焉,见亲疏之杀焉,见爵赏之施焉,见夫妇之别焉,见政事之均焉,见长幼之序焉,见上下之际焉,此之谓十伦。"《中庸》说:"凡为天下国家有九经,曰:修身也,尊贤也，亲亲也，敬大臣也，体群臣也，子庶民也，来百工也，柔远人也，怀诸侯也。"但这里一从祭祀列论，一从天子治国立论，与通论人伦者有所差别，它们不足以否定《礼记》以亲亲为人伦之首的基本倾向。《大传》对于亲亲同其他伦理规范的关系有一番专门的说明：

> 自仁率亲，等而上之至于祖；自义率祖，顺而下之至于祢。是故人道亲亲也。亲亲，故尊祖；尊祖，故敬宗；敬宗，故收族；收族，故宗庙严；宗庙严，故重社稷；重社稷，故爱百姓；爱百姓，故刑罚中；刑罚中，故庶民安；庶民安，故财用足；财用足，故百志成；百志成，故礼俗刑；礼俗刑，然后乐。

这一段论述不仅突出了"亲亲"在新的伦理规范体系中的决定性地位，而且说明了"亲亲"所最重的是由祖、父、子构成的父统家庭。《丧服小记》中说："亲亲，以三为五，以五为九。上杀，下杀，旁杀，而亲毕矣。"以自己为中心，上有父，下有子，是为三代；由父而祖，由子而孙，是以三为五；由祖而曾祖、高祖，由孙而曾孙、玄孙，是以五为九。上杀，指对上辈的亲情由父亲而上依次递减至高祖而止；下杀，指对下辈的亲情由儿子而下依次递减至玄孙而止；旁杀，指和上述直系亲人同辈的亲属，亲情只限于高祖的后裔，同样也是由近而远依次递减。表现在丧服上，就是斩衰、齐衰、大功、小功、总麻依次递减直至无服。

"亲亲"正是以家族、家庭为依托而形成的伦理规范,宗族关系淡化了。《大传》中对宗法制作了说明:"别子为祖,继别为宗,继祢者为小宗。有百世不迁之宗,有五世则迁之宗。百世不迁者,别子之后也;宗其继别子者,百世不迁者也;宗其继高祖者,五世则迁者也。"宗族形式上仍然存在,但是,除去"庶子不祭,明其宗也",即只有宗子方能主持宗族祭祀这一项之外,宗子已没有其他什么权力。与此相异,家族、家庭中家长的地位上升了,总掌治家之权。《曲礼上》详述了人子之礼,特别指明"父母存,不许友以死,不有私财";《内则》述子、妇之礼更详细,也强调了"子妇无私货,无私畜,无私器,不敢私假,不敢私与",家庭经济一统于家长。和父家长权威的确立相联系,家庭中男女之别越来越严格。如《曲礼》《内则》等篇所述,男女不杂坐,不同椸枷,不同巾栉,不亲授。叔嫂不通问。女子已嫁而返家,兄弟亦不得与之同席而坐、同器而食。男不言内,女不言外。走在路上,也要男子由右,女子由左。至于家庭内部其他各种关系,丈夫与妻子,媳妇与公、婆,姑与嫂,嫡与庶,都有了更加细密化的规定。而其中影响最大的,恐怕要数《郊特牲》提出妇女三从:"妇人,从人者也。幼从父、兄,嫁从夫,夫死从子"及"夫死不嫁";《昏义》提出妇女四德:"妇德、妇言、妇容、妇功。"《礼记》对这"三从""四德"还作了相当具体的甚至可以说是非常周密的规定。这一切,都是为了通过礼仪而使父家长制的家庭、家族稳固地保持下去。

《哀公问》孔子答复鲁哀公"为政如之何"时说:"夫妇别,父子亲,君臣严,三者正,则庶物从之矣。"由家庭中夫妇关系、父子关系一跃而至国家中的君臣关系,这就由"亲亲"而"尊尊"。《表记》有一段论述,详论君主应当如何做"民之父母",揭露不如此做所导致的危害:

> 子言之:"君子之所谓仁者,其难乎?诗云:'凯弟君子,民之父母。'凯以强教之,弟以说安之。乐而毋荒,有礼而亲;威庄而安,孝慈而敬。使民,有父之尊,有母之亲。如此而后,可以为民父母矣。非至德其孰能如此乎?今父之亲子也,亲贤而下无能;母之亲子也,贤则亲之,无能则怜之。母,亲而不尊;父,尊而不亲……"
>
> ……
>
> 子曰:"夏道……亲而不尊,其民之敝,蠢而愚,乔而野,朴而不文;殷人……尊而不亲,其民之敝,荡而不静,胜而无耻;周人……亲而不尊,其民之敝,利而巧,文而不惭,贼而蔽。"

这一段论述,是借孔子批评夏、商、周三代说明君主对于民众为什么必须既有"父子尊"又有"母之亲",二者缺一不可。这是从君主方面说明如何以治家之道以治国。《祭统》又从臣民方面说明了"忠臣以事其君,孝子以事其亲,其本一也",只有孝子方能做到"上则顺于鬼神,外则顺于君长,内则以孝于亲",臣民们能够在家孝敬父母,在外就能忠于君王。为此,《祭义》借曾子之口宣称:"夫孝,置之而塞乎天地,溥之而横乎四海,施诸后世而无朝夕,推而放诸东海而准,推而放诸西海而准,推而放诸南海而准,推而放诸北海而准。"《丧服四制》在解释为什么要为国君服三年斩衰之丧时,便是由孝子对父亲的关系推演的:"其恩厚者其服重,故为父斩衰三年,以恩制者也。门内之治恩掩义,门外之治义断恩。资于事父以事君而敬同。贵贵尊尊,义之大者也。故为君亦斩衰三年,以义制者也。"

以父子关系来规范君民关系,于是,一面通过祭天的专有权利、祭祖的特殊规格、宫殿服饰车马等各种独有的待遇突出君王至高无上的权威;另一面,又反复强调君王为政,必须以爱与敬为政之本。《哀公问》孔子说:"古之为政,爱人为大。所以治爱人,礼为大。所以治礼,敬为大。"《曲礼上》说:"夫礼者,自卑而尊大。虽负贩者,必有尊也。"《缁衣》说:"民以君为心,君以民为体。心庄则体舒,心肃则容敬。心好之,身必安之。君好之,民必欲之。心以体全,亦以体伤。君以民存,亦以民亡。"《燕义》说:"礼无不答,言上之不虚取于下也。上必明正道以道民,民道之而有功,然后取其什一。故上用足而下不匮也。是以上下和亲而不相怨也。和宁,礼之用也。此君臣上下之大义也。"凡此等等,都是希望以伦理规范对君主至高无上的权力加以制约,以避免权力的滥用。

以亲亲、尊尊这些新的诠释为核心,《礼记》对父子、君臣、夫妇、昆弟、朋友这五伦的礼仪进行了全面的调整。冠、昏、丧、祭、乡、相见、朝、聘等各种礼仪，一部分因袭往昔的做法，一部分适应新的情况对旧的礼仪作了改造或变通，还有一部分属于新创。因袭往昔或略作变通者，也常常对原先的礼仪作新的解释。这些内容，大约占了《礼记》近一半篇幅。

在为构建伦理本位社会所进行的新设计中，在对各种礼仪作调整、改造和创新时，有三个倾向特别值得注意。

其一，坚持"反本修古"，承认礼器、礼品和仪文都越来越丰盛，但确认愈往古，愈简朴原始，礼仪愈重。《礼器》中便说："礼也者，反本修古，不忘其初者也。故凶事不诏，朝事以乐；醴酒之用，玄酒之尚；割刀之用，鸾刀之贵；莞簟之安，而稿鞂之设。是故先王之制礼也，必有主也。"有主，就是反本修古。这是以礼仪的原始性、长期性来树立礼仪的权威性。

其二，坚持"礼尚往来"。《曲礼上》中指出："太上贵德，其次务施报。礼尚往来。往而不来，非礼也；来而不往，亦非礼也。"《乐记》论礼与乐的关系时也说："乐也者，施也；礼也者，报也。乐，乐其所自生；而礼，反其所自始。乐章德，礼报情，反始也。"对于神权、君权、父权、夫权，尽管《礼记》努力引导人们尊崇它们，但也不忘神人之间、君臣之间、父子之间、夫妇之间的施报关系。比如，《郊特牲》在诠释郊天之祭和社稷之祭时，便是以施报关系来解释的："郊之祭也，大报本反始也"，这是因为"万物本乎天，人本乎祖"："社所以神地之道也。地载万物，天垂象，取财于地，取法于天，是以尊天而亲地也。故教民美报焉。家主中霤而国主社，示本也……唯社，丘乘供粢盛，所以报本反始也。"神人关系如此，其他关系也是如此。

其三，吸取和利用"天人感应"论。《昏义》在说明天子听男教、后听女顺，天子理阳道、后治阴德时便说："是故男教不修，阳事不得，适见于天，日为之食。妇顺不修，阴事不得，适见于天，月为之食。是故日食则天子素服而修六官之职，荡天下之阳事；月食则后素服而修六官之职，荡天下之阴事。故天子之与后，犹日之与月，阴之与阳，相须而后成者也。"天人感应说这时还在雏形时期，还不如其后董仲舒时那样发达，但是，它毕竟已成了《礼记》重构伦理本位社会的理论基础之一。

《礼运》在总述礼制的演变过程时，说明行礼凡应俭者不可丰，凡应隆者不可简，这是为使人的情感欲望不致骄纵，使上下和合而不致危乱，圣王制礼以顺应民情，"用水、火、金、木、饮食必时，合男女、颁爵位必当年德，用民必顺，故无水旱昆虫之灾，民无凶饥妖孽之疾"，这当正是《礼记》为重新构建伦理本位社会时所立志追求的目标，大同的理想、小康的国家则正是推动《礼记》的编作者们进行这一设计的动力。

五、论君子之德与化民成俗之道

为建立一个适应变化了的形势的新的伦理本位社会，《礼记》绘出了相当详尽的蓝图，那么，它们怎样方才能够成为现实呢?《礼记》寄期望于君子,以他们为全社会的表率,并要求他们作为社会的主干,通过教化,引导社会全体成员共同建成礼仪之邦。

《曲礼上》中说:"博闻强识而让,敦善行而不怠,谓之君子。"《礼记》以众多篇章从不同角度、不同层面展示了君子所具有的德行。

《中庸》中多处论"君子之道"。该篇借孔子之口宣布"君子之道四",这就是"子以事父""臣以事君""弟以事兄""朋友先施之"。君子之道不是随意形成的,"君子之道,本诸身,征诸庶民,考诸三王而不缪,建诸天地而不悖,质诸鬼神而无疑,百世以俟圣人而不惑"。这里的君子之道,其实就是伦理本位社会的基本规范,但在君子这里,变成了他们自觉的要求。"是故君子动而世为天下道,行而世为天下法,言而世为天下则。"

《礼器》曾专论君子与礼的关系,指出:"君子之于礼也,有所竭情尽慎,致其敬而诚若,有美而文而诚若。"竭情尽慎,致其敬,是内心至诚至实;美而文,是外在仪文举止,同样至诚至实。正因为有着这种至诚至实的态度,君子便能在各种不同的情况下坚持行礼:"君子之于礼也,有直而行也,有曲而杀也,有经而等也,有顺而讨也,有撕而播也,有推而进也,有放而文也,有放而不致也,有顺而撫也。"这九种情况差异很大,但君子都能守礼、行礼。

君子正是以其守礼的言行来引导人们。《坊记》指出:"君子之道,辟则坊与坊民之所不足者也。"君子以其道、以其守礼的楷模防民之失，犹以堤防遏止水横流。君子贵人而贱己，先人而后己，则民作让；君子信让以莅百姓，则民之报礼重；君子不以菲废礼，不以美没礼，君子不尽利以遗民，故君子仕则不稼，田则不渔；君子远色以为民纪，故男女授受不亲；凡此等等，都是为了给人们作表率。《缁衣》特别强调："可言也不可行，君子弗言也；可行也不可言，君子弗行也。则民言不危行，而行不危言矣。"为此，《缁衣》说："君子道人以言，而禁人以行，故言必虑其所终，而行必稽其所敝，则民谨于言而慎于行。"《表记》则从另一个侧面说明了君子与众人正确的关系："君子不以其所能者病人，不以人之所不能者愧人。是故圣人之制行也，不制以己，使民有所劝勉愧耻以行其言。礼以节之，信以结之，容貌以文之，衣服以移之，朋友以极之，欲民之有壹也。"一切都从民众的实际出发，君子不忘自己的言论、行为在民众中造成的实际后果，这样方才能够使君子在民众中真正起到导引作用。

君子在民众中能够发挥导引作用，归根结底，是因为君子自身的德行，尤其是在他们自处时照样异常严格地要求自己。《儒行》历述儒者的品性，实际上就是君子应有的品性。

其自立："夙夜强学以待问，怀忠信以待举，力行以待取"；"有忠信以为甲胄，礼义以为干橹，戴仁而行，抱义而处，虽有暴政，不更其所。"

其行止："坐起恭敬，言必先信，行必中正"；"不宝金玉，而忠信以为宝；不祈土地，立义以为土地；不祈多积，多文以为富";"见利不亏其义……见死不更其守。"

其刚毅:"可亲而不可劫也,可近而不可迫也,可杀而不可辱也";"身可危也,而志不可夺也;虽危,起居竟信其志,犹将不忘百姓之病也。"

其举贤援能:"内称不辟亲,外举不辟怨,程功积事,推贤而进达之";"闻善以相告也,见善以相示也,爵位相先也,患难相死也,久相待也,远相致也。"

其特立独行:"上不臣天子,下不事诸侯,慎静而尚宽,强毅以与人,博学以知服";"博学而不穷,笃行而不倦,幽居而不淫,上通而不困。"

《大学》更特别强调了君子必须诚意正心而修其身,方能实现其齐家、治国、平天下的理想。"所谓诚其意者,毋自欺也。"这就是不管是否有人看见,都能严格自持。"所谓修身在正其心者,身有所忿懥,则不得其正;有所恐惧,则不得其正;有所好乐,则不得其正;有所忧患,则不得其正。"这就是超越个人的忿怒、恐惧、喜爱、忧患而以平正的态度去观察周围的事物,不偏颇地待人接物。"君子必慎其独",因为这一时刻最能考验出一个人的道德、行为及其信仰、追求是否出于至诚。

《中庸》集中地对于"诚"的意义作了阐发。"诚者,天之道也。"诚,这里指真实无妄,指事物之本然,指自然运行的真理具有客观实在性,所以,"诚者,不勉而中,不思而得,从容中道"。而对于君子说来,"诚之者,人之道也",诚之,代表着人的行为应当遵循自然乃至社会运行的客观法则,并把这种遵循变成自身高度自觉的主观要求，这就是"诚之者，择善而固执之也"。《中庸》又指出："诚者，自成也；而道，自道也。诚者，物之终始；不诚，无物。是故君子诚之为贵。诚者，非自成己而已也，所以成物也。成己，仁也；成物，知也。性之德也，合外内之道也，故时措之宜也。"诚是外在与内在、客观与主观的统一。就客观世界而论，诚与道是一致的，道是客观世界自身的运动规律，诚是对这一运动规律的确认，所以，它包含着物质世界的运动全过程。如果不承认客观世界有规律的运动，那就会否定客观世界本身，否定主观与客观相统一的可能。所以，君子要有高度的主客观相统一的自觉。达到了这样的统一，不仅使自己可以由自在上升到自为，而且可以使客观世界的运动从自发上升到自由。这样，对于君子说来，诚就超出了一般意义上的真诚、诚实、诚敬的含义，而代表着人对宇宙、社会运行法则的深切体认和在道德礼仪实践中的高度自觉。

可是，并不是所有君子都能很自然地就达到这一境界。《哀公问》中孔子就哀叹：

今之君子，好实无厌，淫德不倦，荒怠敖慢，固民是尽。午其众以伐有道，求得当欲，不以其所。昔之用民者由前，今之用民者由后。今之君子莫为礼也。

好实，指追求货财等所谓"实惠"；淫德，指行为放荡；固民，指榨取民众；午其众，指违逆众心。凡此，都是为了满足其私欲，而不问理之所在。过去是遵照礼与民同利，现在则按照一套完全与此相违背的方针对待民众。这里所批评的显然不仅有孔子时代的"君子"，而且有孔子以来直至《礼记》编定时的"君子"。

《中庸》中指出："自诚明，谓之性；自明诚，谓之教。诚则明矣，明则诚矣。"人们有了至诚的自觉，就能明德，这是人之所以成为人所应持有的人性；而由明德达到主客观相统一的自由境界，又必须经由教育。所以，《中庸》在"诚之者，择善而固执之者也"之后，紧接着就强调：

> 博学之，审问之，慎思之，明辨之，笃行之。有弗学，学之弗能弗措也；有弗问，问之弗知弗措也；有弗思，思之弗得弗措也；有弗辨，辨之弗明弗措也；有弗行，行之弗笃弗措也。人一能之，己百之；人十能之，己千之。果能此道矣，虽愚必明，虽柔必强。

只要百倍努力地学习、思考、明辨及实践，就能达到至诚的境界。所以，《杂记下》中指出："君子有三患：未之闻，患弗得闻也；既闻之，患弗得学也；既学之，患弗能行也。君子有五耻：居其位无其言，君子耻之；有其言无其行，君子耻之；既得之而又失之，君子耻之；地有余而民不足，君子耻之；众寡均而倍焉，君子耻之。"君子所最害怕的就是不学习，不思考，不能去实践!《中庸》以此说:"好学近乎知,力行近乎仁,知耻近乎勇。知斯三者,则知所以修身;知所以修身,则知所以治人;知所以治人,则知所以治天下国家矣。"

君子除了自身必须经过不断学习、不断实践达到至诚明德的境界外,还要重视对民众的教化。《学记》发端就指出:"发虑宪,求善良,足以谀闻,不足以动众。就贤体远,足以动众,未足以化民。君子如欲化民成俗,其必由学乎?玉不琢,不成器;人不学,不知道。是故古之王者建国君民,教学为先。"《学记》还指出:"虽有至道,弗学,不知其善也。是故学然后知不足,教然后知困。知不足,然后能自反也;知困,然后能自强也。"君子也只有在教化中才能发现自己的困惑,激发自己加倍努力奋进不已。

关于学习的程序和学习的内容,《学记》中有一段专论:"古之教者,家有塾,党有庠,术有序,国有学。比年入学,中年考校。一年视离经辨志,三年视敬业乐群,五年视博习亲师,七年视论学取友,谓之小成。九年知类通达,强立而不反,谓之大成。夫然后足以化民易俗。近者说服,而远者怀之。此大学之道也。"《学记》还谈了其他许多教与学的方法,如正业和课外学习相配合及禁于未发、教当及时、循序渐进、相互切磋等教学原则,导而弗牵、强而弗抑、开而弗达的启发式教育和"长善而救其失"的教育思想,严师善学的进学之道,如是等等,对后世教育的发展都产生了深远的影响。

学习所要达到的最高境界,则如《大学》所述:"大学之道，在明明德，在亲民，在止于至善。"明明德，是彰明德性；亲民，是引导民众不断革新；止于至善，指"为人君，止于仁；为人臣，止于敬；为人子，止于孝；为人父，止于慈；与国人交，止于信"。这是大学教育的三大目标。知止，就是每个人都明了自己的角色地位，都不逾越自己所应受到约束的特定界限。《大学》断言："知止而后有定，定而后能静，静而后能安，安而后能虑，虑而后能得。"天下就此长治久安，这就是君子们致力于化民成俗所希冀获得的结果。

《孔子闲居》所提出的五至三无、五起三无私，以孔子名义就君子如何方能真正成为"民之父母"以及"三王之德"何以能够"参于天地"展开论述，进一步阐明了教化与政治乃至天地运行的关系。子夏问何如斯可谓民之父母，孔子答复说："夫民之父母乎？必达于礼乐之原，以致五至而行三无，以横于天下，四方有败，必先知之，此之谓民之父母矣。"何谓五至？"志之所至，诗亦至焉。诗之所至，礼亦至焉。礼之所至，乐亦至焉。乐之所至，哀亦至焉。"凡真正有志于民者，必有言志之诗发露于外，并有治民之礼使为民之志得以落实，然后可以与民同乐，也可以与民同哀，这就是"五至"。何谓三无？"无声之乐，无体之礼，无服之丧，此之谓三无。"无声之乐，指心与民相应和而无待于发出乐声；无体之礼，指心与民相敬而无待于举行礼仪；无服之丧，指心与民同样至诚恻怛而无待于身穿丧服。《礼记》认为，只有达到这一境界，才真正称得上"民之父母"。何谓五起？指无声之乐、无体之礼、无服之丧,由内以发于外,由近以发于远,由当世以发于子孙,其次第共有五层。如无声之乐,由"气志不违"而"气志既得"而"气志既从"而"日闻四方"而"气志既起";无体之礼,由"威仪迟迟"而"威仪翼翼"而"上下和同"而"日就月将"而"施及四海";无服之丧,由"内恕孔悲"而"施及四国"而"以畜万邦"而"纯德孔明"而"施及孙子",这就是横于天下的步骤。何谓三无私?"天无私覆,地无私载,日月无私照,奉斯三者以劳天下,此之谓三无私。"天生万物,地载万物,日月照临万物,都没有私意、私欲、私利,三代之王之所以能够与天地相参伍,就是因为他们具有同样无私的胸襟与品德。孔子认为,所有这一切,其实都是基于教化。"天有四时,春秋冬夏,风雨霜露,无非教也;地载神气,神气风霆,风霆流行,庶物露生,无非教也。"天与地都被人格化了,这是极而言之,但是,在中国文化与中国历史发展中,政教合一不是政治与宗教合一,而是政治与教化合一,教化成为政治的基础,也成为政治所追求的目标,这一中华文明的重要特征,从这里不难窥见其端倪。

  无论是君子的人格、品行,还是化民成俗的构想,都充满了理想主义的色彩。但是,作为一种价值追求,这一方面的内容,对后世产生的影响却极为深刻,因为它给人们提供了一套相当完整的坐标系统,激励和引导着人们不断地向这一方向努力,从而对中华民族所特有的民族精神的锻铸,起到不可忽视的推动作用。

国魂与民魂重铸的近代中国

一、"中国魂"的呼唤

梁启超在孔子二千四百五十年十一月二十一日（1899年12月23日）出版的《清议报》第33册上发表了一篇短文，题目赫然是：

中国魂安在乎

文章写道：

> 日本人之恒言，有所谓日本魂者，有所谓武士道者。又曰："日本魂者何？武士道者是也。"日本之所以能立国维新，果以是也。吾因之以求我所谓中国魂者，皇皇然大索之于四百余州，而杳不可得。吁嗟乎伤哉，天下岂有无魂之国哉？吾为此惧。
>
> 或曰：尚武之风，由激厉而成也。朝廷以此为荣途，民间以此为习惯，于是武士道出焉。吾中国向来薄视军士，其兵卒不啻奴隶，则谓从军苦也固宜。自由主人曰：此固一义也，然犹有未尽者。尚武之风，由人民之爱国心

与自爱心,两者和合而成也。人人皆有性命财产,国家之设兵以保人人之性命财产,故民之为兵者,不啻各自为其性命财产而战也。以此为战,战犹不勇者,未闻也……

今中国之有兵也,所以钤制其民也。夺民之性命财产,私为己有,惧民之知之而复之地,于是乎有兵。故政府之视民也如盗贼,民之视政府也亦如盗贼;兵之待民也如草芥,民之待兵也亦如草芥。似此者,虽日日激励之,奖荣之,以求成所谓武士道者,必不可得矣。尔来当道者知兵之不可以已也,相率而讲之练之,奖之劝之,荣禄、张之洞之徒,则其人也。吾见其每年糜数千万之饷,而兵之不可用如故也。何也?方且相视以盗贼,相待以草芥,虽欲振之,孰从而振之?夫是之谓无魂之兵。无魂之兵,犹无兵也。

今日所最要者,则制造中国魂是也。中国魂者何?兵魂是也。有有魂之兵,斯为有魂之国。夫所谓爱国心与自爱心者,则兵之魂也。而将欲制造之,则不可无其药料与其机器。人民以国家为己之国家,则制造国魂之药料也。使国家成为人民之国家,则制造国魂之机器也。

在近代中国,乃至在整个中国历史上,这篇文章大概可以说是第一次提出"中国魂"这一概念,而且一下子就以"中国魂安在乎"这样尖锐的形式提出问题。皇皇然大索之于四百余州而杳不可得的所谓中国魂,实际上指的是推动中国走向近代文明所需要的近代民族精神、近代国家精神。梁启超以爱国心和自爱心为这一精神的神髓。爱国心与自爱心虽不必为近代所专有，但梁启超确认"人民以国家为己之国家"为"制造国魂之药料"，"使国家成为人民之国家"为"制造国魂之机器"，表明他这里所说的爱国心和自爱心具有鲜明的近代的时代特征。在19世纪末，整个说来传统的小农文明仍占据着统治地位的中国寻找这样的"中国魂"，自然"杳不可得"了。

梁启超的这篇短文是一个明确无误的信号，它表明，从总体上来审视、检讨、把握、改造和重铸中华民族的民族精神，已经被提上了日程，作为一项严肃的时代使命置于觉醒了的中国人面前。

20世纪最初几年，中国魂成了许多报刊的热门话题。

这类文章一个极为鲜明的特点，就是充满强烈的批判精神。1903年8月出版的《江苏》第5期刊出的《国民新灵魂》一文写道：

> 吾中国之民族，伟大之民族也；吾国民之人格，高尚之人格；吾文明之花，先世界大地而扬芳，后世界大地而结果，无可疑也。今者世暗奴欺，时衰鬼弄，真魂失性，灵性改常。

文章描述了中国"真魂失性，灵性改常"的情况：

> 吾国民之魂，乃不可得而问矣。梦魇于官，辞呓于

财,病缠于烟,魔着于色,寒噤于鬼,热狂于博,涕縻于游,沽作于战,种种灵魂,不可思议。而于是国力骤缩,民气不扬,投间抵罅,外族入之,铁鞭一击,无敢抗者,乃为奴隶魂,为仆妾魂,为囚虏魂,为倡优魂,为饿殍待毙一息之魂,为犬马豢养摇尾乞食之魂。而籀其府,而徘徊其都市,则商黯其色,工悴其容,农喘其息,士淹其气……耗矣哀哉,中国魂,中国魂!

为此,文章呼唤:"中国魂兮归来乎!"仅仅使旧魂回归还不够,文章进而要求:"上九天下九渊,旁求泰东西国民之粹,囊之以归,化分吾质而更铸吾新质。"具体地说,就是要"合吾固有,而兼采他国之粹者"铸成五大新魂:

一曰山海魂。谓吾黄族之所以不发达于世界,无探险性质其一也……夫气吞云梦,口吸西江,指现须弥,胸蟠五岳,山海魂之谓也。吾欲以此铸我国民之魂……

二曰军人魂……立于二十世纪之世界,而不以铁血为主义,非脆虫泣虫,则谓之供解剖之雏形果……一切社会之组织,皆当以军人之法律布置之;一切国防之机关,皆当以军人之眼光建设之;一切普通历史风俗习惯,皆当以军人之精神贯注之。是故铁血者神圣之所歆,剑铳者国民第二之衣食住……

其三曰游侠魂……侠者儒之反,儒者有死容而侠者多生气,儒者尚空言而侠者重实际,儒者计祸福而侠者忘利害,儒者蹈故常而侠者多创异……是故国亡于儒而兴于侠,人死于儒而兴于侠……共和主义、革命主义、流血主义、暗杀主义,非有游侠主义不能担负之。吾欲以此铸吾国民之魂。吾先溲儒冠、裂儒服以为国民倡,国民其肯从我游哉!

其四曰社会魂。社会者何也?乃平民之代表词也。吾欲鼓吹革命主义于名为上等社会之人,而使之翕受,终不可得矣;吾乃转眼而望诸平民……社会党者,欧洲今日之神圣法团也……吾欲以此铸我国民之魂……

其五曰魔鬼魂……夫吾国民而不真欲驱逐异族实行革命则已,苟欲之,则一切政府重要之地,兵卫森严之域,关津出入之途,军火制造之厂,皆必有我同志之足迹也;贯皮之工,幻形之术,僧道医卜江湖卖技之流,三合、哥老、白莲、会党之杰,皆不可以不注意也……吾欲以此铸我国民之魂。吾将来民党之得潜势力于中国,其终在此而不在彼乎!

吾国民具此五灵魂,而后可以革命,可以流血,可以破坏,可以建设,可以殖民,可以共产,可以结党,可以暗杀恐怖,可以光复汉土驱除异族!

文章鞭笞了奴隶魂、仆妾魂、囚房魂、倡优魂等,要求立即摒弃这一切,而代之以新铸的山海魂、军人魂、游侠魂、社会魂、魔鬼魂,言辞犀利,表现了一种破旧立新、一往无前的蓬勃朝气。

同年《国民日日报》以《中国魂》为题发表的一篇社论，将中国和西方各国作了一番比较，说明中国因锁港而治，生计界之竞争不出大陆以外，贸易不盛，故缺少欧美那种"贸易魂"；因儒学关系，人们缺乏愿殉之以身的坚定信仰及献身精神，宗教不盛，故缺少欧美那种"宗教魂"；因专制关系，游侠之风一出，即不免要被锄而去之，武士于是不兴，中国也就缺少欧美那种"武士魂"；因数千年生杀予夺一任君主独裁，平民毫无权利可言，中国于是未有欧美那种"平民魂"。社论认为，这正是中国固有的国魂中与西方迥然不同的地方。中国国魂中也不是一无是处，社论认为，最值得珍贵的就是中国的民族主义，这是"吾国民之特质，吾历史之骨干"，发扬这一固有的国魂，将是中国希望之所在。

这一时期，中国魂问题之所以牵动许多志士仁人的心房，归根结底，当然是因为中国正面临一场数千年来所未有的社会大变动，中华民族正面临一场生死存亡的严峻考验。中华民族将以一种什么样的精神状态对待这一切，迎战这历史性的挑战，自然为人们所密切关注。与此同时，还有一个重要原因，这就是当时人们在思想上、理论上常常将民族精神看成决定民族命运的决定性因素。1904年初在《江苏》杂志第7、8期上刊出的《民族精神论》，便清楚地显示了他们所凭借的是一种什么样的理论基础。

《民族精神论》中说："民族之倏而盛倏而衰，回环反复兴废靡常者，皆其精神之强弱为之也。"民族的盛衰，系于民族之精神:"波兰之国既亡矣,其民族之精神犹俨然在也,其兴也吾未可决也;拉丁之国既盛矣,其民族之精神仍不脱乎依赖也,其败也吾亦可以断言也。"正因为如此,文章称:"吾不患民族目前之盛衰,特患民族之性质,其程度不合于盛衰之公理。"

民族精神作用如此之大,自然不可忽视。文章据以反观中国,沉痛地指出:

> 今天我中国民族之内情何如也?自治力之薄弱也,公德心之缺乏也,共同心之短少也,宗教心之冷淡也,此数者皆吾祖国近来腐败之横观历史也。以上数者,有一于此,不足以立国,而况乎处此生存竞争之世界,乃兼此种种亡国之劣根性,顾安得托迹于一方以自大而终古乎!

文章确认,民族之精神是历史地形成的。审视中国民族精神发展的历史,问题在于"前此之不早自谋"。往者不可复追,而来日方长,文章要求通过对于现状的深刻了解,认识吾族精神上自立之方,早自振臂:

> 凡事之成,无不自造因而来。吾救吾民族之衰弱,吾且求吾民族所以衰弱之由。其所长,吾发之;其所短,吾裁之。播之种,布之根,如是者数年或不数年,亦必有可观矣,况行之以坚忍之力者乎!

中国魂或中国民族精神的提出,很明显,既是中国以传统的小农文明向近代工业文明、城市文明转变的产物,又是中华民族面临存亡绝续严重危机的结果,因此,从一开始,它就具有特殊的尖锐性,具有立即从理论转化为行动的社会实践性。思想家们对此有着高度的自觉,他们给人们当头棒喝,是为了使醉生梦死者惊醒;他们无情地向痈疽开刀,是为了使麻木不仁者振奋。这一切,当然不可能不给中国魂或中国民族精神的研究带来深刻的影响。正如马克思所说的:"资产阶级经济只有在资产阶级社会的自我批判已经开始时,才能理解封建社会、古代社会和东方社会。在资产阶级经济没有把自己神话化而同过去完全等同起来时,它对于前一个社会,即它还得与之直接斗争的封建社会的批判,是与基督教对异教的批判或者新教对旧教的批判相似的。"在批判者尚未能较为清醒地进行自我批判之时,他们对于所要与之直接斗争的对象难以避免作带有片面性的理解。中国魂的研究起始时便打上了这样的时代烙印。但尽管如此,这一代人的筚路蓝缕之功却是不可忽视的。

二、对于中国传统文化的首次全面重估

对中国魂的关注,同对中国传统思想文化的反思紧紧结合在一起。实际上,有关中国魂的分析和评估,本质上就是中国传统思想文化的分析和评估。

19世纪末,康有为、严复等人高屋建瓴,首次对中国传统

思想文化作了全局性的重估,为中华民族精神或中国魂的评析奠定了理论基础。

康有为是最早注意从中国传统思想文化的内在结构揭示中华文明区别于西方文明的各种主要特征的思想家。他在19世纪80年代末90年代初撰写的一系列著作中,已经从多方面作了这样的比较。他的《教学通义》《康子内外篇》等,比较了中西"仁义礼智信"这一结构,指明了在欧美各国,智为这一总体结构的中心;在中国,这一总体结构的中心则是仁。西方文化为理智型,中国文化为伦理型。在中国,正是康有为第一个注意到这一根本区别。1898年6月,康有为在上光绪皇帝《为维护新政请御门誓众开制度局以统筹大局革旧图新以救时艰奏折》中,比较了中国先前大一统之世同现今所正经历的竞长之世迥然有别的价值取向和行为方式。他写道:

> 中国自汉、唐、宋、明之后,皆为大一统之时,及今欧、亚、美、澳之通,遂为诸国竞长之世。一统、竞长,两者之为治,如方之有东西,色之有黑白,天之有晴雨,地之有水陆,时之有冬夏,器之有舟车,毫发不同,冰炭相反……
>
> 夫治一统之世以静,镇止民心,使少知寡欲而不乱;治竞长之世以动,务使民心发扬、争新竞智,而后百事皆举,故国强。
>
> 治一统之世以隔,令层级繁多,堂阶尊严,然后威令

行；治竞长之世以通，通上下之情，通君臣之分，通心思，通耳目，通身体，咸令无阻阂，而后血脉流注而能强。

治一统之世以散，使民不相往来，耕田凿井，不识不知；治竞长之世以聚，令人人合会讲求，然后见闻广，心思扩，有才可用。

治一统之世以防弊，务在防民，而互相牵制；治竞长之世以兴利，务在率作兴事，以利用成务。

……

夫泰西立国数千年，源流深远，能致富强，具有本末，其规模极大，条理极繁，次第有宜，章程极密……或举其末而忘其本，或言其粗而忘其精，或明其小而暗其大，或得其面而失其骨，或肖其形而失其神，无论今者粗末未举，固无成效，即使零碎凑合，亦复不成体格。况稍失其本，稍乱其节，必无成功。

康有为这里所说的，实际上是两种相异的思想文化系统。其后人们对奴隶魂、仆妾魂、囚房魂、倡优魂、饿殍魂、犬马魂的抨击，对铸造山海魂、军人魂、游侠魂、社会魂、魔鬼魂的呼唤，不难从这里寻找到它们由以产生的思想脉络。

1895年2月，严复在天津《直报》上发表的《论世变之亟》，是比较中西事理的一篇力作。

尝谓中西事理，其最不同而断乎不可合者，莫大于中之人好古而忽今，西之人力今以胜古；中之人以一治一乱、一盛一衰为天行人事之自然，西之人以日进无疆、既盛不可复衰、既治不可复乱为学术政化之极则。盖我中国圣人之意，以为……夫天地之物产有限，而生民之嗜欲无穷……物不足则必争，而争者人道之大患也，故宁以此足为教，使各安于朴鄙颛蒙，耕凿焉以事其长上。是故《春秋》大一统，一统者，平争之大局也……而民智因之以日窳，民力因之以日衰。

文章由此进一步从更深一层比较了中西之理，说明中西之区别，命脉之所在，在于西人以人人各得自由、国国各得自由为天则，而此自由则为中国历代圣贤所深畏：

自由既异，于是群异丛然以生。粗举一二言之：则如中国最重三纲，而西人首明平等；中国亲亲，而西人尚贤；中国以孝治天下，而西人以公治天下；中国尊主，而西人隆民；中国贵一道而同风，而西人喜党居而州处；中国多忌讳，而西人重讥评。其于财用也，中国重节流，而西人重开源；中国追淳朴，而西人求驩虞。其接物也，中国美谦屈，而西人务发抒；中国尚节文，而西人乐简易。其于为学也，中国夸多识，而西人尊新知。其于祸灾也，中国委天数，而西人恃人力。若此之伦，举有与中国之理相抗，以并存于两间，而吾实未敢遽分其优绌也。

1903年，严复翻译出版了甄克思的《社会通诠》一书。甄克思将人类社会的发展分成图腾社会、宗法社会、军国社会三个依次演进的时代，说明三者在思想文化上各有不同的特征。该书概括了宗法社会区别于军国社会的主要特征，这就是：重民而不地著，以族类为国基；排外而锄非种，以羼杂为厉禁；统于所尊，以家族为本位，民之身统于其家，其家统于其族，其族统于其宗；不为物竞，以循古为天职，以习俗为彝伦，以成法为经典，人无所用其智力，心思坐窒，而手足拘挛。严复认为，中国自唐、虞至今四千年，秦以前为最完备的宗法社会，历时约两千年；秦以来，籀其政法，审其风俗，仍不脱宗法社会范围，历时也已两千年。因此，中国传统思想文化所具有的特征大体上只是宗法社会的表现。严复提出，近来中国社会已发生了变化。他说："（中国）固宗法之社会而渐入于军国者，综而核之，宗法居其七，而军国居其三。"在这部著作的按语中，严复首次明确地将中西思想文化的差异归结为社会发展阶段的不同，将中国从传统的思想文化向近代思想文化的转变看成中国从宗法社会转向军国社会的必然结果。他的立论，为批评传统社会中的中国魂、呼唤铸造适合新社会需要的新的中国魂，提供了更为有力的理论依据。

康有为、严复之外，对中国传统思想文化从其生产的历史过程作了较他们更为具体的分析和概括的，是梁启超。1902年，梁启超在《论中国学术思想变迁之大势》中，叙述了中国历史上精神文明生产的过程。和康、严相较，他更多地注意到了中国精神文明生产内在的多元性，特别是南北两大系统的作用，更多地注意到两千多年来思想文化发展演变中的历史阶段性。他指出，春秋、战国时，中国已经以黄河与长江为中心形成南北两种文化：

> 北地苦寒硗瘠，谋生不易，其民族销磨精神日力以奔走衣食维持社会，犹恐不给，无余裕以驰骛于玄妙之哲理，故其学术思想，常务实际、切人事、贵力行、重经验，而修身齐家治国利群之道术，最发达焉。惟然，故重家族，以族长制度为政治之本（封建与宗法皆族长政治之圆满者也），敬老年，尊先祖，随而崇古之念重，保守之情深，排外之力强，则古者，称先王，内其国，外夷狄，重礼文，系亲爱，守法律，畏天命，此北学之精神也。
>
> 南地则反是。其气候和，其土地饶，其谋生易，其民族不必惟一身一家之饱暖是忧，故常达观于世界以外，初而轻世，既而玩世，既而厌世，不屑屑于实际，故不重礼法，不拘拘于经验，故不崇先王，又其发达较迟，中原之人，常鄙夷之，谓为蛮野，故其对于北方学派，有吐弃之意，有破坏之心，探玄理，出世界，齐物我，平阶级，轻私爱，厌繁文，明自然，顺本性，此南学之精神也。

梁启超认为，中华当战国之时，南北文明初相接触，北派崇实际，主动，主力行，贵人事，明政法，重阶级，重经验，喜保守，主勉强，畏天，言排外，贵自强；南派崇虚想，主无为，贵出世，明哲理，重平等，重创造，喜破坏，明自然，任天，言无我，贵谦弱。诸派初起时，各树一帜，互相辩论，互相熏染，经过分合出入种种新的组合，使其时思想、学术达到全盛。

梁启超指出，早在先秦时代，中国思想文化已形成了与西方有显著差别的特点。以先秦学派和希腊学派相较，便可看到，中国国家思想发达，生计问题昌明，世界主义光大，家数繁多，影响广大，但是，论理思想缺乏，物理实学不振，无抗论别择之风，门户主奴之见太深，崇古保守之念太重，师法家数之界太严。前者为中国思想文化所长，后者则为中国思想文化所短。这些差异直接影响到中西两种文化后来的发展。

秦汉以后，中国思想文化的发展又经历了几个阶段。

其一，是儒学定于一尊。梁启超指出，这是和中国专制政体发达完备联系在一起的。儒学统一，有助于名节盛而风俗美，民志定而国小康，但是，它也使民权狭而政本不立，一尊定而进化沉滞。总的来看，儒家统一为中国学者的大不幸。

其二，隋、唐时代，由于和印度文化相接触，佛学兴盛，改变了原先沉闷的局面，使中世的学术一度大放光明。但是，梁启超认为，整个说来，除去隋、唐这一段时间外，在儒学统治之下，中国思想学术更相似于欧洲中世纪黑暗时代。

中国思想文化生产的历史过程及其成果，中国社会、经济、政治发展的历史过程及这一发展所确立的制度，给中国的民族精神带来了什么样的影响？1902年，上海广智书局出版了梁启超的一部著作，题目叫作《中国魂》，收录了梁启超1900年至1902年发表的10余篇论文，分为上、下两卷。这些文章以及他1902年的名著《新民说》，对这个问题作了相当详尽的论析。

首先令人注意的是《中国魂》卷上所收录的《中国积弱溯源论》。文章认为，中国积弱之源，远者在数千百年以前，近者亦在数十年之内。积弱之大源，"其成就之者在国民，而孕育之者仍在政府"。在国民者，一是爱国之心薄弱，数千年来不闻有国家，但闻有朝廷；二是奴性、愚昧、为我、好伪、怯懦、无动成为习俗。在政府者，"数千年民贼，既以国家为彼一姓之私产，于是凡百经营，凡百措置，皆为保护己之私产而设"，"其治理之成绩有三，曰愚其民、柔其民、涣其民是也"，其治理之技术，为驯之、餂之、役之、监之。文章指出，中国昔时为一统独治之国，内忧虽多，外患非剧，故扰乱之种子常得弥缝之，纵有一姓之兴亡，无关全种之荣瘁。现在不同了，中国所面对的是全球竞争的局面，"以今日中国如此之人心风俗，即使日日购枪炮，日日筑铁路，日日开矿务，日日习洋操，亦不过披绮绣于粪墙，镂龙虫于朽木，非直无成，丑又甚焉"。正因为如此，中国非从理想、风俗、政术等各个方面改弦更张不可。

《中国魂》卷下收录有《论中国与欧洲国体异同》《国家思想变迁异同论》《十种德性相反相成义》等。值得特别注意的是从《新民说》中选录的《论国家思想》《论进取冒险》等文。《新民说》还以论权利思想、论自由、论自治、论进步、论自尊、论合群、论生利分利、论毅力、论义务思想、论尚武、论私德、论民气、论政治能力为题，总计从15个方面论述了中国民德、民智、民力的特点与弱点。梁启超说，中国偏于私德，而公德殆阙如，《论语》《孟子》诸书，其中所教，私德居十之九，而公德不居其一。所谓温良恭俭让，所谓克己复礼，所谓忠信笃敬，所谓刚毅木讷，所谓存心养性，等等，所重均一私人对于一私人之争。社会伦理、国家伦理因之甚不发达。私德发挥虽甚充分，却又早已堕落，原因于专制政体之陶铸、近代霸者之摧残、屡次战败之挫沮、生计憔悴之逼迫、学术匡救之无力。"吾民族数千年生息于专制空气之下，苟欲进取，必以诈伪，苟欲自全，必以卑屈，其最高于此两种性质之人，即其在社会上占最优胜之位置者也。"私德堕落之缘由，莫此为甚。梁启超历述中国缺乏国家思想、进取冒险精神、权利思想、自由和自治精神、自尊和合群性质、毅力、尚武风气、义务思想、政治能力。论及中国长期凝滞不前时，梁启超概述其原因为：大一统而竞争绝；环蛮族而交通难；言文分而人智局；专制久而民性漓；学说隘而思想窒。梁启超特别强调指出："凡国之能立于世界，必有其国民独具之性质，上自道德、法律，下至风俗、习惯、文学、美术，皆有一种独立精神。祖父传之，子孙继之，然后群乃结，国乃成，斯实民族主义之根柢源泉也。"但是，这种独具性质、独立精神，不可任其自生自长，必须不断濯之拭之、锻之炼之、培之浚之，使其日新，它们方才可能得以保存。中国现有民族帝国主义，不足以挽浩劫而拯生灵，倡导新民，就是要使吾四万万人之民德民智民力都可与现今东西列强民德民智民力相埒。"苟有新民，何患无新制度？无新政府？无新国家？非尔者，虽今日变一法，明日易一人，东涂西抹，学步效颦，吾未见其能济也。"《新民说》的这一主旨，也正是《中国魂》一书的根本精神。

事实表明，所谓国魂、民魂、民族魂，或国家精神、国民性、民族精神，其实就是一个国家、一个民族绝大多数社会成员精神的生产过程以及这一生产过程所生产的思想文化或精神产品。正因为如此，对国魂、民魂、民族魂的评析，同对民族思想文化或精神生产的历史与现状的审视反思，是同步进行、同步发展的。前者启动后者的审视反思，后者又深化了对于前者的论识。

三、改造国民性与反省民族精神的持续努力

20世纪的中国，一个忧患接着一个忧患，一场变革接着一场变革。这个世纪，是中华民族重新崛起的世纪，同时，也是中华民族不断反省自己、不断改造和更新自己的世纪。中华民族正是在一次次反省中，在不断自我改造与自我更新中一步步崛起。

中华魂，或中国魂，或中华民族的民族性、国民性、民族精神，在中华民族的自我反省中一直是一个引人关注的重要课

题。不同阶段，不同政派与不同学派就这一问题发表了许多相同或相异的见解，一些见解甚至截然相反，互相之间进行了长时间的激烈争论。

改造国民性，在新文化运动中震撼与激动了几乎所有接触了新思潮的知识分子。新文化运动的发动者与参与者们，以新的思想、新的观念深刻地反省自己的文化传统，同时以严格的自我批判精神对中国国民的劣根性痛下针砭。与此同步，作为这一思潮的反弹，又出现了以新的思想、新的观念对中国传统文化、中国民族精神给予充分肯定评价的意见。双方通过关于孔学的论战、关于传统道德的论战、关于白话文与文言文的论战、关于东西文化的论战，使对中国传统文化、中国国民性的审视，其声势，其规模，其广度，其深度，都大大超过了20世纪初。

20世纪20年代起，特别是20年代中期以后，人们开始运用唯物史观来观察中国传统文化。代表性的著作如瞿秋白的《东方文化与世界革命》和《现代文明的问题与社会主义》，将文化定义为"人类之一切'所作'""是征服天行"，认定东西文化的差异其实不过是时间的，即西方文化已经资本主义，东方文化还停滞于宗法社会及封建制度之间。瞿秋白还将物质文明、精神文明和阶级文明三者统一起来加以考察，说物质文明是技术，技术有神秘性便是封建时代的文明，技术有科学性便是资产阶级文明，技术更进而有艺术性便是无产阶级的文明。基于这一认识，民族性、国民性、民族精神为人的阶级性这一概念所替代。这时,反而是国家主义者及所谓东方文化派倒转来沾沾自喜地提倡和夸耀自己的国魂、民族精神。

30年代以后,特别是抗日战争爆发以后,复兴中华民族精神与复兴中华民族的斗争紧密地结合在一起,民族精神、民族魂问题又一次成为人们关注的中心。但究竟什么是中华民族的民族精神,论者却常常大相径庭。郭沫若写于1938年12月的《复兴民族的真谛》说:"我们中华民族的精神是什么?一、富于创造力;二、富于同化力;三、富于反侵略性。"他认为,中华民族的精神在清朝的260年间遭了损失,但现在已渐渐地复苏了,"我们应该尽量地发挥我们的创造力、同化力和反侵略性"。毛泽东1939年12月编定的《中国革命和中国共产党》,将中华民族的精神概括为"不但以刻苦耐劳著称于世,同时又是酷爱自由、富于革命传统","反对外来民族的压迫,都要用反抗的手段解除这种压迫"。与此相悖,蒋介石1943年在以其名义出版的《中国之命运》中则说:"以言民族固有的精神,则中国智仁勇之三达德,及其所以行此达德之'诚'字","而其最重要的条目,则发扬我国民重礼尚义明廉知耻的德性,这种德性,即四维八德之所由表现,而四维八德又以'忠孝'为根本。"

与此相应,对于中国传统文化,持前一种观点者,强调了"谈文化,既指出它的统一性,更必需着重地指出它的斗争性,同时必需指出它的进步性、正义性或倒退性、反动性",强调了文化"包含着新鲜的、发展的和腐朽的、衰亡的两个方面,新鲜的、发展的文化是符合于或接近于人民大众的意志的,腐朽的、衰亡的文化是发生于或保存于没落倒退者群里面的",认为"我们对于前者必需加以发扬光大,对于后者必需加以批评否定"。而持后一种观点者,则坚持中国传统文化为一种统一而不可分的文化。至于这个统一而不可分的文化究竟是什么,持这种观点者说法也不一致。如钱穆《中国文化与中国青年》将中国文化概括为孝的文化,说:"中印欧三方文化大流……大抵中国主孝,欧西主爱,印度主慈。故中国之教在青年,欧西在壮年,印度在老年。我姑锡以嘉名,则中国乃青年性的文化,欧西为壮年性的文化,而印度则老年性的文化也。又赠之以美谥,则中国为孝的文化,欧西为爱的文化,而印度为慈的文化。"而朱光潜《乐的精神与礼的精神——儒家思想系统的基础》则以乐与礼为中国文化的精髓,"乐的精神在和,礼的精神在序……具有和与序为仁义……国的治乱视有无和与序,礼乐是治国的最好工具",等等。

但是,总的趋向,是将中国传统文化与民族精神分解为若干不同的甚至相反的部分。有孝,同时有非孝;有中庸,同时有反中庸;有仁义道德,同时有人肉筵席。毛泽东在《新民主主义论》中提出:"清理古代文化的发展过程,剔除其封建性的糟粕,吸收其民主性的精华,是发展民族新文化提高民族自信心的必要条件;但是决不能无批判地兼收并蓄。必须将古代封建统治阶级的一切腐朽的东西和古代优秀的人民文化即多少带有民主性和革命性的东西区别开来。"40年代以来数十年中，这样的区分成为中国马克思主义者几乎共同遵守的准则。即如主张"民族复兴本质上应该是民族文化的复兴，儒家文化的复兴"的贺麟，也承认儒家思想消沉、僵化、无生气的一面使它丧失了自主权和新生命，而肯定"五四"时期的新文化运动"破坏扫除儒家的僵化部分的躯壳形式末节和束缚个性的传统腐化部分"，为用诸子学说及西洋文化来充实、发展儒家真精神，建设新儒家的新道德提供了一大动力。他指出，中国应当以儒家思想或民族精神为主体去儒化或华化西洋文化，以西洋之哲学发挥儒家之理学，吸收基督教之精华以充实儒家之礼教，领略西洋之艺术以发扬儒家之诗教，使新儒家思想"循艺术化、宗教化、哲学化之途径迈进"。50年代末以后渐成声势的新儒学，虽然都对儒家竞相礼赞，但既以新儒学为名，就表明了对旧儒学有所不满，大体上便循贺麟这里所说的思路展开。

人的阶级性的剖析，不同时代、不同的阶级对思想文化的发展演变所产生的不同作用实证性研究的展开，对传统文化与国民性肯定、否定、再肯定、再否定的激烈争论以及多方位多层次的思考，推动了对中华民族民族精神比较准确的把握。当然，一度将阶级性绝对化进而根本否定民族性、国民性的存在，将阶级斗争绝对化进而将思想文化的发展演变巨细无遗地全部纳入阶级斗争范畴，又不可避免地会妨碍对民族精神、民族性、国民性实事求是的分析。

70年代末以来，人们对唯物史观的了解在经历了多次曲折与反复后更加深刻而全面了。人有其自然本性，有其社会本性，有其思维本性，而人之所以为人，决定性的因素是其社会本性。人只有立足于一定的社会生产力、一定的社会生产方式，人的自然本性、社会本性与思维本性方才能够统一在一起。人们在特定的生产方式中地位不同，作用不同，必然会具有不同的特征，这就是通常所说的不同阶级的阶级性。代表着不同生产方式的不同阶级，阶级性自然也会不同。但是，不同阶级处于同一生产方式下，就不可避免地会共同受到这一特定生产方式的制约；同时，不同阶级既然在同一生产方式中共存，他们除了互相对立、互相斗争的一面外，不可避免地还会有互相依存、互相渗透、互相转化的一面。同一个民族、同一个国家，不同的历史阶段，基于不同的生产方式，阶级构成不同，阶级性格、国民性格、民族性格自然会有很大差别，但是，既然生活在同一环境中，每一新的历史阶段、新的生产方式的形成都不是偶然的，都要受到先前历史时代、先前生产方式所提供的物质条件、精神条件、人与人的关系及各种既定制度的制约，阶级性格、国民性格、民族性格中便免不了仍然具有若干共同的或贯通的成分。正因为如此，人们在克服了将人的阶级性与阶级斗争绝对化的偏向后，在努力创造我国社会主义精神文明、建设我国社会主义现代新文化时，便很自然地重新注意国民性、民族性、民族精神的建设与改造问题。于是，改革开放以来，关于中国传统文化的研究，关于中国几千年来民族精神的重新评估，形成了一个又一个高潮，有关这些问题的讨论，取得了超越前此数十年的新的成就。

四、不同的研究方法，不同的结论

这些年来，人们一直试图对中华民族数千年来的民族精神作具体的描述和概括，当然，始终都是众说纷纭，莫衷一是。

就鸦片战争后中华民族的民族精神而言，人们所作的归纳与表述，大概可以分作三类：第一类是列举式的描述，当然也有综合性的概括；第二类是通过提炼与抽象，将某一部分特定内容宣布为本质的、主要的或决定性的精神；第三类是将理想部分与实际部分区别开来，将原本精神与操作层次分割开来，或者以理想部分或所谓原典精神、原本精神代表民族真精神，或者完全相反，以操作层次或实际方向代表民族真精神。

第一类，列举式的描述。

梁启超开其端，而"五四"时期新文化运动中对立各派，几乎都属这一类。陈独秀在1915年12月发表的《东西民族根本思想的差异》，列举了以安息为本位、以家族为本位、以感情为本位、以虚文为本位四项为中国区别于西洋民族的根本特征。紧接其后，杜亚泉1916年10月在《静的文明与动的文明》中，列举了一切皆注重于自然而非注重于人为、生活为内向而非外向、重道德而与世无争与物无竞、时时以避去战争为务为中国区别于西洋文明的根本特征，称中国系由静的社会而产生的静的文明。其后，李大钊1918年7月发表的《东西文明根本之异点》，列举了更多项目作为中国文明的特征，如：自然的而非人为的；安息的而非战争的；消极的而非积极的；依赖的而非独立的；苟安的而非突进的；因袭的而非创造的；保守的而非进步的；直觉的而非理智的；空想的而非体验的；艺术的而非科学的；精神的而非物质的；灵的而非肉的；向天的而非立地的；自然支配人间的而非人间支配人间的；行家族主义而非行个人主义；定住的而非移住的；贱女尊男而非尊重女性；日常生活以静为本位而非以动为本位；持厌世主义而非持乐天主义；信定命主义而非创化主义；宗教为解脱之宗教而非生活之宗教；伦理为以牺牲自己为人生之本务而非以满足自己为人生之本务；道德在灭却个性而非解放个性；政治为依世袭天子之意思而使百姓忠顺；求治在使政象静止与现状维持而非使政象活泼与打破现状；等等，在同时代中可说是列举项目最多的。当然，他们也都曾对所有这些特征的形成，作过一元的贯通的解释，但总的说来，是多侧面的、外在的、现象描绘性的。

其后，不少人继承了这样一种观察方法。在国内外都很有影响的一部著作，1935年出版的林语堂的《吾土吾民》(今译《中国人》)，便这样从若干个侧面描绘了中华民族的民族性：稳健，单纯，酷爱自然，忍耐，消极避世，超脱老滑，多产，勤劳，节俭，热爱家庭生活，和平主义，知足常乐，幽默滑稽，因循守旧，耽于声色。这些特征，既有美德，也有恶德，还有一些是中性的。作者专门就此写道："这些特点既是中华民族的优点，也是它的缺陷，思想上过分的稳健会剪去人们幻想的翅膀，使这个民族失去可能会带来幸福的一时的狂热；心平气和可以变成怯懦；忍耐性又可带来对罪恶的病态的容忍；因循守旧有时也不过是懈怠与懒惰的代名词……所有这些品质又可归纳为一个词'老成温厚'……这些品质是以某种力量和毅力为目标而不是以进步和征服为目标的文明社会的品质。这是一种能使人在任何情况下都可获得宁静的文明。"并不专以美德或专以恶德涵盖中华民族的民族精神，正是基于美德与恶德本来就难以截然划分清楚，同样的特征，在一定条件下为美德，在另一些条件下则会成为恶德，两者常常共为一体的两面。因此，持这一种态度者，多力图尽可能多侧面地描绘出中华民族几千年民族精神的各个组成部分。

也有持不同意见者，他们也是列举式的，但以为只有美德方才真正代表中华民族的民族精神。现今许多学者以自强不息、正道直行、贵和持中、民为邦本、德政相摄、平等平均、天人合一、整体协同、求是务实、豁达乐观、以道制欲、合知行、同真善、兼内外、革故鼎新等等代表中华民族的民族精神，便是基于这一立场。胡乔木曾为《中国精神》一书题词："天下为公；自古皆有死，民无信不立；杀身求仁，舍身取义；富贵不能淫，贫贱不能移，威武不能屈；鞠躬尽瘁，死而后已；先天下之忧而忧，后天下之乐而乐；天下兴亡，匹夫有责；全心全意为人民服务。这些都是永远领导我们前进的中国精神。"这里选择的便是古往今来一直为人们所称颂与肯定的各种美德。但是，这一种列举，实际上只是更多地显示了选择者自身的倾向，说明了选择者自身在追求什么、提倡什么，因为他们通常并未说明为什么和这些美德相悖的种种特征，甚至是更为普遍、更为流行的种种特征不是中华民族的民族精神的构成成分。这种有选择的列举，在鉴别和取舍所列举的诸项时，常常直接受制约于选择者自身的价值基准、知识结构、利害关系，不同的选择者结论自然有异，同一选择者不同时期不同处境下往往也会作不同的结论。美德与非美德的界限在这种情况下便不免要更加模糊难辨。

第二类，引端申义式的诠释。

梁漱溟在《东西文化及其哲学》中认定中国文化"以意欲自为调和持中"为其根本精神，与西方文化"以意欲向前要求"为其根本精神、印度文化"以意欲反身向后要求"为其根本精神路向完全不同，无论走好久，也不会走到西方人所达到的地点上去。中国人的根本精神如此，所以，他们的思想是安分、知足、寡欲、摄生的，绝不提倡物质享乐，不论境遇如何，他们都能随遇而安。他们对于威权把持者容忍礼让，当然就不会奋斗争持而走向民主；他们与自然融洽游乐，无征服自然态度，根本不会去深入地剖析与观察，当然只能走入玄学直觉之路，而不会产生出科学。中国文化的这种根本精神尽管有不足之处，却代表了世界文化的未来，世界未来文化就是中国文化的复兴。

这种从中华民族历史文化中抽绎出某一点作为民族精神本原的做法，数十年来为许多人所袭用。

和梁漱溟相类似而影响更为广大的，是牟宗三、徐复观、张君劢、唐君毅1958年元旦发表的《中国文化与世界宣言》。他们在这份宣言中宣布，心性之学是中国学术思想的核心，中国文化神髓之所在。中国几千年政治上大一统，思想学术文化上道统相传，都源于从孔子、孟子至宋、明、清，都共认人能尽其内在心性，就能上通天德、天理、天心，外化为应对外在世界的道德实践。由于人们要求自尽其内在心性，中国人的宗教性的超越感情、宗教精神、伦理道德精神便合一而不可分。宣言认为，这才是中华民族精神生命的本原。其后，牟宗三、徐复观等人都大体上按照这一思路建立了他们的学术体系。

最流行的说法，是以所谓人本主义涵盖中国文化与中华民族的民族精神。由陈立夫、程发轫、陶希圣、方东美、钱穆等共同撰写于1974年在台北出版的《中华文化概述》一书，便是这一派的一个代表。书中写道："中华文化是以人为研究对象的文化，所有发明与成就，均偏向此一方向，所以亦叫做人本文化。"具体表现于四个方面：诚以律己；仁以待人；中以处事；行以立业。诚是一切的原动力；仁是一贯之道：以仁修己，以仁齐家，以仁治国，以仁平天下；中庸、中和，于己可收正心之功，于人可达忠恕之效，于事可得合理之果，是中华民族的立国精神；躬行，就是要将知识与道德打成一片。中华民族正因为具备了诚、仁、中、行四大特质，所以能发挥忠、孝、仁、爱、信、义、和、平之道德，而具备大刚中正之特性，屹立于世界，以体天行道。其后，人们或者以诚，或者以仁，或者以中代表中华民族的民族精神，便是从这一思路衍生出来的。

人本主义，在另一些人那里，叫人文主义。主张中国文化、中国民族精神的中心是人文主义最力的，其实还是唐君毅、牟宗三等人。唐君毅1955年出版的《人文精神之重建》说明，所谓人文主义，是"指对于人性、人伦、人道、人格、人之文化及其历史之存在与其价值，愿意全幅加以肯定尊重，不有意加以忽略，更决不加以抹煞曲解，以免人同于人以外、人以下之自然物等的思想"。他认为唯有儒家方真正体现了中国民族精神的这一中心特征。在1958年出版的《中国人文精神之发展》中，他判定，在中国各家思想中，墨子的思想是次人文的，庄子的思想是超人文的，法家的思想是友人文的，邹衍的思想是非人文的，唯有孔孟儒家才能真正代表人文思想、人文精神。牟宗三在《生命的学问》中更直截了当地宣布："儒家为人文教，中国的文化生命为人文教的文化生命。""人文教之所以为教，落下来为日常生活之轨道，提上去肯定一超越而普遍之道德精神实体，此实体通过祭天、祭祖、祭圣贤而成为一有宗教意义之神性之实、价值之源。"近几年来，附和这种人文精神说者为数不少。

提出一个中心观念，以此为中国文化与中华民族精神生命之源、之本质，由此引端申义，展开说明中国文化与中国民族精神的各主要特征，这一种析论方法共同的问题，一是完全脱离社会经济、政治等各种条件孤立地讨论各种精神本质；二是以儒家思想涵盖整个中国文化、中华民族的整个民族精神，回避了其他各家思想也是中国文化、中国民族精神的不可分割的构成部分这个事实；三是以少数儒者的个人体验所追求的理想境界涵盖整个儒家思想，以极个别的圣贤的襟胸情怀和道德修养取代了全社会最大多数成员的心理、意志、要求及实际素养，对于为什么两者之间形成如是巨大的落差，或者轻描淡写，或者根本不作解释。按照这种方法作的结论，当然形形色色，不少析论与其说是对于历史实际实事求是的分析，毋宁说是利用某些历史资料精心编织足以令自我陷入陶醉境地的幻想，并将这些幻想宣布为事实。

第三类，原生、次生分割式的苦心孤诣的安排。

虽然由于已经意识到罗列民族美德或抉取其中某一点作为中心与总纲这两类做法难以克服的内在矛盾，当代有一些研究者仿效国外文化学者回到《圣经》《吠陀》《古圣书》《可兰经》等文化原典去的主张，要求将中国民族精神分成原典精神、次生精神两部分，或原本精神、派生或孳生两部分，或原生精神、操作行动两部分，认为中国具有原典性质的著作是儒家的五经，《易》追求的是人道与天道的自然切合，《书》记述的是人事与政治的协调和平，《诗》抒发的是人文与艺术的精神对应，《礼》规划的是人格与社会的礼制规范，《春秋》体现的是人生与历史的相辅相成，它们代表了中华民族的原本精神、原生精神，这种精神不仅具有历时性价值，而且具有共时性价值，具有现实的生命力，并能升华出指导着未来的价值。而次生、派生、孳生的各种精神，操作、行动、实践的准则及其种种表现，虽然也是传统文化、传统民族精神的构成部分，但却不具备共时性价值，它们是原本精神的外化，是人们针对各种现实状况对原典精神所作的各种暂时的局部的阐释、发挥，甚至扭曲、蜕化。

　　这一类说法，注意到了民族精神中既有历时性的成分，也有共时性的成分，但又过于机械地将两者分割了开来，忽略了共时性成分实际上正寓于历时性成分之中，两者经常是你中有我、我中有你。民族共同体的形成与发展是一个过程，民族精神的形成与发展也是一个过程，民族精神中哪一些经过不断的锻炼、转化、再创而成为共时性成分，哪一些在历史的洗汰、冲刷中成为随时间而去的泥沙，同样是一个过程，是人类自身主体活动的活生生过程。人们不可能在刚刚脱离蒙昧时代、野蛮时代而步入文明时代的大门时，就已确立了万古长青的原生精神、原本精神；即以原典而论，《易》《书》《诗》《礼》《春秋》，所包含的内容是丰富的、多样的，论者从中所概括的原典精神，与其说是这些著作原来的立意之本，毋宁说是经几千年千百种解释之后，论者站在当今社会实践的基础上对它们作的一种新的理想化的再解释，其中更多的成分恐怕还是希图在传统中找到人们熟悉的既成东西来给自己的主张作印合。因此，这一类做法，最终也不能完全免于先验主义与非历史主义。

　　从以上三类不同的研究方法以及用这些方法所作各种不同的结论可以看出，人们对于中华民族究竟应当保护和发扬什么样的民族精神，意见是很不一致的。这其实就是中华民族应当朝着什么方向前进以及究竟应当怎样前进的问题。中华民族究竟依靠什么样的民族精神，在古代世界中创造了如是灿烂的古代文明，又是在一种什么样的民族精神支配下，为创造这一古代文明付出了如是沉重的代价，并在后来停滞、衰落下来？今天，中华民族又究竟应当借助什么样的民族精神，才能从忧患中走出，立足于现代世界，创造出光辉的现代文明？我们这个民族本身，要不要变革，要不要改造，怎样变革，怎样改造？我们原有的民族精神，只要在原有的基础上继承、发扬，还是必须经过审慎的自我批判、积极的自我扬弃、充满活力的改革与新的创造？对中华民族传统的民族精神的不同描述、不断诠释、不同取舍，实际上都蕴涵着对所有这些现实问题的不同答案。正因为如此，对中华民族的民族精神如何界定及如何评价的问题，不仅仅是一个学术争鸣的问题，而且是一个社会的历史的实践问题，最终的结论将由社会历史实践来做。

走向现代的文化中国

一、一株参天大树

当代中国社会科学，肇始于19世纪末、20世纪初。经过一百多年风风雨雨，它已经从一棵刚刚破土而出的幼苗，成长为一株举世瞩目的参天大树。

这里所说的社会科学，是指区别于自然科学的关于"人的科学"，包含旨在研究社会运行法则的社会科学以及旨在研究社会生活一切表现的人文科学。在中国古代，不仅社会科学与人文科学没有分离，人的科学与自然科学也没有分离。那时，整个学术被界定为经、史、子、集四部，每一部类中都既有自然科学知识，又有人的科学知识。真正的"人的科学"是20世纪的产物。社会科学与人文科学实际上各是一个学科系列，社会科学包括社会学、政治学、经济学、语言学、心理学、教育学、管理学、新闻传播学等众多学科；人文科学则包括社会和文化人类学、考古学和史前学、历史学、美学和文学艺术学、法学、哲学、伦理学、宗教学等众多学科。每一学科又包含知识的追求与传播为自己的职责，但绝非随心所欲，支配着他们的是一种科学的精神,"科学的精神特质是指约束科学家的有情感色彩的价值观和规范综合体。这些规范以规定、禁止、偏好和许可的方式表达。它们借助于制度性价值而合法化"。默顿认为:"四种制度上必需的规范——普遍主义的公有性、无私利性以及有组织的怀疑态度,构成了现代科学的精神特质。"([美]R.K.默顿:《科学社会学》,第2册,北京:商务印书馆,2003)陈寅恪所推崇的"独立之精神,自由之思想"(《王观堂先生纪念碑铭》,见《陈寅恪集·金明馆丛稿二编》,北京:生活·读书·新知三联书店,2001),就是这种现代之科学的精神特质。社会科学、人文科学的学者世纪初仅寥寥百十人,迄今已成为浩浩荡荡一支庞大的队伍;科学共同体从最初数十个松散的学会,发展为成千成万的各种专门研究机构、学术团体。这支队伍,尽管还有许多不成熟之处,但是,科学的精神已确立了它的权威地位,它有效地规范着社会科学、人文科学的健康发展。

一个多世纪以来,中国社会科学、人文科学在其成长的每一阶段,都取得了丰硕的成果。社会科学、人文科学无可替代、不可动摇的地位,不仅在精神世界、文化领域已经确立,即使在经济、政治、社会诸领域,也已确立。中国社会科学、人文科学成长之所以如此迅速,具有如此强大而旺盛的生命力,是因为中国拥有数千年延续不断的丰厚的学术文化积累为其底蕴,同时,又积极主动地广泛吸取了世界各国精神生产的各种优秀成果。更为重要的原因,在于它从诞生开始,便立足于中国社会大变动的实践,投身于中华文明转型和中华民族复兴的伟大运动,在这一基础上努力发现与创造。20世纪中国社会科学、人文科学发展的全过程,就是它将自己的命运与国家和民族的命运融合在一起,面对种种历史性的、世界性的挑战,努力探索、努力进取、努力再创造的过程。

二、民族复兴中民族性与开放性的统一

"中华民族,到了最危险的时候!"《义勇军进行曲》中这句歌词,凸显了近代以来纷至沓来的内忧外患,使中华民族直面数千年来所未曾面对过的深重政治危机、经济危机、社会危机、文化危机,直至中华民族自身的生存危机。这些忧患,这些危机,催生了中国社会科学、人文科学,伴随着中国社会科学、人文科学成长的全过程,并深刻地影响着这一进程。

中华民族生死存亡的严峻考验,一来自外部,一来自内部。

来自外部的严峻考验,是西方列强先用鸦片与炮舰撞开中国大门,然后通过一系列侵略战争,将各种不平等条约强加于中国,侵夺中国领土,损害中国主权。尤其是在日本发动甲午战争之后,列强掀起瓜分中国的狂潮,中国一步步沦为列强的半殖民地。

来自内部的严峻考验,是统治着中国的清王朝、北洋军阀及其后的国民党新军阀。他们脱离人民,害怕人民,甚至视人民如寇雠;他们昧于世事,内战内行,外战外行;他们为了

一己私利，改革滞后，开放滞后，使国内各种矛盾不断积累积聚，烽烟四起，更不能动员全社会力量应对外部挑战。

正是这接踵而至的重重外患内忧，决定了中国社会科学、人文科学诞生后的第一使命，就是唤起民众，奋起挽救民族危亡，捍卫国家领土完整和主权独立，维护和发展民族经济，守护民族精神与民族文化家园。

甲午战争失败后，维新变法运动应运而生，社会学、政治学、教育学、哲学由此萌发。八国联军之役后，革命运动和立宪运动勃兴，民主、共和、宪政成为志士仁人的主导诉求，政治学、社会学、经济学、法学、新闻学一一初步成形，传统的史学、文学等，也开始了所谓"史学革命""小说革命"等。五四爱国运动和新文化运动后，社会科学、人文科学学科体系已经大体建立起来。九一八事变，特别是卢沟桥事变以后，日本军国主义试图一举灭亡中国，中国社会科学、人文科学则在危难的考验中迅速走向成熟。抗日战争胜利后不久，世界陷入"冷战"局面，中国社会科学、人文科学为应对这一"冷战"局面，急速调整了自己发展的路向。"冷战"格局结束，世界逐渐走向"多极化"之后，中国又面临经济社会发展落后于世界及周边许多国家和地区的新问题，即所谓"球籍"问题，社会科学、人文科学再一次调整了自己的发展路向，从而实现了自身的全面发展和普遍繁荣。

忧患使人奋进，安逸使人沉沦。《孟子·告子下》中说："生于忧患而死于安乐。"中国社会科学、人文科学诞生于忧患,成长于忧患,具有特别强的使命感、责任感。为了改变中国落后挨打局面,中国社会科学、人文科学从一开始,便具有非常自觉而积极的开放性,努力吸取别国相关成果,使自己形成高起点,在同世界社会科学、人文科学各种高水准的新成果进行广泛交流与对话中推进自身的发展。戊戌维新期间,康有为编写的《日本书目志》,就人类学、哲学、论理学、心理学、伦理学、历史学、宗教学、国家政治学、行政学、财政学、社会学、经济学、统计学、农工商业之部门经济学与应用经济学以及法理学、国法学、教育学、语言学、文学、艺术学等社会科学、人文科学,各开列数十至数百部日文著作,要求尽快组织力量译成中文,以使中国作为"后起者胜于先起","后人逸于前人"。他说:"今吾中国之于大地万国也,譬犹泛万石之木船与群铁舰争胜于沧海也,而舵工榜人皆盲人聋者",形势之急迫已不容许中国从容不迫地一切从头开始,借鉴泰西各国数百年来精研之学,乃是"以舍筏刮目,槐柳取火","彼作室而我居之,彼耕稼而我食之,至逸而至速"(《日本书目志自序》,见《康有为全集》,第3卷)。同一时刻,章太炎等人组织译书公会,立志采译欧美日本各类书籍,"以左政法,以开民智"(《译书公会叙》,见《译书公会披》,第1册,1897年)。康有为、章太炎的论述生动地表明,中国学人已深知传统的学术不足以应对"旧木船"与一群"铁甲舰"争胜于沧海的危急局面,引进与借鉴泰西日本社会科学已有的成果,可使中国社会科学的发展事半而功倍。如果说,这一代学人主要通过译书了解西方各国的社会科学,那么,他们之后的学人则主要通过留学欧美、日本等国,以及国外学术大师来华讲学,更为直接地亲炙国外社会科学最新成就。留日高潮,留美高潮,留法高潮,留苏高潮,迅速缩短了中国与世界各国社会科学、人文科学的距离。20世纪50年代至70年代,中国一度先和西方发达国家处于思想文化学术隔绝状态,后来又和苏联思想文化学术断绝了往来。70年代末以后,中国全面恢复了同世界各国思想文化学术的交流,重建了同世界精神生产优秀成果的直接联系。中国社会科学、人文科学的这种开放性,固然因为缺少数百年时间循序渐进的积累和普及而根基不够深厚,在认知及应用国外相关成果时极易变形,但是,它有力地促进了中国社会科学在诞生后能迅速与世界社会科学同步发展,却是毋庸置疑的。

中国社会科学勇于接受、借鉴、消化、融合国外社会科学成果,目的是振兴自己的国家,使中华民族不再沉沦下去,而不是皈依或屈服于其他什么国家、民族。开放性,归根结底,服务于中国社会科学、人文科学的民族性;开放性是与这一民族性紧密结合在一起的。

中国社会科学的民族性,不仅在于它使用中国语言,采用民族形式,更主要的,是它一直紧紧盯着中国存在的各类实际问题,注意从中国实际出发,努力将各种国外理论成果与中国实际结合起来,找到解决中国实际问题的方法。对中国实际的了解,人们达到不同的深度和广度;对各种新理论、新思潮,人们有不同的理解、不同的回应；在将两者结合时，情况更是多种多样。但是，社会实践很快便会作检验，作抉择。最具生命力的社会科学、人文科学成果，必定是最切合中国实际，最能将广大民众普遍、持续地动员起来、凝聚起来，使中国问题得到实际解决的理论与方法。这就是中国社会科学开放性与民族性的统一。这是一个世纪以来中国社会科学成长如此迅速的一个极为重要的原因。

三、文明转型中价值的提升

20世纪中国社会巨变，从本质上说，是中华文明演进的一次伟大转型，这就是从已经延续了数千年的传统农业—游牧文明，转型为现代工业文明。中国社会科学、人文科学诞生后，便担负起为这一转型提供总体的及各个不同层面的理论基础、目标模式、实现途径乃至操作程序的重任。和文明转型的密切结合，使中国社会科学、人文科学具有极为强烈的实践性及功利性；而又因为它的这种务实性格，它的发展便不能不为中华文明这一转型的全部艰辛、困危所限。

由于清王朝堵塞了在中国原先政治体制内实现文明转型的通道，变传统国家形态为近代国家形态的政治转型，一下子被推到了中华文明转型的中心地位。原先的皇帝制度、宰辅制度为民主共和制度所取代。这一政治转型，促成了国家新的政治重心的建立和壮大，推动了国家和广大基层社会的整合，对于推动经济层面、社会层面以及思想文化层面的文明转型,都发挥了积极的作用。但是,这一政治转型虽以经济、社会及思想文化变迁为其背景,中国90%以上经济、社会及思想文化长期仍继续停留于古代,市场化、工业化、城市化、世界化都只在沿海、沿江、沿铁路线等一些地区及一部分领域内有一些发展,近代国家运行所必需的人人独立、平等、理性精神、法治和契约的权威等,都相当贫乏。这就导致在共和制国家运行中,宪法虚文化,国家全能化,国家承担了直接组织和管理社会生产、流通和分配的职能,掌握精神生产的职能。小农社会政治上表现为政治权力支配一切。政治权力的这种支配地位,并没有因为清王朝覆亡、共和制度建立而结束。

传统农业文明转型为现代工业文明,是生产方式、经济结构、产业结构的一次全面变革。它是由手工劳动和驱使畜力转变为机器生产和使用蒸汽、电力及其他现代动力,由以一家一户为单位的小生产转变为社会化大生产,由自给自足的自然经济转变为发达的市场经济,由狭隘的地域性联系转变为广泛、直接的世界性联系。与此相应,最大多数的劳动人口从农业转向工业、商业及其他服务业,从农村转向城市。这一转变,构成20世纪中国经济发展的主要旋律。然而,20世纪的中国,又是中国传统社会民众运动周期性活跃的又一个高潮期,生活在传统生产方式中的广大农民所要求的,往往仍是相当传统的"打土豪,分田地""吃大户,均贫富",保护他们一家一户为单位的自然经济。风起云涌的农村土地革命,并不都与大生产取代小生产同调,这两者之间在救亡的民族斗争中经常走在一起,但在生产方式变革上又常常会产生许多龃龉。这样,20世纪中国的经济转型,便不能不一再出现许多变调。它的一个重要结果,就是在大多数时间中,仍由国家掌控着经济转型的路向,国家垄断着经济的命脉,深刻影响着这一转型的规模、速度和路径。当中国工业革命开始之际,经济全球化与知识经济的压力,又使中国传统农业文明向现代工业文明的转型,增添了新的压力与新的机会,面临着发展与转型新的选择。

中华文明的这一次伟大转型,又是深刻的全方位的社会转型。在短短一个世纪中,至21世纪初,中国人口从4亿急剧增加至14亿。包括产业工人、企业家、新型知识分子、新式国家管理人员等一大批新型社会阶级、社会群体出现,而不少在传统社会中独掌特殊权力和特殊利益的集团、阶层、阶级正在失去往日的地位。先前,将社会不同层面聚合成一个整体的,主要是以父家长为中心的家族宗法伦理关系,随着市场经济取代自然经济,社会化大生产取代分散的小生产,等价交换与契约关系逐步取代上述关系成为维系社会的主要纽带。公众为维护自己的权利,结合为新的社团,组织成政党,通过这些社团、政党参与国家政治决策和政策实施。在摆脱了普遍贫困化状态而未达到普遍中产化之前,由于各个不同地区、不同行业发展的不平衡,社会矛盾、社会冲突会呈现比之过去远为复杂的局面。从冲突走向协调,再走向和谐,在新的基础上重建社会稳定、社会统一、社会秩序,非一朝一夕所能完成。尤其是在同世界其他国家、其他地区广泛而直接的交往中,社会内部诸多矛盾常常会与外部诸多影响互相作用,要从排拒、屈从走向平等对话、积极共存、有效融合,任务更为艰巨。这也是一个已经持续百年,且仍待继续努力加以解决的历史性难题。

中华文明从传统的农业文明转型为现代工业文明,不仅是物质生产、物质生活及经济、政治制度的全面转型,而且也是精神生产、精神生活及相关制度的一次全面转型。现代工业文明不仅解放了物质生产力,同时也极大地解放了精神生产力。精神生产不再像以往那样为少数文化人所垄断,广大民众都有了直接参与精神生产的可能。精神生产的成果也不再像以往那样只在狭窄的范围内为人们所享有,广大民众都有了共同享有这些成果的机会。而伴随着市场化、工业化、城市化、世界化及政治民主化的发展,人们的人生价值取向、知识价值取向、情感价值取向、审美价值取向都发生了深刻的变化,人们的思维方式、抒情方式、审美方式、表意方式、行为方式也都同时转型。但是,人们精神生活的转型并不都和经济生活、政治生活、社会生活的转型同步;不同的群体,转型也并不同步。整个20世纪,在精神生活领域内,和经济、政治、社会生活领域一样,都是前现代、现代、后现代同在,古代、近代、现代共存。观念过于滞后者,和观念特别超前而陷入理想主义乌托邦者,不仅在中国大量存在,而且不止一次在一段时间中成为精神世界的强音。精神生产的转型本应成为物质生产转型的先导,但在这些时候,它反而极力扭转物质生产及整个文明转型的方向。中国传统思想文化及精神生产的博大、强固，以及它所固有的弹性、包容性，都为世界其他文明所少见，而新的精神生产正因为新生不久，不免单薄、幼稚，有着诸多不足与弱点，自然难以与传统思想文化及精神生产相匹敌，挫折难以避免。正因如此，精神生产的转型同样经历着一段艰难而曲折的路途。

中国政治学、法学与政治转型相伴，理论经济学、应用经济学、部门经济学与经济转型同行，社会学、人类学、人口学与社会转型积极互动，哲学、历史学、文学、艺术学、教育学、心理学与思想文化转型共生共长。中华文明转型中形成的多元性、复杂性，决定了极富务实性、功利性的中国社会科学、人文科学的多元性、复杂性。现代社会科学发展中产生了一大批深思熟虑、具有远见卓识的力作，但是，也不乏浮光掠影、转瞬即逝的各种作品。各种思潮都在中国出现过，表演过，实践过，因为它们都有自己得以存活的一片土壤。一个世纪以来，社会科学、人文科学领域，派系林立，论战不断，亦根源于此。但是，最终，所有学说都要在实践面前显示出自己真正的分量，真正的价值。

四、三次历史性飞跃

一个多世纪以来，中国社会科学、人文科学的发展，是中华民族伟大复兴的有机构成部分。它为中华民族的伟大复兴，提供了强大的精神动力，造就了坚实的精神支柱。这一百年来，中国社会科学、人文科学经历了三次大规模的对先行学术、思想、文化的重新估定，每一次重新估定，不仅带来社会科学一次大的飞跃，而且带来一场普遍的思想解放，带来人民素质的一次广泛提升。

第一次重新估定，是对于在学术、思想、文化领域内占据绝对支配地位的传统经学乃至传统儒学的重新估定。康有为曾用进一步神化孔子、把孔子打扮成托古改制的通天教主的办法，来否定两千年来所尊崇的经学、儒学；而20世纪初，章太炎则用"订孔"的方法，将孔子定位为一位功勋卓著的古文献整理和保存者、具有开创性的历史学家，将"经"定位为由孔子整理和保存下来的一批古文献。他们从不同角度引导人们对传统经学及传统儒学重新加以审视。这一重新估定，到五四新文化运动达到高潮，"打倒孔家店"的口号，标志着传统经学与儒学的统治地位已经严重动摇。这一次对传统学术、思想、文化的重新估定，与科举制的废除、新式教育制度的建立相配合，结束了"读经"为教育首要甚至最高使命的历史，解放了因"独尊儒术"而长久被压制的中国古代学术、思想、文化的大量其他资源，包括被视为异端的诸子学说、被视为"雕虫小技"而从来不受重视的古代科学技术成就、被视为不可登大雅之堂的大量俗文学作品、内容极为丰富的佛学思想资源，等等。儒家学说本身也较为客观地得到梳理，特别是孔孟程朱之外各派儒家学说可以得到较为公允的评价。尤为重要的是，人们由此开始摆脱了传统的"经传注疏"式思维方法和治学方法，挣脱了除去只能为经作传、为传作注、为注作疏，此外再也不能多所作为的精神束缚，获得了了解东西各国学术、思想、文化成果，独立进行探索、思考、创造的广大空间。当然，经学的影响并不会因此而终结，传统的"经传注疏"式思维方法、治学方法也没有就此而不再为人们所依循。在重新估定各种传统学术、思想、文化资源时，粗疏和形式主义之处甚多，甚至使用新的"经传注疏"方法来取代传统的"经传注疏"方法，但是，这一次重新估定所带来的思想解放，却是无可否认的。

第二次重新估定，是对于中国人曾经热切憧憬过的17、18世纪以来西方学术、思想、文化及西方主要国家发展模式的重新估定。当中国人开始以西方为师时，西方资本主义国家内的社会主义运动已经勃兴，资本主义的各种内在矛盾已经明显暴露，对于资本主义的批判日渐广泛而激烈。20世纪初，一批立志使中华民族实现伟大复兴的先进的中国人，已经接触到社会主义思潮，在规划中国未来发展时，已考虑避免资本主义的前途。领导反清革命的孙中山便曾要求加入第二国际，他解释"三民主义"中的"民生主义"即社会主义。他所拟订的实业计划，要变中国农业国为工业国，根本宗旨就是"欲使外国之资本主义以造成中国之社会主义，而调和此人类进化之两种经济能力，使之互相为用，以促进将来世界之文明"（《实业计划·结论》，见《孙中山全集》，第6卷，1985）。第一次世界大战和俄国十月革命后,特别是在1921年中国共产党成立以后,避免资本主义前途而争取社会主义前途成了更多志士仁人的奋斗目标。马克思主义、列宁主义以及其他社会主义、无政府主义流派在中国的传播,1929年世界经济危机的爆发以及稍后日本军国主义、德国法西斯主义的肆虐,都使西方资本主义思想文化所构建的理想世界以及这些国家发展道路所曾燃起的热情进一步破灭。20世纪20年代以后,中国社会科学界翻译介绍了17、18世纪以来启蒙思潮的一批代表作,但是,更热衷的却是介绍一批批判资本主义各种思潮的代表性著作。赴苏联留学的,固然主要接受了马克思主义、列宁主义、共产国际及斯大林观点的教育,赴欧美日本留学的,很多人所接触的也是从不同角度对资本主义制度进行揭露批判的思潮。当时,倡导自由主义的胡适一派许多健将,如罗隆基、王造时等,都深受拉斯基和费边主义的影响。正是这一番对17、18世纪以来西方学术、思想、文化和西方国家发展模式的重新估定,使人们能够批判性地对待西方资本主义各种成就,在向西方学习时不迷信西方,看到西方成功之处时也注意到西方的问题,从而思考如何从东方的实际、中国的实际出发,寻找合乎中国特点的中华民族复兴之路。

第三次重新估定,是新时期的思想解放运动。马克思主义、列宁主义在中国的传播,毛泽东思想的形成和发展,指导中国革命走向胜利,解放了人们的思想,使中国社会科学、人文科学实现了一次重大的飞跃,有力地推动了中国革命事业的发展与中华民族的复兴。但是，当符合中国实际的新民主主义为苏联所坚持的只能通过阶级斗争越来越尖锐化、只有通过对资产阶级和产生资本主义的全部土壤实行无情专政方能实现社会主义的话语霸权压倒之后，对于马克思主义、列宁主义的许多错误、片面、教条式的理解或解释，包括已经为马克思、列宁本人所放弃和改变的观点，一度占据了学术、思想、文化领域的支配地位，不少马克思、列宁本人所坚持的，包括毛泽东本人先前所曾坚持的观点，反而被当作错误的或过时的见解被抛在一旁。这就使人们的思想，使社会科学、人文科学的发展，套上了新的桎梏。在经历了人为制造的所谓阶级斗争、党内斗争一个运动又一个运动，中华民族付出了沉重的代价、受到严重挫折以后，以实践是检验真理的唯一标准为突破口，中国社会科学、人文科学的发展迎来了一次新的思想解放。这一番思想解放，就是通过对于长时间来曾经支配了我们决策和行动的指导思想的重新估定，形成了以邓小平理论、"三个代表"重要思想和科学发展观为标志的新的理论成果。由此，人们对于马克思主义作为一种科学的世界观、方法论，马克思主义所固有的"与时俱进"的科学品格，有了更为深刻的理解。中国社会科学、人文科学立足于中国实践以及当代世界发展的实践，努力使实践上升为理论，以理论指导实践，实现了马克思主义新的飞跃。同时，以更加积极、更加开放的态度对待马克思主义以外各学派的研究成果，从中吸取有价值的东西，不断丰富自身，由此又推动了对于中国传统学术、思想、文化及17、18世纪以来西方学术、思想文化的再估定,即对前两次重新估定的全面检讨,对先前世代学术、思想、文化资源的新发掘。这样,就迎来了中国社会科学、人文科学空前繁荣的局面。

百年以来三次重新估定,每一次都为中国构建起一个新的知识系统,一个新的范畴、概念、词语乃至范式体系,给中国的救亡图存,给中华文明的转型,给中华民族的复兴,给中国革命和现代化建设的发展,提供一套新的理论依据和行动方案。中国社会科学、人文科学也由此走向社会,走向民众,渗透到人们的整个精神生活和物质生活之中,渗透到社会制度的全面变迁之中。

五、新时代文化中国的新飞跃

21世纪到来,尤其是2012年中国共产党第十八次代表大会的召开,标志着中国特色社会主义建设已经进入一个新时代。新时代,意味着中国将从基本走出传统的农耕文明走向全面实现农业现代化,中国工业革命由东往西依次持续推进,将在全国范围内克服发展不平衡的现状,凭借高水准高质量的发展而在整体上趋于成熟,同时,中国又在快速地创建新的信息文明、生态文明。两三百年来,在由西方资本主义国家主导创建的世界体系中,中国长时间被动挨打受人欺凌任人宰割的处境终告结束,正在一步步走出边缘化地位,成为新的世界秩序构建的重要参与者、推动者、倡导者。

随着决胜全面建成小康社会目标的实现，中国的物质文明、政治文明、精神文明、社会文明、生态文明正在全面提升，而中国所建立的社会主义制度，一直努力使每一个社会成员都有可能直接利用现代工业文明发展的成果，特别是信息文明的成果和绿色、健康、可持续的生态文明的成果。这一切，使中国共产党和中国人民的理论自信、道路自信、制度自信和文化自信日益坚定，也使中国社会科学的研究与传播开始了新的飞跃，文化中国开始了新的飞跃。

新时代中国社会科学新的飞跃，首先表现在它正在积极面对和解决一系列前所未有的历史性重大课题、难题。中国已经告别了传统的农耕文明和游牧文明，诞生新生的工业文明还不是很成熟，而向信息文明、生态文明跨越式发展，更面临知识爆炸、科学技术突飞猛进的严峻挑战。我们实际上正在创建一种全新的文明，这个新文明将融新型农业文明、工业文明、信息文明、生态文明为一体。新时代的社会科学不仅要对传统的农耕文明、游牧文明重新进行研究，对中国现在正在发展、不断成熟的工业文明进行认真研究，对过去可能完全想象不到的，还有很多未知领域的信息文明花大力气进行研究，对全社会高度关注的生态文明开展研究。中华文明史上的这一飞跃性发展，不仅在物质生产方式、生活方式上产生前所未有的巨大变化，全部社会结构，包括人口结构、家庭结构、职业结构、就业结构、阶级阶层结构、城乡结构、区域结构、收入分配结构、消费结构等，都会产生极大的转变，而人们的知识结构、价值体系、精神生产方式、思维方式、行为方式以及人们的感情、意志、审美以及交流方式等，也都会发生全面的深刻的变革。在这样一个全新的历史阶段，中国社会将会全面革新，其广度、力度、深度都将是前所未有的。这一切，都需要全部社会科学齐心合力共同去研究。而中国特色社会主义建设无与伦比的伟大实践和无与伦比的丰富经验，则为社会科学所有学科的创新性研究提供了最为坚实的基础。

新时代中国社会科学新的飞跃，又一重要特征，就是它的眼光越来越扩展到整个世界，越来越自觉地积极吸取整个世界知识生产的优秀成果。中国与世界的联系从来没有像新时代这么广泛，也从来没有像新时代这么深入，所以我们面临的问题也从来没有像新时代这么复杂。为了使中国更好地解决自身的问题并为人类做出更大贡献，中国社会科学需要深入研究世界不同国家、不同区域、不同文明发展的历史与现状，研究当代世界体系形成、发展、演变的全局。只有真正了解世界，了解各个国家特别是在世界上有重大影响力的国家，全面了解他们的政治、经济、社会、文化，全面了解他们成功的经验和失败的教训，方才能够真正做到从中国和世界的实际出发，做出比较准确的判断，制定正确的政策和战略。离开对世界不同国家、不同区域、不同文明的科学研究和正确认识，中国就不可能充分吸取世界物质生产、精神生产、制度生产的积极成果，事半功倍地发展自己，也没有办法很好地和外部世界打交道。

马克思主义是人类精神生产的卓越成果，同样只有紧密地同现代中国、现代世界发展的最新实际结合起来，自觉吸取现代自然科学、技术科学、人文科学、社会科学、思维科学的各种最新成果，方才能够持续保持它强大的生命力和文化上无所不在的影响力。亦正因为如此，新时代的中国社会科学正在书写马克思主义进一步中国化、时代化、大众化的新篇章。

新时代中国社会科学的新飞跃，还表现于它异常勇敢地面向未来。这就是它在密切关注中国的现实、关注世界的现实的同时，还非常重视思考如何应对未来发展将会遇到的各种挑战。社会科学研究的一个重要使命，就是要准确地揭示先前各个世代的历史遗留和提供给我们的全部资源和条件，深入了解中国和世界变化的基本趋势和客观规律，引导人们积极思考在既有条件与资源的限制下，如何更好地走向未来。社会科学正在努力将历史、现实与未来贯通起来，使我们在迈向未来的征程中能够更有效地化自发为自觉，化被动为主动，化不利为有利。这就要求我们更加重视社会科学自身以及社会科学同人文科学、自然科学、技术科学、思维科学等其他学科的跨学科、多学科、交叉学科的综合研究，需要在现有各学科的基础上创建一系列新的学科。同时，更加重视新的话语体系的构建，构建能够更准确地反映客观实际，更易为最广大的民众所理解、所认同、所喜闻乐道的中国话语、现代话语、科学话语。新时代的中国社会科学正在努力将中国博大精深的传统文化，包括许多冷门绝学，同极为丰富的中外现代文化乃至后现代文化有机地结合起来，构建既具有鲜明的中国特色、又能够与世界非常有效地进行沟通的现代的、科学的话语体系。

新时代的中国社会科学正在大踏步地走向更为广大的公众。人民是历史的创造者，是决定党和国家前途命运的根本力量。新时代中国特色社会主义的发展，需要依靠广大人民群众进一步发挥自己的积极性、主动性和创造性。这就需要让人民群众更加普遍地掌握社会科学的各种优秀成果，更加自觉地运用社会科学所提供的各种资源积极推动经济社会发展。随着网络信息技术的发展，社会科学走向广大公众有了空前方便的条件。借助信息革命，社会科学的研究成果可以更便捷、更多样化地走向公众；同时，广大公众利用互联网、大数据等，可以更加方便地将自己在实践的基础上所获得的新的心得，及时给予反馈，广泛地、直接地参与到社会科学研究中来。社会科学研究不再是少数学者所独有的事业。正因为新时代社会科学正在更加便捷地走向公众，公众也较以往更加需要社会科学，更加积极主动地参与到社会科学建设和发展中来，中国社会科学研究的队伍比以往任何时候都要广大，思想比以往任何时候都要活跃，成果比以往任何时候都要丰富，在文化中国走向现代的进程中所发挥的作用，也比以往任何时候都要显著。

文化是一个国家、一个民族的灵魂。坚定文化自信，是事关国运兴衰、事关文化安全、事关民族精神独立性的大问题。2016年7月1日，习近平在庆祝中国共产党成立95周年大会上的讲话中说："文化自信，是更基础、更广泛、更深厚的自信。在5 000多年文明发展中孕育的中华优秀传统文化,在党和人民伟大斗争中孕育的革命文化和社会主义先进文化,积淀着中华民族最深层的精神追求,代表着中华民族独特的精神标识。"同年5月17日他在哲学社会科学工作座谈会上的讲话中非常动情地说:"站立在960万平方公里的广袤土地上,吸吮着中华民族漫长奋斗积累的文化养分,拥有13亿中国人民聚合的磅礴之力,我们走自己的路,具有无比广阔的舞台,具有无比深厚的历史底蕴,具有无比强大的前进定力,中国人民应该有这个信心,每一个中国人都应该有这个信心。我们说要坚定中国特色社会主义道路自信、理论自信、制度自信,说到底是要坚定文化自信。"习近平的这些论述,正鼓舞着新时代的中国社会科学工作者,鼓舞着新时代的全体中国人,方向更为明确、精神更为饱满、意志更为统一地投入现代中国社会科学、现代文化中国的建设。

第四编

大一统的中国

构建了大一统国家治理制度体系的中国

为什么那么多原生型文明都中断了,而中华文明一直能够传承下来?

近代以来西方对中国的普遍的认识,第一个来自影响最大的亚当·斯密,他提出:中国的发展早已就停滞了,至少从中世纪以来中国就是停滞不前的。所以中国长期停滞的观点,基本上是从亚当·斯密那里来的。第二个来自孟德斯鸠,他在《论法的精神》中间,讲中国是个专制主义的国家。第三个来自黑格尔,他在《历史哲学》中间认为整个中国根本就没有进入到西方人所谓的历史时期。

这几个观点,随着英法德的渐次崛起,普遍流行开来。包括马克思本人,他最初的关于中国的一些基本观点,也有这样一些东西的影响。马克思最遗憾的是一直到他重新研究东方的历史的时候,还没有一部像摩尔根的《古代社会》那样的著作,让他来重新研究中国历史。所以,马克思晚年留下来大量手稿,但是你找不到他关于中国历史的内容。

上述的这些基本观念,不但长时间影响着西方的学者,包括马克思,甚至包括列宁,还包括我们自己,很多人也一直把他们说的这些东西当成了客观的真理,当成我们观察中国问题、中国历史的不言而喻的前提,很多理论都从这里推论出来。回过头来就要问一个问题,如果中国像亚当·斯密、孟德斯鸠、黑格尔说的这样,为什么其他文明一个一个都中断了,而中华文明还能够这样一直延续下来?像中国的国家治理制度,如果真的是像亚当·斯密所说的,是停滞不前的,或者是像孟德斯鸠所讲,中国是一个专制主义的国家,那为什么我们的国家能够一直这样长期保持稳定,虽然中间有些动乱,但是很快又重建这套秩序,保证中华文明能够延续不断?实际上,比起其他的文明,我们中华文明在很长一段时间是一直走在世界前列的,至少是不落后的。我们真正的落后,实际上是在近代,就是清代中叶以后,尤其乾隆、嘉庆以后,英国工业革命发生了,而我们没有进入到工业革命。在中国共产党成立以后,特别是找到一条中国自己的发展道路以后,中华文明的活力很快恢复,在短短几十年间就快速赶上并开始渐渐超过。

毛泽东在《湖南农民运动考察报告》这篇文章中指出:"很短的时间内,将有几万万农民从中国中部、南部和北部各省起来,其势如暴风骤雨,迅猛异常,无论什么大的力量都将压抑不住。"如果我们不把目光仅仅局限在1927年的湖南农民运动,而是看一看这90年来整个中国的发展,再看看毛泽东当年所说,当中国几万万农民成为一支非常有组织的力量,向着解放路上迅跑的时候,中华民族是怎么样迅速崛起的。正如习近平提出的:"近代以来久经磨难的中华民族实现了从站起来、富起来到强起来的历史性飞跃。"历史的实践证明中华文明是有巨大的潜力的。问题在于是否能把潜力激活,把这个力量激活了,我们其实是可以做成很多让全世界震惊的事情的。中华文明为什么可以这样,我们可以从不同的角度进行解读,其中非常重要的一点,就在于中国一直有着一个大一统的传统,这是我们非常宝贵的历史资源,也是了解中华文明为什么有这样强大活力的一个非常重要的因素。

一、"大一统"的思想文化基础:以人为本

为什么我们中国能够形成这个大一统格局,并延续到今天?它在制度构建上有些什么样的特点?如果我们研究一下世界上其他的文明,可以看到中华文明在形成时与其他文明相比有一个非常鲜明的差异。汤因比在研究世界上各种文明的时候,谈到一个文明产生的时候,通常都有一个统一的宗教、统一的教会。但在考察中华文明的时候,我们看到有一个特别显著的特点,就是中国没有一个统一的宗教、统一的教会。那么,中华文明的产生靠的是什么?和其他文明相较,最大差异在什么地方?

世界上大多数文明,他们开始形成的时候,尤其是第一代原生型的文明形成的时候,最初主要都在两河流域,埃及,包括印度,基本上都在地球南北分界的中间的这一大片。古希

腊，古罗马，他们基本也是在这一条线上，只有中华文明的形成，最初从黄河流域、长江流域开始，是在地球的北半球。

已经中断或消失的各种文明，那里占支配地位的都是宗教的信仰，相信人间的一切都是上帝决定的，佛祖决定的，真主决定的，是彼岸世界一个高高在上的神决定的。他们之所以形成这样一种宗教信仰，跟他们的整体环境应该有很大的关系。而中华文明从形成开始，最大的特点就是，我们承认文明的创造者就是人本身。我们是以人，以现实的人为中心，以人的现实生活为中心，据此，我们建立了我们整个精神基础。其他的文明是以神为根本的精神基础的，彼岸世界是他们追求的终极目标。所有的宗教基本上都是这样。但看我们中国古代的神话传说，从一开始，我们的英雄故事，英雄史诗，讲的都是人，是人中间的圣贤，人中间的英雄。比如，燧人氏，钻木取火。一个人到了什么荒岛野岭，没办法，怎么去取火，只有钻木取火。现在电影中间还有这些东西，但中国古代钻木取火不是神给的，是燧人氏在实践中间学会了钻木取火，给民众带来了火。神农氏，最早与医药有关，神农尝百草，各种草都尝了，看哪些是能够治病的。这些都是人，不是神，包括黄帝以及唐尧虞舜一直到大禹治水，我们看到都是人的故事。中国人从一开始就注意到，我们整个中华民族形成最初的时候不是靠神赐给我们的，而是人自己奋斗出来。所以，我们的英雄史诗故事都是这样的圣贤人物，圣贤人物就是人中间的救世主。其实不仅是汉族，在中国少数民族地区，也都有这样一些英雄故事。

我们藏族的《格萨尔王传》，可能是世界上现存的最长的史诗，还有我们蒙古族的英雄史诗《江格尔》，我们柯尔克孜族的英雄史诗《玛纳斯》，里面的主人公都是人，是英雄。整个中华文明可能有一个共同的特点，就是我们把人放在第一位。我们关注的是人们的现实生活。真正成为圣贤的人都是解决人的生活、人的成长发展中的实际问题的，这就是我们的文明与其他文明最大的差异。许多人都说中国人有宗教，他们把儒学说成宗教，西方人也是这样，一直到亨廷顿写《文明的冲突》，所设想的角色还是基督教文明、伊斯兰文明以及中国的儒教文明。单从这一条就证明他并不真正懂得中华文明，并不真正懂得中国。中国可以包含众多的文明，容纳众多的宗教，宗教在中国都可以有自己的活动的空间，但中国最根本的东西不是把一切都放到彼岸世界中去，中国最关注的是现实世界，是人们的现实生活。我们最尊重的还是现实的人本身。实际上，所有的外来的宗教到中国来，要适应中国的环境，都得把它的重心转到现实的人身上来，这是中华文明构成中一个最大的特点。

正因为中国最重视的是人本身，所以中国很早就意识到，人是社会的存在，而不是孤立的存在。荀子讲，人的力气不如牛，但是人可以驱使牛；人跑的速度比不上马，但是人可以骑在马上驱使马。人为什么能这样？因为人能够合群。人具有社会性，能够结成社会，成为一个整体的力量。所以中国人讲人，从来就不是讲孤立的个人。西方文明以个人为本位，中国以家族为本位，西方人认为这是中国不如他们的地方。但是，中华文明从古代以来，就把个人与家庭、乡里、社会等各种联系结合在一起。一个人不能孤立地存在，家庭中间有父母、祖父母，下面还有子女，周边还有他（她）的兄弟姐妹。每一个人都是非常广泛的社会联系中间的一分子，都是非常复杂的社会联系网络中间的一个环节。所以，每一个人必须对社会负责，对社会联系中间的其他各个环节负起自己的责任来。

这就是说，中华文明为责任伦理。每一个人都要对家庭其他的成员负责，对乡里负责，对社会负责，对国家负责，甚至对天下负责。这就是我们一直讲的修身齐家治国平天下。你一个人修身，修的是什么？就是怎样承担对家庭、对社会、对国家、对天下的责任。中国强调的是这个，不像世界上各种宗教，这些宗教里面个人只对神负责，每个人都与神作直接联系，而周边的人与人之间的联系，不是作为人的最根本的特点。我们中国人为什么愿意接受马克思主义？因为马克思讲人的本质是社会关系的总和，这就是中国人能够接受马克思主义的最根本的一条。中国人自己本来一直就是这样。什么是人的本质？实际上就是承认人的这种合群性、社会性，人就是社会关系的总和，这是全体的人，而不是孤立存在的个人。

天地万物，人为贵，这是中华文明最根本的信念。中华文明的政治伦理最根本的特点就是"民为邦本，本固邦宁"。这句话出自非常古老的《尚书》，中间讲的"民"，指的就是最大多数的人。所以，我们国家的根本是什么？不是上帝，也不是神,是民,是最大多数的人。

这在先秦诸子中是一个各家都认同的共识。比如,老子讲以百姓心为心,老百姓的心要作为我们自己的心,我们的心必须以老百姓的心为心。汉代贾谊也讲:"民为国之本,民为君之本,民为吏之本。"国家、君主和官吏,你们的根本在哪里?是民。国家也好,官吏也好,君主也好,你们的力量源自哪里?源于民。这是中国一以贯之的思想。《贞观政要》里说:"君,舟也;人,水也。水能载舟,亦能覆舟。"大家都很熟悉,民犹如水,其原初在《荀子》:"民犹水也,可以载舟,可以覆舟。"后来,还有很多这样类似的表述,所谓儒家、道家、法家、墨家等各家,除了杨朱强调以个人本位,其他的诸子百家最核心的表述几乎都是这样的。以人,以社会的人与人的社会联系,以人自身的责任承担,以最广大的民,作为根基,这是我们的社会文化基础,我们的思想文化基础,也是我们整个文明形成大一统格局的最根本的精神支柱。

二、"大一统"的经济基础:小农经济

中华文明构成中最核心的或者最稳定的要素是什么?我认为,中华文明最初的形成,确实与中国整个农耕文明的兴起直接联系在一起。中国农耕地区和世界上其他所有的原生态的文明不一样,中华文明的农耕地区,是所有原生态文明中间最大的一块,可能也是最稳定的一块,从华北平原到江南,整个这

一大片都遍布着中国的农耕文明。中国现在地下发掘出的最早的水稻遗存有八千年以上的历史，这说明在非常早的时候，中国已经形成相当稳定、相当发达的农耕文化。当然游牧文化可能更早一些，但是关键在于，对形成中国大一统国家而言，最具有决定性的还是我们有一个相当稳定的大区域大范围的农耕文化。

那么，农耕文化后来为什么能够直接导致大一统？最初的农耕文明兴起时，其基本的构成单元是一个地区、一个部落，或者一个部族，所以农耕文明经常与封建制联系在一起。唐代柳宗元在《封建论》中讲，成汤伐夏时有三千诸侯，周武王伐纣时有八百诸侯，那个时候实行分封制，这是形势所逼，并不是成汤和周武王自己想这么做。当时客观上就是这样众多部落或者诸侯联合起来行动的。中国真正形成大一统是什么时候？我们得从秦始皇算起。而中国大一统国家经济基础的铸就，则是在商鞅变法以后。商鞅变法以后，中国的农耕经济不再是部族式的，而变成了一家一户，以这样的小农为我们整个社会的细胞。对照一下世界上其他文明，欧洲的小农是什么时候才出现的？欧洲长时间实行封建制，他们的小农是跟着资本主义开始形成的时候才出现的。原来的封建领主制度瓦解了，手工工厂兴起，农民开始获得自己的土地，成为小农。比如法国，法国的拿破仑被称为是农民的皇帝，那就是因为法国的小农是在拿破仑之后才发展起来的。而俄国的小农是什么时候出现的？俄国长期实行农奴制。大家看过果戈理的《死魂灵》就能知道，农奴可以买卖，甚至死了以后，他的一个名字也可以买卖。俄国的小农真正兴起，是在1905年俄国革命促成的斯托雷平改革以后。列宁说："小生产是经常地、每日每时地、自发地和大批地产生着资本主义和资产阶级的。"他的结论从哪里来？历史上，斯托雷平改革以后，俄国小农经济一下子发展起来，推动了俄国资本主义的发展。他的这个结论就是从斯托雷平来的。但是回过头来看中国，中国的小农经济的出现比他们早了两千多年，从商鞅变法开始，中国就开始形成以一家一户的农民作为基本的生产单位和生活单位，成为社会的细胞。而同时中国的工场手工业实际也已经产生。

一度暴得大名的日本裔美国学者福山，他讲到中国的国家时认为，实际上从秦以后，中国的国家就已经具有现代性。我觉得他没有进一步去研究一下，这样的国家的现代性，真正的基础是我们的农民，是我们那么早就产生的小农经济。这样的农民和小农经济在中国的产生，具有什么样的意义？意义在于：这样的农民，他们的劳动具有一种相当的合理性。在过去，中国的农民一家一户规模很小，但是它的劳动时间长，劳动效率高，劳动组织严密，而且应当说在秦汉时代已经形成这样的基础。比如我们常说"男耕女织"。耕地的很多事可以男的去做，但是纺织是女的去做，年纪大了以后，她除了有比较熟练的技术之外，还可以在家里做大量的家务劳动。家务劳动也是劳动，老太太在家烧饭烧菜，然后饲养家畜家禽。而小孩子只要长到几岁大，就能开始打猪草、放牛牧羊。中国的家庭往往是所谓五口之家、七口之家，因为中国大多数家庭就是这样一种直系家庭或者主干家庭，是以这样的家庭为主，而家族、大家族做的基本上就是一种互助，但是真正基干还是这样的直系家庭。其内部的劳动力组合，如上述所言，有着非常强的内在合理性，可以把各种不同的劳动力非常好地组合起来，形成优势互补。这种劳动组合，它的生命力是极其顽强的。但是，它也有一个非常大的弱点。就是天灾人祸，一旦发生，一年的生产可能就颗粒无收。我们春种以后最怕的是倒春寒，突然一个寒潮，可能所有的庄稼刚出苗以后，一下就全部冻死冻伤。天灾控制不了，所以并不是直到现在我们才开始讲生态文明，中国古代很早就形成了非常强烈的生态观，什么时候播种，什么时候收割，什么时候打猎，什么时候宰猪宰羊。在动物的生育时期，人无论如何不能去打猎；在树木的生长期，人也不能去砍树，等等，《吕氏春秋》和《礼记·月令》里，就已经有了非常完整的生态保护的观点。

这就是我们自古以来的农业生产的状况，小农经济的社会成员当碰到天灾人祸的时候，比如疫病的发生，特别是家里主要劳动力碰到这样的灾祸时，就会直接影响这个家庭的整个发展。还有就是社会动乱，一旦连年战争，小农经济就会走向退化乃至崩溃，比如在三国时代。后来为什么要求统一？非常重要的原因就是，今后不能再有这样连年的战争了。包括当时北方和西部的一些游牧民族，他们碰到了重大的灾祸的时候，特别是在面对严重的自然灾害，他们自己完全没有办法维持的时候，就大规模地到农业区来，他们不会在这定居，抢了东西就走，这样的人群流动主要是掠夺性的。所以，我们讲为什么要求建立一个稳定的政治秩序，要建立一个统一的国家，这其实是出于小农要保护自己，要发展自己，这是一个内在的需要。大家熟悉的马克思的《路易·波拿巴政变记》那本书，也称《路易·波拿巴的雾月十八日》，过去翻译成《政变记》，它里面就讲了一个很重要的观点，就是说在拿破仑以后，法国的小农发展起来，就像一颗一颗的马铃薯，他们需要一个把他们装起来的袋子，才能形成整体的力量。而中国比他们早两千多年，就已经形成一个广泛的小农阶层，成为整个社会的基础，他们需要一个强有力的统一的国家。这个国家主要起什么作用？第一，这个国家能够动用国家的力量，兴修大规模的水利工程，以及其他一些公共设施来保护农业的发展；第二，这个国家能够在他们遇到灾荒的时候，在更大的范围内互相调配；第三，这个国家能够有比较强的武力来阻挡游牧地区的突然入侵，扫荡式的入侵，能够保护他们；第四，这个国家能够提供正常的经济往来。中国为什么那么早形成大一统国家，我觉得这与中国的小农经济的经济基础有着直接的联系。

这种历史情形，用现在时髦话来说，有着潜在的现代性。一些国家是到了18、19世纪才从封建领主制发展到统一国家的，像俄国到20世纪才形成统一国家，而中国那么早就形成统一国家，为什么他们的那些统一国家算具有现代性，我们就不算？这说不过去。毛泽东在1927年写《湖南农民运动考察报告》时说，几万万农民从中国的中部南部北部会起来。习近平也讲过，中国共产党成功靠什么？我们党真正的成功靠的是农民。我们这个党本身，本来绝大多数党员就是农民。刚建党的时候，我们五十几个党员基本都是知识分子，有大知识分子，也有小知识分子，像张国焘他们那个时候还是大学生，陈独秀这些人都是知名的大学教授。一开始我们想在工人中发展党员，在城市中搞城市工人运动。但中国共产党真正的壮大是在我们将工作重心转到农村以后，我们党主要到农村里去发展党员。中国共产党的力量来源，党的绝大部分成员，都来自农村。1949年苏联共产党派驻在中国的专家代表团团长柯瓦廖夫给斯大林写的秘密报告，里面一条就是中国共产党中现在工人的党员人数很少，基本上都是农民的党员。斯大林早就说中国共产党不是无产阶级政党而是农民的党，他认为毛泽东也不是无产阶级革命家，而是个农民领袖。我们党过去搞的是农村的革命，这在苏联同志看来成了我们党的一个非常大的弱点，成为我们党不成熟的地方。但历史实践证明了，这正是毛泽东说的几万万农民朝着解放路上迅跑。农民的政治力量觉醒了，他们成为无产阶级先锋队的中坚力量，从革命战争，到后来的社会主义建设，一直到今天，为我们的改革开放做出最大贡献的首先是中国农民。我们的发展需要资本原始积累，但我们没有办法像西方掠夺殖民地，我们靠的是什么？靠的是农民拿出来几亿亩的土地。而我们几亿农民从乡村转到了城市，转到了制造业，我们中国有了这样一支庞大的产业大军，于是中国就成为世界工厂。其实，中国的知识分子也好，干部也好，新的城市成员也好，上查祖宗三代，基本上都是农村出来的。中国农民的巨大潜力，不是仅仅像我们过去想象的只是在农村闹革命的时候，其势如暴风骤雨迅猛异常，其实当他们转到建设，转到现代化的发展中去的时候，其势也如暴风骤雨迅猛异常。中国农民有着巨大的潜能。

我们有广阔的边疆地区。正因为我们有了小农经济这样一个稳定的基础，后来我们跟周边的少数民族地区，跟游牧地区就能够形成一种比较稳定的互相交往，特别是货物交往。在货物交往中间，这些游牧地区更容易取得他们那里不能取得的东西。不断的战争，大规模的杀戮，双方都会有很大损失，所以人民更多地希望正常的交往，这其实是后来形成那么大范围的一个统一国家的最稳定的基础。

三、"大一统"的制度基础：中央集权

中国大一统国家的形成，不仅仅是有了那样一个精神支柱，也不仅仅是有着这样一个小农经济的广泛基础，更重要的是有一整套的制度体系。中国比较早就形成了大一统国家的政治制度。福山特别讲到，当时的中国比起罗马帝国，政府要更系统，公共行政更系统化。中国人口中按统一规则管辖的比例，也远远超过罗马时代。罗马发明的古典共和属于人类政治文明的杰出代表，但是它存在一个重大的缺陷，就是统治难以

扩展，只能在很小的范围内实现直接治理。帝国鼎盛时期罗马疆域辽阔，主要在西欧到叙利亚这一带，但许多地方它很难直接控制。福山之所以说中国最早产生现代国家，就是因为中国很早就已经形成了这样一些最重要的要素，包括有效的国家政权，特别是秦以后，中国已经形成了相当成熟的具有现代性的国家政治制度。1973年毛泽东写了一首诗，大家可能都熟悉，这就是《读〈封建论〉呈郭老》：

劝君少骂秦始皇，焚坑事件要商量。
祖龙魂死业犹在，孔学名高实秕糠。
百代都行秦政法，十批不是好文章。
熟读唐人封建论，莫从子厚返文王。

在当时的"文革"期间，一度不少人提出要打碎我们自己建立的国家机器，这时候毛泽东特别提出，要大家熟读唐人《封建论》。柳宗元的《封建论》，为什么大家要熟读？其中有一段话非常重要：

夫殷、周之不革者，是不得已也。盖以诸侯归殷者三千焉，资以黜夏，汤不得而废；归周者八百焉，资以胜殷，武王不得而易。徇之以为安，仍之以为俗，汤、武之所不得已也。夫不得已，非公之大者也，私其力于己也，私其卫于子孙也。秦之所以革之者，其为制，公之大者也；其情，私也，私其一己之威也，私其尽臣畜于我也。然而公天下之端自秦始。

在秦始皇以后，他建立的中央集权的国家制度，最核心的就是郡县制与选举制这两根支柱。这也就是福山讲的中国古代国家制度中具有现代性的部分，是和毛泽东在诗中所说的"百代都行秦政法"里的"秦政法"暗合，这套制度两千年以来至今，谁也不能够否定掉。而传统的郡县制和选举制，它有它的弱点，就是毛泽东所一直痛恨的官僚主义。但是它对整个国家的稳定和发展，起了非常积极的作用。《封建论》中最重要的一段话，讲到公私关系问题。殷、周时代，汤、武没有办法进行这样变革，原因在什么地方？当时诸侯归殷的三千，汤用这个三千诸侯，来革夏桀的命。他没办法把这三千诸侯就废掉，所以他只能承认三千诸侯的独立性。归周的是八百，八百诸侯跟着周武王打赢纣王。但是，打败了殷纣王后，周武王也没办法把这八百诸侯废掉，所以分封他们到各地去。"徇之以为安，仍之以为俗"，汤、武是不得已才这样做的。"夫不得已，非公之大者也，私其力于己也，私其卫于子孙也"，所以柳宗元说汤、武并不是因为他们大公无私才这样，因为不得已，他们没有这个力量改变这一现状。而柳宗元又说："秦之所以革之者，其为制，公之大者也。"秦政作为制度的建立体现了真正的丰功伟业，尽管从秦始皇个人来讲，他是想让秦朝一直延续下去，所以"私其一己之威也，私其尽臣畜于我也"，然而，最重要的是，如此一来"公天下之端自秦始"，国家治理成为一个真正的公共事业，成为一个公天下的事业，就从秦始皇发端的。我们讲公天下与私天下，天下为公与天下为私。实际上，"大道之行，天下为公"，这个公天下之端，就是要建立起一套政治制度。欧洲长时间的领主制，基本上各地方全是贵族世袭。一直到现在，不但是英国，像意大利那样的一个实行共和制那么多年的国家，还保留很多的过去那些贵族的爵位，那些贵族还有城堡。英国更是这样。中世纪以来的贵族世袭的那种爵位，按现在标准就是私天下。当然每一位贵族只有自己那一块领地归他，让他的家族、他的后人一直传承下去。中国的秦始皇建立大一统的国家以后，最大的特点，正如柳宗元所说，看似私天下，实际上是开公天下之端。当时，毛泽东让大家熟读唐人《封建论》的时候，还推荐了三篇文章，一篇是王夫之《读通鉴论》中的《秦始皇》，另两篇就是章太炎写的《秦献计》与《秦政记》。

《秦献记》讲焚书坑儒问题，《秦政记》讲秦朝的政治制度的改变。在《秦政记》中，章太炎特别强调了秦始皇的集权，只是皇帝本人掌握有最高的权力，皇帝的子弟和他的亲属，没有建功立业的，就不能享有特权，应当与普通百姓完全一样。在皇帝集权的情况之下，官吏的升迁，章太炎强调秦始皇做到了一条："宰相必起于州部，猛将必发于卒伍"，就是带兵打仗的人，你自己从士兵做起，要做宰相的，先在县里面、州里面、郡里面做过掌管一个地区全局的官，然后到中央来，"宰相必起于州部"，指的就是你要从基层做起。没有地方工作经验，你想到中央掌握权力是不行的。你没有从士兵做起，真正去打过仗，要做将帅也不行。

由此可见，中国作为中央集权的大一统国家，皇帝一个人是不能随心所欲的。像唐朝的三省六部制，这个六部基本上就是国家行政系统的各个部门。而三省，唐制规定所有的重大决策必须三省共同理论，三省之一是尚书省，尚书省基本就是行政系统，他们提出问题，提出建议。然后中书省，研究决定。最后还有一个门下省，必须他们复核同意，达成共识，然后才能做出最好的决策。唐太宗就讲，一个国家的事情，这么大，这么多，一个皇帝能知道多少？必须集思广益，经过这样一个过程，才能够做出一些重大的决策。这一认识是正确的。当然，这是在有作为的皇帝起作用的时候，只不过大多数的皇帝是没有作为的，中国虽然讲君权神圣，但实际上让君权真正起作用的是三省六部，他们才是真正的决策者。中国的中央权力，很早就形成了权力的分工，权力的互相制约，权力的互相制衡。而就官吏的选拔来说，"宰相必起于州部，猛将必发于卒伍"，在历代已经成为一个惯例，当然，破例的情况每代都有，但是也不会特别多。特别是到了清朝，大部分官员都要进士出身，考进士，需要先考秀才，然后再考举人，最后到北京来考进士，考中了进士，也不是马上就能够担当重任，一部分派到地方去做县官，管一个县；还有一部分在京师，到六个部都去实习一段时间。所以我们看清朝比较有名的官员几乎都是这样。吏、礼、户、兵、刑、工，他都得去锻炼一段时间，然后再把他外放，放到地方上去。到地方也是要从县到府、到道、到省，一步一步升迁，而且经常再回到京师来做一段时间，然后再到地方上去。我们看官员的升迁就可以明白，清朝这套程序还是相当严格的。

所以，所谓中央集权并不是皇帝个人可以随心所欲，当然你可以找到很多反例，但是中国两千多年的大一统国家能够维系下来，正因为有着这样一些基本的制度。在大部分时候，这套制度还是比较有效地运转着的。比如，汉朝就规定六千石以下、两千石以上的官员，所有的家属绝对不准经商。这是中国自汉代以来就严格规定的。

秦始皇实行郡县制，主要是打破了分封制。郡县制的最大的特点是，因为中国这么大的地方，只有一个中央政权去管辖，管辖不过来，所以它分级负责。郡从最初36个郡扩大到40多郡，每个郡下面有一批县。中国从古代到现代，到我们人民共和国成立以后，基本上都是2 000个县多一点。行省是到元朝开始才建立的。郡县制就是分级管理，中央集权下面真正实际管理的，是到县一级。郡县制最大的特征，就是把各地方管理变成一个国家治理的专业事务。官员并不是皇帝自己的子弟，可以用血缘关系去控制地方，官员是国家选拔的社会精英，由他们来进行专业的地方治理，这就是福山讲的现代性，这就是现代国家的制度。而中国通过郡县制很早就把地方治理变成一件非常专业的职责，不是任何人都可以去做的，只有经过考核、经过选拔的人才能去做这个事情。所以郡县制是与选举制联系在一起的。在秦代选举制还不是那么严密，它更多是从当时的所谓军功来的，战场上斩杀多少敌人，或者实践中间有了什么成绩，通过这些来选拔人才。到了汉代后，就开始有所谓选举孝廉贤良，由各地方推举孝、廉、贤、良。汉代讲孝廉贤良，第一是孝，其次是廉，之后是贤、良，这个人的能力良好，为人很贤，很正，各地方可以推举三名人选。到了魏晋南北朝实行九品中正制，九品中正制度是个倒退，到了隋唐之后就建立了科举制，科举制就是通过从县到府到国家这三级的统一考试，选拔人才。考试的科目一开始并不严格。像唐代的科举考试，除了考儒家经典之外，还有很多其他学科的专项考试。但都得经过这逐层逐级的考试选拔出来。当然这些考试制度都有个问题，首先你得识字。不识字的，很多人也就没办法参加考试。所以这就是一个极大的限定。另外，考试内容也是一个很大的问题，科举制是从唐代开始，到宋代以后，宋、明科举越来越限定于考四书五经，四书是朱熹把《大学》《中庸》从《礼记》中拿出来，把《孟子》的地位进一步抬高，加上《论语》作为四书，后来成为考试最主要的内容。还有五经，就是《诗经》《尚书》《礼》《春秋》以及《易经》，《乐经》没有了，这个在《礼记》中间还保存一部分。考试制度不同时期有不同变化，弊病当然很大，但是它有一个长处，就是这个考试（除了像唐代的专项考试之外）基本不是考技能，而是考观念，道德观念，考治国的基本理念，真正的治国的本领，是要在实践中去学的。就像前面提到的清代的进士，做官之初，要在各个"部委"轮流实习,熟悉了中央的情况再去地方上锻炼,从县一级到省一级,一步一步上来,在实践中去学会治国的本领。

中国的科举制就是一种选举制,现在我们讨论民主很热烈,中国是不是民主的?民主的标准是不是我们有个竞选,然后一人一票?难道只有多党制下的竞选,一人一票的选择,这才叫选举,这才叫民主吗?其实,在中国,"选举"这两个字从汉代起就有了,中国选举制度形成很早。从军功,到察举,再到科举,自然有它的公平性。这样的选举当然不是一人一票,但一人一票是不是都能够把贤良选出来?科举考试也可能选出一批只会死读书,不能够真正治国理政的人,但我们看一看中国唐宋以后,做宰相的差不多有将近一半的人,百分之四十几是出自民间,甚至祖宗三代都没有人做过官的普通的人家,他们就是经过这样的考试一步一步上来,最后成为宰相的。所以中国选举制度,我觉得一个非常大的好处就是把国家治理变成一项专门事务,不是靠血缘关系,任何人都能来做的。另外官吏的选拔也不限定在特殊的阶层、特定的家族,而是从社会各阶层中选拔出精英,特别是从社会底层,从农村,选拔出这样一大批人成为社会精英来负责国家治理。当然,基本上只有到中农以上家庭的子弟才有读书的环境,但这套制度还是有它的合理性和严肃性的。

综上所述,从秦始皇建立中央集权的大一统国家以来,我们逐步完善,逐步地想办法纠正这套制度的弊端,逐步形成更绵密的管理制度。中国能够作为大一统国家一直延续下来(就算有一个短暂的分裂时期，分裂的时候，那些分裂的各方都想以自己为中心，重建这样的大一统），与这套制度有着非常直接的关系。这套制度本身有着它的历史的合理性。我们经常谈论的《唐六典》，就是非常完整的唐代的国家制度。官员的政绩考核，项目考核打分的标准，我们现在拿过来稍微修改一下，都可以用。官员的升迁、罢黜，以及他退休以后该怎么样，等等，都有相当完整的规定。所以中国古代的这套选举制度，官员的任用制度、考核、监察制度等，有着非常丰富的内容值得我们去研究。世界上那么多国家也曾经有很大的机会建立起大一统的制度，但都是一阵风，风吹过去就没有了，只有中国，不但一直延续下来，后来越来越扩大，形成一个稳定的大一统国家。

中央集权下面的郡县制和选举制是同步的，所以非常有效地制约了中央集权，中央集权也有效地制约了地方的分离主义，这两者的关系实际上是一个非常具有现代性的制度设计，因为它既防止了中央过分集权，又防止了地方豪强割据一方。过去天高皇帝远，每个地方都可以根据自己地方的实际作一定的调整。而对地方上的情况真实了解，反过来可以使重要的决策更符合各地方的实际。因为中国地方太大，不同的地区常常会有不同的情况，中央的决策必须考虑怎么样更好地符合各地实际，并使中央的决策有效地在各地得到贯彻。所以中央和地方相互间能否形成积极互动的关系，就成为大一统国家能不能有效地正常运营的关键所在。我们总结一下历朝历代，中央与地方关系处理得好，政治就相当清明，这个关系一旦到了失范失序的地步，国家政策肯定出了比较大的问题。

同时，中国作为大一统国家其实有着相当大的灵活性，通常在农业地区，实行比较严格的郡县制；而在广大的游牧地区，包括山林农牧地区，很长一段时间里基本维持他们自己原有的那套治理秩序。特区不是现在才有的，中国古代一直就有，这些地区与我们通常讲的内地采取不同的治理方式，基本上维系着更适合游牧地区生产生活方式的一套治理制度。西南华南地区原来的土司制度，清朝雍正时改土归流，从外派官员进去，实行流官制度，加速改变了那些地区的治理状态。而新疆地区、西藏地区，治理虽历代有所不同，但在更长时间里都重视原来的那套治理体制。在蒙古族地区也是这样，清朝入关的时候就有蒙古八旗。汉代和唐代则在那些地区建立了各种都护府，明代是建卫所，历朝历代都在那些地区采取不同的治理方法。这是中国大一统国家非常好的一个政治设计。因为这样的治理方式适应本地区的生产生活方式，适应人民的宗教信仰和生活习惯，非常灵活，更有利于推动农业地区与这些地区的正常交流，形成真正的优势互补。中国古代两千多年来的大一统国家的政治制度设计值得我们认真研究。不要一讲到古代中国就是所谓专制主义，就这么一个词把我们的历代制度全部否定掉。这套制度能完整地传递下来，直到今天在许多方面还发挥着积极的作用。它一定有它内在的合理性。当然，随着今天整个形势的变化，这些制度怎么样能够加以适当地调整或者变更，或者从根本上来重新设计,这是一个科学的课题,值得我们采取非常严肃、认真、实际的态度,在这个基础上,来进一步加以推进。

四、"大一统"的社会基础:基层的自我治理

中国传统的大一统国家,就国家治理的层面而言,基本到县一级,这是底线。再往下,实际上主要靠社会自组织的自治。中国大一统国家维系到现在,有着非常广泛的社会基础。中国的家庭,中国的乡里关系,中国社会中广泛的社会自组织,比如同乡会、同学会,各种各样的组织,都在把人与人的联系具体化。

中国大一统国家的精神支柱是以人为本。人与人的联系,它不是很抽象的,而是非常具体的,在家庭的联系中,在家族的联系中,在乡里关系的联系中,以及同乡、同学、同僚、同门,都会形成一个个连续的网络。中国这个社会自组织的联系在大一统国家里面成为一种非常稳定、非常广泛的社会基础。而这里面最重要的有三个部分:第一是家庭,第二是家族,第三是乡绅。

首先是中国的家庭。这是大一统国家能够稳定地存在,在受到冲击和危机后,又能够不断地重建的最深厚的社会基础。其次是家族,家族有族规,以一个家族为中心的。除了家规、家训和家风,族规、族训、族约,还有乡规、乡约,通过这套东西,在乡里形成实际意义上的社会事务自我治理,这种治理

通常以乡里的士绅为中心。乡约的核心其实都是跟家规家训一样，讲的就是责任伦理，家庭中间每一个人怎么样尽到自己的责任，乡里也是这样，一个人怎样尽到自己应有的责任，每个家庭怎样去履行属于自己应有的责任。中国家庭，社会伦理中核心的东西，就是要互相尊重，互相体恤，所以叫家和万事兴。和，和谐、和睦、和平，其实家族与乡里是同样的，在日常的生活里互相敬重，互相帮助；在困难的时候互相体恤，互相援助；在行为上同样互相监督，不要让自己家里的成员、乡里的成员走上邪路，不要让他们染上不良的嗜好、不良的习惯，大概所有的乡规、乡约、家训、家规，都有这样一些基本的原则。通过这套东西，就把中国的整个社会伦理落实下去。我们讲教化，教化真正能够实施的实在基础在基层。中国大一统国家的形成、维护和持续，与中国一直是一个礼仪之邦始终联系在一起。什么是礼仪之邦？就是家庭的伦理，乡里的伦理，个人跟国家跟社会联系的伦理，它具体表现在人们的礼仪中。这套礼仪，把我们的价值观，我们的核心价值观，礼义廉耻也好，忠孝仁爱信义和平也好，所有这些，都变成人们日常生活中的行动准则和行为规范。

五、"大一统"的现实思考

近代以来，中国社会的基层的变化非常大，问题主要出在没有一个新的社会自我治理的体系来取代传统的社会自我治理体系。中国近代以来社会发展变动太大，比如我们的家庭，从原来的主干家庭、直系家庭，到现在越来越变成核心家庭，夫妇两个带着孩子。这些家庭里祖父母（外祖父母）、父母再加上子女，都是三代。加上都是独生子女以后，就形成了"4—2—1"的结构。家庭的变化，又和基本上破坏了乡里的传统社会的城市化进程紧相伴随。在乡里，任何一家有事，全村人都知道，全村人共同来帮助你。你家造房子，全村人都出动，有钱出钱，有力出力，你要架房梁，全村的男劳动力都来了。妇女在家里烧饭烧菜，自家的事都变成全村的事情。而现在，在城市里，尤其现在新建的社区中，基本上邻里都互相不认识，能够知道姓名已经了不起了，更不要说这么密切的关系。传统的家庭关系、乡里关系都受到了冲击。所以，今天中国的新的家庭的关系怎么来建立？中国今天新的这种社区关系、社区伦理怎么来建立？中国传统社会最大的特点是家国共同体，家庭与国家，基本上是一个同心圆式的扩大。今天就不一样，几千万上亿的人离开了自己原来的乡村，这就发生了全局性的变化。所以，在今天传统的家国共同体那一套格局已经发生极大的变化的情况下，怎么样重建新的家国伦理，是一个非常严峻的挑战。

在今天，就中国大一统国家建设来说，首先面临的是精神支柱的建设，是精神上的挑战。我们以人为中心，以人的现实生活为中心，以人们的生活实际为中心。但是，当人们的温饱问题逐步解决了的时候，当我们可以在不太长的时间之内也进入到发达国家行列的时候，这时候的人，又面临一系列新的挑战。因为我们今天的人与人之间的联系，不再是像往常家庭关系中的联系，乡里中的联系。今天的人与人之间的联系，比如通过智能手机，通过微信等，一下子就接受了来自全世界的信息，每个人的联系都变成直接的世界性的联系。原来都是活生生的具体的联系，而现在成为了虚拟的信息的联系。许多人不再像以前那样在我们面前有血有肉、活生生的，你获得的信息是真的还是假的，里面所表达的感情是真正的感情还是虚假的感情，很多东西你没办法下判断。所以今天的人面对了一系列全新的挑战。最大的问题是，本来直接联系世界的人，应该是社会联系最广的，但实际上又变成一个非常独立化、孤立化的个人，包括与家庭的联系，与亲友的联系，很多东西都变了。我们个人与国家，个人与社会，个人与群体的关系都发生了前所未有的变化。这样看来，今天作为一个人的本质，作为一个社会关系的总和也会发生和过去的社会关系非常不一样变化；因此，回过头来，我们的传统的责任伦理中所应当尽的责任，也就不一样。尤其在网络世界中间。

中国从传统的小农经济进入到今天的大工业经济时代，甚至到了信息革命的时代，我们的传统的知识获得方式也受到实践本身的检验。今天我们的知识一部分来自书本，但大部分可能都不是来自书本。所有知识的来源，尤其那些快餐式的知识，充斥于整个网络世界。在大工业时代，整个社会跟市场经济是连接在一起的，跟世界是联系在一起的，联系的范围与我们要处理的矛盾，都不再是当年在小农经济基础上发生的那种情况。在小农经济时代，大一统的国家有一个简单的、比较单纯的、中央集权下面的地方的层级管理。而现在，我们的地方官员，他处理的事情不仅要处理本地方，也不仅处理与国家的关系，他直接就与世界联系，直接联系的深度和广度都是前所未有的。所以，传统的大一统的政治架构，应当怎样应对现时代的变化？我们传统上的经济基本上是短缺经济，而现在整个社会越来越富裕，人类的要求就不再是吃饱穿暖，也不仅仅是吃好穿好的问题，现在更多关心的是精神上的需求。比如时尚，时尚也是在不断变化，而且时尚也基本是人造出来的，今天长裙子，明天短裙子，现在长头发，明天短头发，实际上是很多资本大鳄在左右着，提倡着。他们有强大的资本力量，可以动用媒体、媒介、网络排山倒海地宣传。人民生活的要求都不一样，所面对的这个外部的世界也不一样，这个社会精神的变化实在是太大。今天的局面不是传统的那一套大一统的政治架构所能应对的。

中国本身已经发生了前所未有的翻天覆地的变化，而同时，我们面临的又是一个全球性的大变局。我们对这样两个大的变化，都要有非常清醒的认识。首先是世界格局，从威斯特伐利亚体系建立民族国家主权以来，到1815年的维也纳体系下几个大国主宰世界，到今天我们提倡人类命运共同体，走出大国的主宰，这个大转折可能引发的变化，对我们国家、我们的整个制度发展构建，都会带来全新的要求。而从传统的小农经济转向机器大工业时代，又转向现在信息时代，这个变化现在我们可能很多还一下子适应不了。在今天，大一统国家怎么能够继续发挥它的优势，克服自己的弱点？我觉得这是一个全新的历史性的课题，值得我们认真地去思考。

最近这些年全球都在应对着中国的崛起，国际上都在研究中国，当然有各种各样不同的解读，其中第一种比较特殊的说法就是中国大一统国家一直是个帝国，一直在不断地扩张，跟人家的殖民帝国都差不多，是一回事情。第二种说法，就是中国这个大一统国家不是汉族自己搞出来的，不是汉化的，是清朝"殖民"的产物，所以现在"新清史"特别流行，也引起很大的争论。面对这些别有用心的奇谈怪论，我们需要认真地思考。关键就是面对中国自身这么大的变化，怎么把自己优良的传统继承下来，进一步加以发挥发扬。而对我们的弱点，又怎么样通过对新时代的适应来加以克服。我相信中国人民的力量不仅改变着过去，不仅可以走向现代，而且能够创造出中国走向未来的自己的发展道路。今天中国正面临着大转折的时代，从1978年到现在，中国的变化，可能没有任何人能够料想到。对中国这样一个大一统国家，在制度设计上，在经济社会基础和精神支柱等各方面，我们都要进行更深入、更完整的研究。但是有一条，我认为，就是毛泽东建国初期说过的："国家的统一，人民的团结，国内各民族的团结；这是我们事业胜利的根本保证。"

附　录

王夫之《读通鉴论·秦始皇（一）》

　　两端争胜，而徒为无益之论者，辨封建者是也。郡县之制，垂二千年而弗能改矣，合古今上下皆安之，势之所趋，岂非理而能然哉？天之使人必有君也，莫之为而为之。故其始也，各推其德之长人、功之及人者而奉之，因而尤有所推以为天子。人非不欲自贵，而必有奉以为尊，人之公也。安于其位者习于其道，因而有世之理，虽愚且暴，犹贤于草野之罔据者。如是者数千年而安之矣。强弱相噬而尽失其故，至于战国，仅存者无几，岂能役九州而听命于此数诸侯王哉？于是分国而为郡县，择人以尹之。郡县之法，已在秦先。秦之所灭者六国耳，非尽灭三代之所封也。则分之为郡，分之为县，俾才可长民者皆居民上以尽其才，而治民之纪，亦何为而非天下之公乎？

　　古者诸侯世国，而后大夫缘之以世官，势所必滥也。士之子恒为士，农之子恒为农，而天之生才也无择，则士有顽而农有秀；秀不能终屈于顽，而相乘以兴，又势所必激也。封建毁而选举行，守令席诸侯之权，刺史牧督司方伯之任，虽有元德显功，而无所庇其不令之子孙。势相激而理随以易，意者岂天乎！阴阳不能偏用，而仁义相资以为亨利，虽圣人岂能违哉！选举之不慎而守令残民，世德之不终而诸侯乱纪，两俱有害，而民于守令之贪残，有所藉于黜陟以苏其困。故秦、汉以降，

·213·

天子孤立无辅，祚不永于商、周；而若东迁以后，交兵毒民，异政殊俗，横敛繁刑，艾削其民，迄之数百年而不息者亦革焉，则后世生民之祸亦轻矣。郡县者，非天子之利也，国祚所以不长也；而为天下计，则害不如封建之滋也多矣。呜呼！秦以私天下之心而罢侯置守，而天假其私以行其大公，存乎神者之不测，有如是夫！

世其位者习其道，法所便也；习其道者任其事，理所宜也。法备于三王，道著于孔子，人得而习之。贤而秀者，皆可以奖之以君子之位而长民。圣人之心，于今为烈。选举不慎，而贼民之吏代作，天地不能任咎，而况圣人！未可为郡县咎也。若夫国祚之不长，为一姓言也，非公义也。秦之所以获罪于万世者，私己而已矣。斥秦之私，而欲私其子孙以长存，又岂天下之大公哉！

章太炎《秦政记》

人主独贵者，其政平；不独贵，则阶级起。唐、宋虽理，法度不如汉、明平也，亦有踦偶非斠然一概者：明制，贵其宗室，孽子诸王，虽不与政柄，而公卿为伏谒；耳孙疏属，皆气禀于县官。非直异汉，唐、宋犹无是也。汉世游侠兼并，养威于下，而上不限名田，以成其厚。武帝以降，国之辅拂不任二府，而外戚窃其柄，非直异明，唐、宋亦绝矣。要以著之图法者，庆赏不遗匹夫，诛罚不避肺府，斯为直耳。

古先民平其政者，莫遂于秦。秦皇负扆以断天下，而子弟为庶人，所任将相李斯、蒙恬，皆功臣良吏也。后宫之属，椒房之嬖，未有一人得自遂者。富人如巴寡妇，筑台怀清。然亦诛灭名族，不使并兼。嗟乎！韩非道"八奸"，同床、在旁、父兄皆与焉。世之议政者，徒议同床、在旁，而父兄脱然也。秦皇以贱其公子、侧室外，高于世主。夫其卓绝在上，不与士民等夷者，独天子一人耳。天子以秉政劳民贵，帝族无功，何以得有位号？授之以政而不达，与之以爵而不衡，诚宜下替，与布衣黔首等。夫贵擅于一人，故百姓病之者寡，其余荡荡平于浣准矣。藉令秦皇长世，易代以后，扶苏嗣之，虽四三皇、六五帝，曾不足比隆也，何有后世緣文饰礼之政乎？

且本所以贵者在守府，守府故亦持法。末俗以秦皇方汉孝武；至于孝文，云有高山大湫之异。自法家论之，秦皇为有守。非独刑罚依科也，用人亦然，韩非有之，曰："明王之吏，宰相必起于州部，猛将必发于卒伍。夫有功者必赏，则爵禄厚而愈劝。迁官袭级，则官职大而愈治。"汉武之世，女富溢尤，宠霍光以辅幼主。平生命将，尽其嬖幸卫、霍、贰师之伦。宿将爪牙，若李广、程不识者，非摧抑乃废不用。秦皇则一任李斯、王筒、蒙恬而已矣。岂无便僻之使，燕昵之谒邪？抱一司契，自胜而不为也。孝武壹怒，则大臣莫保其性。其自太守以下，虽直指得擅杀之。文帝为贤矣，淮南之狱，案诛长吏不发封者数人，迁怒无罪，以饰己名。世以秦皇为严，而不妄诛一吏也。由是言之，秦皇之与孝武，则犹高山之与大湫也。其视孝文，秦皇犹贤也。

尝试计之：人主独贵者，政亦独制；虽独制，必以持法为齐。释法而任神明，人主虽圣，未无不知也。惑于左右，随于文辩，已之措置，方制于人，何以为独制？自汉、唐以下者，能既其名，顾不能既其实，则何也？建国之主，非起于草茅，必拔于搢绅也。拔于搢绅者，贵族姓而好等制；起于草茅者，其法无等，然身好踢跌而不能守绳墨。独秦制本商鞅，其君亦世守法。韩非道"昭王有病，百姓里买牛而家为王祷。王曰：'非令而擅祷，是爱寡人也。夫爱寡人，寡人亦且改法而心与之相循者，是法不立；法不立，乱亡之道也。不如人罚二甲而与为治。'""秦大饥，应侯请发五苑以活民。昭襄王曰：'秦法使民有功而受赏。今发五苑之蔬草者，使民有功与无功俱赏也。夫发五苑而乱，不如弃枣蔬而治。'"要其用意使君民不相爱，块然循于法律之中。秦皇固世受其术，其守法则非草茅、搢绅所能拟已。

秦政如是，然而卒亡其国者，非法之罪也。六国公族，散处闾巷之间；秦以守法，不假以虚惠结人，公族之欲复其宗庙，情也。且六国失道，不逮王纣，战胜而有其地，非其民倒戈也。审武王既殁，成王幼弱，犹有商奄之变。周继世而得胡亥者，国亦亡；秦继世而得成王者，六国亦何以仆之乎？如贾生之《过秦》，则可谓短识矣。秦皇微点，独在起阿房及以童男女三千人资徐福，诸巫食言，乃阬术士，以说百姓，其佗无过。

百年来大一统国家成功再造的中国

自秦汉以来,大一统一直是中华文明的一个根本价值诉求,是中国历史发展的一条主轴。西汉董仲舒在《天人三策》中说:"《春秋》大一统者,天地之常经,古今之通义也。"秦奠定了大一统国家管理体制的基础,汉承秦制,随后,"百代都行秦政法",大一统国家体制成为中华文明重要组成部分。

近代以来,大一统国家事实上继续居于主导地位,国家政权尽管不断受到各种冲击,但它实际上仍统领甚至决定着整个社会从传统向现代的转型进程,并在这一转型进程中使自身从传统向现代转型。

原先以君主为代表的王朝体系经过辛亥革命被打倒了,大一统国家体系从此开始了一个复杂的再造或重构过程,在再造与重构过程中,出现了大量新的机构,许多旧的机构也改换了新的名称,承担了新的职能,但大一统的主要核心环节都仍然承续下来。这一成功的再造与承续,正是中华民族得以复兴的"基本保证"。

一、坚持中国多民族统一国家传统

（一）反清与现代民族国家的构建

为动员广大民众奋起推翻清王朝，清末革命党人提出了"排满"口号，在西方近代建立单一民族国家思潮的影响下，曾试图在中国也建立一个单一民族国家。孙中山创立的兴中会与同盟会倡导的"驱除鞑虏，恢复中华"，就包含有建立汉族单一民族国家的意思。1897年8月，孙中山对日本友人宫崎滔天解释这一口号时说："清虏执政于兹三百年矣，以愚弄汉人为第一义，吸汉人之膏血，锢汉人之手足……方今世界文明日益增进，国皆自主，人尽独立，独我汉种，每况愈下，濒于死亡。于斯时也……是以小子不自量力，欲乘变乱，推翻逆胡，力图自主。"（黄中黄：《孙逸仙》，见中国近代史资料丛刊：《辛亥革命》，第一册）

邹容的《革命军》说得更明确："中国为中国人之中国，我同胞皆须自认为自己的汉种，中国人之中国。""故我同胞今日之革命，当共逐君临我之异种，杀尽专制我之君主，以复我天赋之人权。"他甚至提出："驱逐住居中国之满洲人，或杀以报仇。"（《辛亥革命》，第一册）

章太炎1904年出版的《訄书·序种姓下》说，中国国内各族大多已与汉族非常融洽，"独有满洲与新徙塞内诸蒙古，今在赤县，犹自为妃耦，不问名于华夏"。他还侮称："其民康回虐饕，墨贼无赖。"为此，他提出："有圣王作，傥攘斥之乎？攘斥而不殚，流蔡无土，视之若日本之视虾夷，则可也。"评价当然很不客观，但当时是要激发人们奋起推翻清王朝统治，总不至于历数清王朝统治时的各项成就。

孙中山 1906 年 12 月在《民报》创刊周年纪念大会上说："民族革命的原故，是不甘心满洲人灭我们的国，主我们的政。定要扑灭他的政府，光复我们民族的国家。"(《孙中山全集》，第 1 卷)这是将民族主义界定为汉人主政。

1906 年 12 月 20 日民报社发行了一册由章太炎主编的增刊，题为《天讨》。内容为《中华民国军政府讨满洲檄》，四川、河南、安徽、山东、云南五省的五篇：《讨满洲檄》《四川革命书》《江苏革命书》《直隶宣告革命檄》《广东人对于光复前途之责任》，军政府《谕保皇会》，"豕常之裔"的《普告汉人》，"楚元王"的《谕立宪党》，最后是《吴樾遗书》。

这些文章历数清王朝统治的罪恶，申论建立汉人民族国家的合法性、合理性、紧迫性。孙中山 1910 年 2 月在美国旧金山对华侨演讲时，仍在主张："废除鞑虏清朝，光复我中华祖国，建立一汉人民族国家。"(《孙中山全集》，第 1 卷)

君主立宪派不赞成推翻清王朝，没有强烈的"反满"情结，态度鲜明地强调必须保持中国多民族统一国家的传统，并利用这一点反对革命党人提倡的"排满"的民族主义。杨度 1907 年发表于《中国新报》创刊号上的《中国新报叙》便提出民族分裂会导致国家分裂。

旗人宗室留日学生1907年创办的《大同报》，也一再强调中国各民族有着不可分割的共同命运。第6号隆福《现政府与革命党之比较》指出："今者俄人之经营外蒙与回疆，日人将膨胀其势力于内蒙，英人将以西藏为第二印度。其事机之迫，已彰明昭著，为我国人所共知。"第7号乌泽生《大同日报之宗旨》更强调："列强所以欲得蒙、回、藏者，乃其灭中国最先之手续，蒙、回、藏失，而……本部自成刀下鱼，俎中肉耳。"

章太炎为反驳君主立宪派，1907年发表了《中华民国解》。他提出：蒙、回、藏"方其未醇化时，宜分部为三，各设一总督府，而其下编置政官，其民亦各举其贤良长者以待于总督府，而议其部之法律财用征令，以授庶官而施行之。兴其农业，劝其艺事，教其语言，谕其书名，期二十年而其民可举于中央议院。若是则不失平等，亦无不知国事而妄厕议政之位者……若三荒服而一切同化于吾，则民族主义所行益广"。"若谓英、俄二憨，狼子野心，乘隙窥边，诱以他属，此虽满洲政府不亡，其势犹不可禁，何独革命之世然也？"(《民报》，第24号）它表明，革命党人已在具体考虑如何组织以民族平等为目标的多民族统一国家。

武昌起义爆发后，章太炎在日本发表文章称："若大军北定宛平，贵政府一时倾覆，君等满族，亦是中国人民，农商之业，任所欲为，选举之权，一切平等，优游共和政体之中，其乐何似？我汉人天性和平，主持人道……域中尚有蒙古、回部、西藏诸人，既皆等视，何独薄遇满人哉？"（冯自由：《革命逸史》，第5集）这就更明确地表示，在新建立的共和国中，汉、满、蒙、回、藏各民族当一切平等。

（二）确定新建立的共和国是多民族统一国家

孙中山1912年1月1日就任中华民国临时大总统，他在《就职宣言书》中强调："国家之本，在于人民。合汉、满、蒙、回、藏诸族为一人，是曰民族之统一。"1月28日他在致蒙古各王公电中又重申："今全国同胞……群起解除专制，并非仇满，实欲合全国人民，无分汉、满、蒙、回、藏，相与共享人类之自由。"（《孙中山全集》，第2卷）

1912年1月11日，起义各省代表会议决定以红黄蓝白黑五色旗为中华民国国旗，五色代表汉、满、蒙、回、藏五个民族，是为"五族共和"。

1912年3月11日颁行的《中华民国临时约法》更明确规定："中华民国领土，为二十二行省、内外蒙古、西藏、青海。"（《孙中山全集》，第2卷）

袁世凯1912年3月25日《劝谕蒙藏令》也说："现在政体改建共和，五大民族，均归平等……务使蒙藏人民，一切公权私权，均与内地平等，以昭大同而享幸福。"（1912年3月26日《顺天时报》）

之所以作这样的最终选择，当然首先基于中国根深蒂固的历史传统。

中国古代少数民族生息的区域，大体上是从东北到内外蒙古、宁夏、新疆、甘肃，再向南到青海、西藏、云南、贵州，直到广西，这些地区基本上都是草原游牧地区和山林渔猎农牧地区。先后活跃于北方地区的，有氐、羌、月氏、乌孙、匈奴、东胡、肃慎、夫余，有鲜卑、乌桓、柔然、突厥、回纥、靺鞨，其后则是契丹、女真、党项、蒙古、畏兀儿、回族、满族等。先后活跃于西南地区的，有藏、西南夷、彝、傣、苗、黎、壮等族。他们中相当一部分，属于所谓"马背上的民族"，作为草原游牧文明和山林渔猎农牧文明所哺育的子民，与农耕文明所哺育的汉族，经历了长时间的交往与磨合过程。东胡、月氏、匈奴、柔然、鲜卑、突厥、回纥等族，都曾建立过自己的政权，有的地域还很辽阔，但基本上局限于北方草原游牧地区。藏、彝等建立的吐蕃、南诏等，最强盛时曾一度囊括整个藏人和彝人居住的地区。拓跋鲜卑、契丹、女真等族建立的政权，除控制大漠南北外，还曾控制中原黄、淮地区。在和中原王朝反复较量并越来越多地接受了中原农耕文明的影响后，他们先后成为大一统中央王朝的一部分。

在这一漫长的和平交往与磨合过程中，中原与周边，汉族与各少数民族，都在探索何种形式才能在彼此相处中都能长治久安。以唐代而论，强盛时在周边少数民族聚居地区设置了带有军事性质的安西大都护府、北庭大都护府、安北大都护府（原名瀚海都护府，亦称燕然都护府）、单于大都护府、云中都护府、镇北大都护府、安东上都护府、安南中都护府等，都护府下设有军、镇、城守捉、戍、堡等，管辖范围几乎包括整个草原游牧区域。但中原地区一旦虚弱或发生内乱,这些都护府便会形同虚设。

蒙古族和满族建立的元、清两大王朝,在完成中华多民族统一国家构建方面做出了特别重要的贡献。元朝不仅将整个草原游牧地区、山林渔猎农牧地区和农耕地区统一于中央政权控制之下,而且创立了行省制这样一种国家管理体制,对不同民族居住地区进行统一治理。北方草原地区,设置了岭北省;西藏地区作为宣政院辖区,下设吐蕃等路宣慰司,乌斯藏、纳里速、古鲁孙等三路宣慰司。由于元朝统治者熟悉的是草原游牧文明和山林渔猎农牧文明,未能尽快了解和适应中原农耕文明的迫切需求,不得不在统治数十年后又退回漠北。清朝克服了元朝的这一致命弱点,在稳定和治理汉族与各少数民族方面,取得很大成功。

历代少数民族地区治理的成功经验,一是注意与尊重草原游牧文明和山林渔猎农牧文明自身的特点,不强求去改变;二是注意和尊重他们的宗教信仰;三是在汉族与其他民族之间建立密切的互惠关系。当然,还需要以必要的军事实力为后盾。这一历史传统表明,中国作为一个多民族国家有着悠久的传统,创造了发达的农耕文明的汉族,与创立了发达的游牧文明、农牧文明的蒙、回、维、藏等族,为了协调彼此之间的关系,避免冲突,互相支持,有利于各民族自身的发展,早就建立了多民族和睦相处的统一国家,形成了彼此不可分割的共同利益。

近代以来,列强蓄意在中国挑起民族纠纷,制造民族分裂，虎视眈眈地要将中国边疆地区一个个分裂出去，他们这样做，反过来更激发了中国各民族的向心力、凝聚力。为了粉碎列强的阴谋，维护自身的利益，各民族都意识到，中华民族大家庭中的各民族有着不可分割的共同命运，各民族只有紧密团结起来，共同斗争，才能保障各民族的共同利益和各民族自己的根本利益。

（三）多民族统一国家与中华民族复兴

1938年10月12日至14日中共扩大的六届六中全会的报告《论新阶段》表示："允许蒙、回、藏、苗、瑶、夷、番各民族与汉族有平等权利，在共同对日原则之下，有自己管理自己事务之权，同时与汉族联合建立统一的国家"，提出了建立多民族统一国家问题。1941年5月《陕甘宁边区施政纲领》："依据民族平等原则……建立蒙、回民族的自治区"，则明确在统一国家中用民族自治区的形式保障各民族自治权利。

1949年中国人民政治协商会议通过的《共同纲领》确定新建立的中华人民共和国实行民族区域自治制度。民族区域自治制度的确立，使中国多民族统一国家在制度层面上获得历史性的突破和提升。

从1953年起，在第一次人口普查的基础上，初步确认了哈尼、拉祜、撒拉、锡伯等38个民族；在1964年第二次人口普查的基础上，又确认了毛南、阿昌、普米、独龙等15个民族；1965年，识别了珞巴族；1979年，确认基诺族。根据各民族大杂居、小聚居的人口分布格局，各地区资源条件和发展的差异，1955年10月，成立了新疆维吾尔自治区；1958年3月，成立了广西壮族自治区；1958年10月，成立了宁夏回族自治区；1965年9月，成立了西藏自治区。截至2003年底，我国共建立了30个自治州、120个自治县（旗）。55个少数民族中，有44个实行了区域自治，占少数民族总人口的71%。

改革开放以来，在多民族统一国家建设上，先是否定了将民族问题简单化地一概归结为"实质是阶级问题"，改变了将阶级斗争无限扩大化移用到民族关系上的一系列错误做法，实现了民族工作的拨乱反正和工作重心的转移，在此基础上，确定加快发展方才是做好民族工作、增强民族团结的核心。因为只有加快发展，各民族都实现现代化，才能够使各民族真正走向平等，不仅在政治、法律上平等，而且在经济、文化各个方面实现平等。各民族共同团结奋斗、共同繁荣发展，成为中国崛起历史进程中民族工作的主题。

事实证明多民族统一国家的总格局早已形成而且不可动摇。对于汉族来说，是如此；对于生息在中国大地上的其他各民族来说，也是如此。近代以来，在各列强的蛊惑和支持下，一些民族中确实也有极少数人鼓吹过民族分裂主义，图谋将大片领土从中国分裂出去。这些活动不仅违背了整个中华民族的共同利益，而且也违背了这些民族的根本利益，不可避免地会遭到各族人民的反对，也不可能得到这些民族绝大多数民众的支持，因此，最终总不免一一失败。毛泽东说过："国家的统

一、人民的团结、国内各民族的团结,这是我们的事业取得胜利的基本保证。"(《关于正确处理人民内部矛盾的问题》)毫无疑问,多民族统一国家的巩固与发展,正是当今中国崛起的一项基本保证。

二、坚持建立单一制国家

(一)清末对于联邦制的构想与民国国家体制的确定

孙中山组建兴中会,宗旨"驱除鞑虏,恢复中华,创立合众政府"中的"合众政府",指的是美国式政府,即联邦制政府。孙中山曾对宫崎滔天说:"(中国)古来之历史,凡国经一次之扰乱,地方豪杰,互争雄长,亘数十年不能统一……今欲求避祸之道……必在使英雄各充其野心,充其野心之方法,唯作联邦共和之名之下,其夙著声望者,使为一部之长,以尽其材,然后建中央政府以驾驭之,而作联邦之枢纽。"(黄中黄:《孙逸仙》,见《辛亥革命》,第一册)

联邦制在清末为很多人所向往。1900年章太炎所写的《訄书·分镇》主张"以封建、方镇为一",就是用联邦制取代中国一贯的单一制。他设计的方案是:"置燕、齐、晋、汴及东三省为王畿……其余置五道:曰关陇,附以新疆;曰楚蜀,附以西藏;曰滇黔桂林,曰闽粤,曰江浙。道各以督抚才者制之……行政署吏,唯其所令。"每年只要向中央政府"入贡""数十万",而对这些督抚"扶寸地失,唯斯人是问"。他认为："若是，则外人不得挟政府以制九域，冀少假岁月以修内政。人人亲其大吏，争为效命，而天下少安矣。"但不久，章太炎就写了《分镇匡谬》，说："夫提挈方夏在新圣，不沾沾可以媮取。"（《訄书》修订本）

梁启超1901年冬在《卢梭学案》加了一段附言，呼应章太炎上述主张："效瑞士之例，自分为数小邦，据联邦之制，以实行民主之权，则其国势之强盛，人民之自由，必有可以震古铄今而永为后世万国法者。"（《饮冰室合集·文集》，第3册）

欧榘甲1902年在《新广东》中主张："各省先行自图自立"，"省省自立然后公议立中国全部总政府于各省之上，如日耳曼联邦、合众国联邦之例，即谓中国自立可也。"

黄遵宪1902年致书梁启超，也提出与章太炎相类似的构想："将二十一行省分划为五大部，各设总督，其体制如澳洲、加拿大总督。中央政府权如英主，共统辖本国五大部，如德意志之统率日耳曼全部，如合众国统领之统辖美利坚联邦。"（引自郑海麟：《黄遵宪与近代中国》，北京：生活·读书·新知三联书店，1988）

1902年上海文明书局出版了由章宗元翻译的《美国宪法》，包括1787年美国宪法及前15条修正案。该宪法序言的第一段明确说明"合众国"即指实行"联邦制"之国："我合众国人民，为完固联邦，维持公道，安境内，御外侮，登共同之康乐，保自由之幸福，以及于子孙万世起见，特令订立美州合众国之宪法。"

同盟会成立后，一直将实行联邦制作为奋斗目标。刊登于1906年同盟会机关报《民报》第4号上冯自由的《民生主义与中国革命之前途》一文称："共和政治也，联邦政体也，非吾党日以为建设新中国无上之宗旨乎？然使吾党之目的而达，则中国之政体将变为法国之共和、美国之联邦。"

孙中山在1911年武昌起义后发表的"在巴黎的谈话"，也仍持联邦制主张："中国革命之目的，系欲建立共和政府，效法美国，除此之外，无论何项政体皆不宜于中国。因中国省份过多，人种复杂之故。美国共和政体甚合中国之用，得达此目的，则振兴商务，改良经济，发掘天然矿产，则发达无穷。"（《孙中山全集》，第1卷）为此，他提出如下建议："中国于地理上分为二十二行省，加以三大属地蒙古、西藏、新疆是也，其面积实较全欧为大。各省气候不同，故人民之习惯性质亦各随气候而为差异。似此情势，于政治上万不宜于中央集权，倘用北美联邦制度实最相宜，每省对于内政各有其完全自由，各负其整理统领之责；但于各省上建设一中央政府，专管军事、外交、财政，则气息自联贯矣。"（《孙中山全集》，第1卷）

当时，起义各省很多都提议采用联邦制形式。如贵州省军政府就倡议"组成联邦民国，以达共和立宪之希望"。浙江、江苏、广西、山东等省军政府也都赞成仿照"美利坚合众国之制"，"组织联邦"。章太炎1911年11月由日本回国途中，也说，"统一之共和政治"适合于法国这类疆土不广，族类、历史、风俗、语言无异的国家，中国情况与法国大不相同，"适

合于中国者,其唯联邦政治乎!"(姜义华:《章炳麟评传》,南京:南京大学出版社,2002)

但南京临时政府成立以及南北统一时,最后仍然延续了中国单一制大一统国家传统,而没有采用联邦制形式。章太炎本人就放弃了联邦制主张。他于1912年1月3日在中华民国联合会成立大会上专门说明为什么不能不顾中国早就建立了统一国家的历史传统,转而采用联邦制。他说:"至美之联邦制,尤与中国格不相入。盖美之各州,半殖民地,各有特权,与吾各省之行政区别统一已久者不同。故绝不能破坏统一而效美之分离。"(1912年1月5日《大共和日报》)孙中山在组织中华民国临时政府时,也敏锐地发现"今之大患在无政府","今之中国似有分割为多数共和国之像",因此,他立即放弃了先前的联邦制主张,采用了单一制国家体制。1912年8月国民党创建时,明确宣布:"保持政治统一,将以建单一之国,行集权之制,使建设之事纲举而目张也。"(《孙中山全集》,第2卷)

(二)联邦制呼声再起与联省自治的实践

袁世凯独揽大权后,为制约袁世凯,戴季陶、章士钊等人发表文章,又大力倡导联邦制。戴季陶在《民国》杂志第1卷第2号发表《中华民国与联邦组织》,历数单一制如何不如联邦制,强调"中国非组织为联邦不可"。章士钊是力主实行联邦制的代表人物之一。他在《甲寅杂志》第1卷第4号发表署名为"秋桐"的《联邦论》,在《甲寅杂志》第1卷第5号上又发表《学理上之联邦论》。他详细介绍了当时国内外有关联邦制的正反两方面意见,在后一文中,特别强调:"特近顷以来,统一之失,日益彰明,智者发策以虑难,贤者虚衷而求治,恍若联邦之制,行之有道,容足奠民生于安利,拯国命于纠纷。"他们希望借助加强地方自主权力来削弱袁世凯所控制的中央权力,带有极强的短期功利性质。

袁世凯死后,皖系、直系、奉系各据一方,川、滇、桂、粤、湘等地也常常独树一帜,和军阀割据与军阀混战而一时又无法统一的现状相呼应,"联省自治"声浪一时极为高涨。早就转向反对联邦制的梁启超等人以《大中华》杂志为阵地,与主编《新中华》杂志提倡联邦制的张东荪展开了激烈的争论。梁启超等人认为,世界上实行联邦制的国家如美国、德国,都是"先分后合",即先有各邦,各邦又依据实际需要联合起来,组成一个联邦制国家,而中国本来就是一个单一制国家,如实行联邦制,就是"先合后分"。他们还认为,中国文化落后,推行联邦制只会导致政治的不稳定,造成新的"藩镇割据"局面。《改造》杂志第三卷有"联邦问题研究"专号,《东方杂志》上的"宪法研究专号"有蓝公武的《我的联邦论》,等等。面对当时军阀割据和军阀混战、国无宁日的局面,一些知识分子明确将其归咎于单一的中央集权制,呼吁"惟有借助西方的联邦组织,全面改造中国的政治结构,才能息止纷争"(李剑农:《民国统一问题》,见《太平洋杂志》,第1卷第9号,1918)。

1919年9月毛泽东《问题研究会章程》中有一问题,就是："联邦制应否施行问题。"(《毛泽东早期文稿》，长沙：湖南出版社，1990）说明许多年轻人当时也在思考中国应否实行联邦制的问题。

联邦制在中国的最早实践当数发生于20世纪20年代的"联省自治"运动。该运动发端于湖南，在1920年至1922年达到高潮，1923年后开始衰落。陈独秀极力反对联省自治。他在1922年6月发表的《对于现在中国政治问题的我见》一文中指出，联邦制若建设在人民经济状况不同及语言宗教不同的理由上面，倒也无可非难，但中国的状况绝不是这样。联省论不过是联省自治其名，联督割据其实，是替武人割据的现状加上一层宪法保障。武人割据是中国唯一的乱源，建设在武人割据的欲望上面之联省论，只会增长乱源。因此，他主张解决当时中国政治问题，只有集中全国民主主义分子组织强大的政党，对内推翻封建军阀的统治，建设民主政治的全国统一政府，对外反抗国际帝国主义，使中国成为真正的独立国家（《陈独秀文章选编》，中册，生活·读书·新知三联书店，1984，第188页）。孙中山也指出："中国此时所最可虑者，乃在各省借名自治，实行割据，以启分崩之兆耳。故联省自治之所以不适于中国也。"(《孙大总统广州蒙难记》)

纵观这一阶段联邦制的构想与实践，是仿效美国，以省自主、自治为主要特征。由于和中国传统大一统政治建构无法衔接，所以认同不多，行不通。1922年中共二大宣言便指出，在"中国本部各省"实行联邦制，划省为邦，是行不通的，因为这些地区"经济上绝无根本不同"。

1927年南京国民政府建立，1928年东北易帜，北洋军阀统治结束，其他地方军阀形式上也听命于南京政府，恢复了中国单一制国家体制。1949年中华人民共和国建立，采用的也是单一制国家体制。

（三）"熟读唐人《封建论》，莫从子厚返文王"

中华人民共和国建立后，实行联邦制之议不再有人提起，以至于渐渐为人们所遗忘。毛泽东1973年8月5日在《七律·读〈封建论〉呈郭老》一诗中，号召人们要"熟读唐人《封建论》，莫从子厚返文王"。

《封建论》系唐代柳宗元所写的一篇史论。子厚，乃柳宗元的字。柳宗元在这篇文章中着重说明了封建制产生的真实背景、原因、功能及其弊病，论证了封建制最终为中央集权的单一制国家政权所取代的历史必然性。文章指出："封建非圣人意也，势也。"人类原始时代，"彼其初与万物皆生，草木榛榛，鹿豕狉狉，人不能搏噬，而且无毛羽，莫克自奉自卫"，为联合起来同万物相争，并平息人类内部为争夺有限的资源和产品而发生的争斗，结成最初的国家与政权即"君长刑政"。起初规模很小，是"近者聚而为群"，后来，因为"群之分，其争必大"，规模逐步扩大，"是故有里胥而后有县大夫，有县大夫而后有诸侯，有诸侯而后有方伯、连帅，有方伯、连帅而后有天子"。封建制由是确立。殷、周建立时，都实行封建制，

"是不得已也。盖以诸侯归殷者三千焉，资以黜夏，汤不得而废；归周者八百焉，资以胜殷，武王不得而易。徇之以为安，仍之以为俗，汤、武之所不得已也"。

柳宗元指出："秦有天下，裂都会而为之郡邑，废侯卫而为之守宰，据天下之雄图，都六合之上游，摄制四海，运于掌握之内，此其所以为得也。"他高度评价秦改诸侯国为郡邑建立了单一制统一国家，虽有"私其一己之威"的动机，而"其为制，公之大者也"，并认定："公天下之端自秦始。"汉代一度"剖海内而立宗子，封功臣"，结果，"数年之间，奔命扶伤之不暇，困平城，病流矢，陵迟不救者三代"。最后不得不恢复秦制，"而离削自守矣"。他又用自汉至唐政治制度演化的是非得失，反复证明了"继汉而帝者，虽百代可知也"。

柳宗元认为，封建制下，"列侯骄盈，黩货事戎，大凡乱国多，理国寡，侯伯不得变其政，天子不得变其君，私土子人者，百不有一"。足证它们"失在于制，不在于政"。

他指出："夫天下之道，理安，斯得人者也。使贤者居上，不肖者居下，而后可以理安。今夫封建者，继世而理。继世而理者，上果贤乎？下果不肖乎？则生人之理乱未可知也。"

单一制国家则不然，"今国家尽制郡邑，连置守宰，其不可变也固矣。善制兵，谨择守，则理平矣"。正因为如此，柳宗元认为封建制乃是真正的"私天下"，而"尽制郡邑"的单一制国家倒是开"公天下之端"。

历史充分证明了，中国各地区早就结成不可分割的整体的事实，土地红利、资源红利、资本红利、人口红利、科学与技术红利、教育与文化红利，以及生态—环境红利，只有在统一共享中，各地区方才能够形成真正的优势互补，彼此促进。单一制的统一的中国，全体人民群策群力，这正是中华民族迅速复兴的根本保证。

三、修正分权制设计，强化和改善中央集权制

（一）中国古代集权与分权相结合的中央政治权力体制

中国古代，为使农耕地区与游牧地区以及广大山林地区和睦相处，为使经济、社会发展非常不平衡的各个地区避免在彼此的冲突中互相损毁，很早就已形成包括皇帝制度、宰相制度、监察制度、郡县官吏制度在内的政治权力高度集中的中央集权制度。这种制度在实际运作时，又总和使各种权力相互制约互相制衡的某种分权制度紧紧结合在一起。它实际上是中央集权主导下的分权，为明确分权所制约的中央集权。

中国历代王朝，名义上，"天下事无大小皆决于上"（《史记·秦始皇本纪》），最高决策权在皇帝。也确有一批皇帝确实掌握了最高决策权。大多数皇帝，实际上只具有象征性意义。负责将最高决策赋予实施的是作为百官之长的丞相，他们"掌丞天子助理万机"（《汉书·百官公卿表》）。陈平答汉惠帝："宰相者，上佐天子理阴阳，顺四时，下遂万物之宜，外镇抚四夷诸侯，内亲附百姓，使卿大夫各得任其职也。"（《汉

书·陈平传》)他们倒常常是真正的最高决策者。而各个王朝,实际承担国家治理事务的是中枢六部和自上而下控制全国的各级官僚机构。

大一统国家政权体系其实早已形成彼此互相制约的分权制度。以监察制度而论,汉武帝时有《刺史六条》,规定他们监察的重点是:"一条,强宗豪右田制逾制,以强凌弱,以众暴寡。二条,二千石不奉诏书尊承典制,背公向私,旁诏守利,侵渔百姓,聚敛为奸。三条,二千石不恤疑狱,风厉杀戮,怒则任刑,喜则淫赏,烦扰苛暴,剥戮黎元,为百姓所疾,山崩石裂,妖祥讹言。四条,二千石选署不平,苟阿所爱,蔽贤宠顽。五条,二千石子弟,恃怙荣势,请托所监。六条,二千石违公下比,阿附豪强,通行贿赂,损割政令也。"(《汉官典职仪式选用》)二千石,相当于现代省部级官员。《西汉年纪》卷一记载:汉惠帝时定监御史九条,"察有讼者,盗贼者,铸伪钱者,恣为奸诈论狱不直者,擅兴徭役不平者,吏不察者,吏以苛刻故劾无罪者,敢为逾侈及弩十石以上者,作非所当服者"。其后各代监察条目愈加具体周密。

隋、唐以来,形成三省制,中书省出令,尚书省施行,门下省审议。尚书省东汉时已形成,中书省与门下省三国时形成,隋唐时成为常设制度。唐太宗曾说:"以天下之大,四海之众,千端万绪,须合变通,皆委百司商量,宰相筹划,于事稳便,方可奏行。岂得以一日万机,独断一人之虑也?"(《贞观政要·政体》)这无疑是相当清醒的认识。当时,军政大事由三省负责人及相关官员共同讨论决定，报皇帝批准后，送门下省审议，得到门下省同意并副署后，方可作为诏书发布，成为国家决策。隋、唐都设有专门的监察、检察机构。当时，这方面的机构大体有两部分：一是谏议大夫，规谏对象是天子，有所谓讽谏、顺谏、规谏、致谏、直谏；二是御史大夫，监察的对象是各级官吏，具有监督、检察、弹劾、惩戒等职能。宋至明初，各王朝大体沿袭这一体制。

明代最初以中书省统领六部，后废中书省与宰相，由皇帝直接领导六部。清代，在中央，军机处、上书房以及议政王大臣会议，是最高决策机构；六部（吏、户、礼、兵、刑、工）是最高行政机构；都察院，是最高检察机构；大理寺，是最高司法机构。这一制度，虽被称作君主专制，实际上，主要决策应由军机处、上书房或议政王大臣会议先行提出方案与建议，然后交皇帝决定发令后施行。皇帝的意见，臣下可以驳议。制度上这种适度的分权，显然是为了使中央集权少出差错，从而更有效更持久地运作。

中国很早就已有了成文法典。皇帝名义上是最高立法者，又常常成为终审执法者，立法与司法一身而二任。司法又常常从属于行政，行政经常干预司法。这是高度集权的又一表现。但是，成文法典的力量实际上并不可小视，因为它常常是大臣们据以制约皇帝决策以及彼此之间相互驳议的主要根据和有效武器。而成文法之外，其实更持久起作用的，还有非成文法，这就是古圣贤留下的经典名言。它们往往比成文法典更具约束力。

从中国历史上中央权力的实际运作来看，通常王朝前期集权与分权关系处理得较好，后期问题越来越多。它的主要表现，就是皇帝制度、宰相制度、监察制度以及各级地方官吏任用、升迁、考察制度都遭到严重破坏，以致只能在完全扭曲了的状态下运行。清王朝也不例外，慈禧太后专权，直接引发帝党与后党之争，宦寺张狂，相权和地方各级权力无法正常行使，决策频频失误。西方的分立学说，正是在这一现实背景下迅速在中国传布开来的。

（二）清末关于分权制国家制度的设计

西方的分权制于近代传入中国，尤其是议会制当时为许多人所向往，被视为实行宪政与分权制的关键步骤。1906年9月，清廷宣布将"仿行立宪"，立宪运动急速高涨，召开国会、制定宪法更被视为具有决定性意义的奋斗目标。

但是，在师法西方政治制度时，这种分权制是否适合中国实际，它与中国原先集权制传统关系如何，无论在革命派与立宪派之间还是在两派内部，意见都很不一致。他们有的倾向立即建立西方式的三权分立制度，有的则更多关注如何设法将宪政与集权制度衔接起来。

孙中山1906年《民报周年纪念大会上的演说》："中国数千年来，都是君主专制的政体，不是平等自由的国民所堪忍受的……从颠覆君主政体那一面说，是政治革命……结果是民主立宪政体。"在这一演讲中，孙中山倡导分权制，并提出："要创一种新主义,叫做五权分立。"(《孙中山全集》,第1卷)即除去行政权、立法权、裁判权三权分立外,考选权、纠察权还应独立。

同为革命党人,陈天华1905年《论中国宜改创民主政体》则认为:"欲救中国唯有兴民权、改民主,而入手之方,则先之以开明专制,以为兴民权、改民主之预备。最初之手段则革命也。"(《民报》,第1号)先革命,继之实行开明专制,下一步再兴民权、改民主,这是陈天华规划的三部曲。

梁启超1906年《开明专制论》则更详细论证,中国今日不仅万不能行共和立宪制,而且也尚未能行君主立宪制。他以此力主,中国今日当以"开明专制"为立宪制之预备。开明专制,就是高度集权。

章太炎对于代议制的弊端感受特别深切。针对清末预备立宪的实际,他在1908年发表的《代议然否论》中就已尖锐地指出:"代议政体者,封建之变相。其上置贵族院,非承封建者弗为也,民主之国,虽代以元老,蜕化而形犹在。"而其下院,据中国实际,无论是按人口,按财产,按文化程度,选举结果,必定是"上品无寒门,而下品无膏粱",是则"名曰国会,实为奸府,徒为有力者傅其羽翼,使得滕腊齐民"。他认为:"君主之国有代议则贵贱不相齿,民主之国有代议则贫富不相齿。"中国一旦实行,势必二者兼而有之。章太炎指出:"为吾党之念是者,其趋在恢廓民权。"而一旦实行代议制,"若就民生主义计之,凡法自上定者,偏于拥护政府;凡法自下定者，偏于拥护富民。今使议院尸其法律求垄断者，惟恐不周，况肯以土田平均相配？"所以，他断言："宪政者，特封建世卿之变相。"在清王朝统治的现实条件下，选议员，开议会，结果只能是："徒令豪民得志，苞苴横流，朝有党援，吏依门户，士习嚚竞，民苦骚烦。"（《政闻社员大会破坏状》，见《民报》，第17号）他设计了一个保障"恢扩民权"的新方案：行政、司法、教育、立法各权分立，"凡制法律，不自政府定之，不自豪右定之，令明习法律者与通达历史、周知民间利病者参伍定之"。制定法律所应遵循的基本原则，就是"抑官吏，伸齐民"，"抑富强，振贫弱"（《代议然否论》，见《民报》，第24号）。但是，对于当时大多数革命者及立宪派说来，议会制仍具有极大吸引力，他们都跃跃欲试。

（三）民国时期分权制实践：宪法、议会与政府

中华民国建立后，革命党人与立宪党人一道试图按照"三权分立"原则，建立起实行宪政的新的国家政权。但是，随后的实践证明，宪法制定出来后，很快就被虚文化；议会建立起来后，很快就被边缘化；政府换了一届又一届，却都依旧全能化；真正掌控国家实际权力的，几乎都是拥有最强军事实力的军事强人。

以制宪而论，辛亥革命后，中国堪称制宪活动最为频繁、所制宪法和宪法草案数量最多的一个国家。1912年3月，孙中山主持制定《中华民国临时约法》；1913年10月，由中华民

国第一届国会公布《中华民国宪法草案》(《天坛宪法草案》);1914年5月,袁世凯公布由他授意制定的《中华民国约法》,并宣布废除《临时约法》;1916年袁世凯死后,黎元洪接任大总统,6月,宣布恢复《临时约法》,废除袁氏《中华民国约法》;被袁世凯解散的国会重开后,开始修订《天坛宪法草案》;段祺瑞平定张勋复辟后,不再承认第一届国会,而于1918年召集第二届国会,1919年,他又提出一部《中华民国宪法草案》。直系军阀打败皖系军阀后,曹锟任大总统,1923年10月公布由再次被恢复的第一届国会修订完成的《中华民国宪法》。1925年段祺瑞执政后,则以由第二届国会继续修订的《中华民国宪法草案》取代了曹锟公布的宪法。1928年南京国民政府宣布实行训政,1931年5月制定《中华民国训政时期约法》,6月1日开始实行。1936年5月公布了新制定的《中华民国宪法草案》(《五五宪草》);1938年秋,国民参政会组织宪政期成会,负责修改《五五宪草》,其成果为《期成宪草》。1946年1月,由国共两党和其他党派共同举行的政治协商会议,决定组织宪草审议委员会,由张君劢主持于该年4月底提出《中华民国宪法草案》,该草案于12月由国民大会通过,成为《中华民国宪法》。可是,这个宪法的合法性没有为中国共产党及其他许多民主党派所承认。1949年1月14日,中共中央主席毛泽东《关于时局的声明》提出和平谈判八项条件,第二项是"废除伪宪法",第三项是"废除伪法统"。

走马灯一样令人目不暇接的约法、宪草、宪法,并不代表宪法具有极高的权威性，而正说明宪法已成为独裁者与政客们用来演出政治闹剧的一种道具。约法或宪法中，不少条文写得冠冕堂皇，很有现代民主气息，但它们大多只停留在字面上，执政者并不准备将它们付诸实施，一般民众也无力量与方法使它们得到实施。这就是宪法的虚文化。

辛亥革命后，议会制在中国运行的情况，同样说明分权制只是可望而不可即的政治幻象。民国以来议会选举共有三次，第一次是1913年，第二次是1918年，第三次是1947年11月（国民大会代表选举）与1948年1月（立法委员选举）。关于这三次选举的情况，张朋园在《中国民主政治的困境，1909—1949》（长春：吉林出版集团，2008）一书中，作了详细而切中肯綮的分析。

第一次国会议员选举，选民据称达到全部人口的10%，当选议员中，清末咨议局、资政院等原议员占34.27%，原官员占30.25%，教育界人士占21.37%，三者共占85.89%；同盟会会员占11.29%。尽管国会并无多少真正的民意基础，议员们和选民也没有什么直接联系，由于众多议员列名国民党，国民党成为国会中第一大党，这一国会的存在，还是遭到大权在握的袁世凯千方百计的打压。袁世凯先暗杀了宋教仁，又胁迫国会选举他为大总统，然后宣布解散国民党，将国民党议员驱逐出国会，继而停止全体国会议员职务，解散国会。

第二届国会的选举和活动，则完全由段祺瑞、徐树铮组织的安福俱乐部一手操控，以致被称作"猪仔国会"。

由国民党绝对掌控的国民大会和立法委员选举,更是一场闹剧。张朋园在其著作中指出,蒋介石"为了取得美国的支持,他不得不搞选举、开国会,所以选举只是一个过场","开国会是要以民主的外观实现他的全国最高领袖之梦,同时可以获得美国的援助",这是非常确切的。

议会制在中国的这番实践充分表明,议会制如果缺乏必不可少的社会基础和强有力的社群力量的支撑,它只能变得徒有其表,成为当权者手中的玩物,不可能真正发挥分权即对权力进行有效制衡与有效监督的作用。

民国时期,事实上一直继续保持着中国大一统国家全能政府的历史传统。

南京临时政府成立时,孙中山任临时大总统,采用的是总统制,总统直接统帅各部部长,就是一种全能政府态势。南北统一后,为防止袁世凯专权,孙中山主持制定的《临时约法》转而采用责任内阁制。可是,袁世凯却根本不买内阁的账。针对袁世凯肆意集权,谷钟秀主编的《正谊杂志》1914年创刊,曾集中阐明中国为什么不能实行总统制,而必须实行内阁制。谷钟秀在该刊第2号发表的《论总统制》中说:"联邦之共和国适于总统制,统一之共和国适于内阁制",因为统一之共和国实行总统制,"易流专断,无救济之术,调和之方。人们亦易受其压迫而无所发抒"。同期张东荪的《内阁论》,则详细论述了实行内阁制的好处及究竟如何有效实行内阁制。当然,这些都只是书生空议论。整个北洋军阀统治时期,总统制与内阁制经常争吵不休。实权在总统手上,总统制就占上风;实权在内阁总理手上,内阁制就占上风。他们其实毫无例外地都是坚持建立全能政府。

孙中山的"五权宪法",吸取了中国古代监察制度和考试制度的优良传统。他在《民权主义》中提出,人民要有选举权、罢免权、创制权、复决权,政府要实行行政权、立法权、司法权、考试权、监察权五权分立。他说:"外国从前只有三权分立,我们现在为什么要五权分立呢?……这两个权是中国固有的东西。中国古时举行考试和监察的独立制度,也有很好的成绩。像满清的御史,唐朝的谏议大夫,都是很好的监察制度……至于历代举行考试,拔取真才,更是中国几千年的特色……中国也是三权分立。中国从前实行君权、考试权和监察权的分立,有了几千年。"而南京国民政府建立后,形式上虽陆续建立了五院,实行分权,实际上同样一直维持高度集权的全能政府。而这个全能政府的实际权力,始终掌握在牢牢控制着军权的蒋介石手中,他只要担任着军事委员会委员长,五院就都得听从他的调度与指挥。

(四)中华民族复兴中集权与分权关系处置的新探索

中华人民共和国建立后,确立了中国共产党集中统一的一元化领导下,人民代表大会、政治协商会议、政府、法院、检察院权力各有专属并互相制约的体制。改革开放以来,人民代表大会和政治协商会议都扩大了它们的代表性。中国共产党的决策经过人民代表大会的法定程序和政治协商会议的协商、认同，成为国家意志和国家决定，再加以实施。中华民族复兴正是依靠了集权与分权关系逐步合理的积极运作。这一关系的更为合理的处置与运作方式，至今仍然在继续探索中。

四、地方自治与中央集权的争衡

（一）中国历史上中央集权下的地方治理

大一统国家的中央政府是通过各级地方政权对国家进行治理，有效加以控制、动员、协调和管理的。秦汉以来，中国一直通过郡县制对整个国家自上而下进行治理。

秦统一后，分全国为36郡，后又增至40余郡，县约1 000个。西汉至清，郡级单位约200至300个左右，县级单位约1 500个左右。但在2 000年中，纯粹两级制实行时间不到200年。大部分时间实行的是三级制或准三级制，即在郡之上增加一个层次，汉设州，唐设道，宋设路，元设中书省与行中书省，明设布政司使，清设行省。民国时期，设35个省，12个行政院辖市，另有西藏地方、蒙古地方，县约2 016个（1947），另有省辖市69个，蒙藏地区则设旗、宗。1932—1947年又设行政督察专员公署，1947年时全国有209个，成为四级制。

《韩非子·扬权》说："事在四方，要在中央。"地方政权设置的原则，一看它们能否根据中央政府的指令对各地进行有效的管理，二看它们自身会不会发展到和中央政府相疏离、相抗衡，甚至发展到闹独立，从而威胁中央政权的存在及其权威。省、郡、县地域的大小，它们的划分与界定，各级地方政府权力的增大或缩小，最终都取决于此。地方权力一旦过度膨胀，形成地方割据，就会导致国家分裂，爆发内乱甚至内战。而地方权力如果过小过弱，不能有效地对本地区加以控制和管理，国家则会陷入混乱乃至瘫痪状态。

历代中央与地方的关系，总的态势就是强干弱枝，重内轻外。国家的政令、人事、财政等权力都集中于中央，各级地方政府只是中央政府的派出机构。军权集中于中央，这是最根本的一条。中央通过对地方各级官员的选拔、任命、考核、升迁，直接控制各级地方政府。中央掌管全国户口、土地、赋税、徭役的征调与分配，控制地方财力。中央政府还定期或不定期地派遣官员对地方官员进行考核与监察，以保障中央对地方"如身使臂，如臂使指，莫不制从"（《汉书·贾谊传》）。

（二）地方自治思潮的传入

晚清以来，地方自治思潮由西方传入，迅速勃兴，引人注目。1900年，革命党的《中国旬报》第四期就刊文说："欲救中国之亡，宜行分治。"康有为等人更热心鼓吹。康有为的《公民自治篇》说：中国的"大病"，就在于"官代民治而不听民自治"，救之之道，便是"听地方自治而已"（康有为：《公民自治篇》，见《新民丛报》，第7号）。梁启超在《新民说·论自治》

中也说：" 凡善良之政体，未有不从自治来也"，" 以地方自治为立国之本，可谓深通政术之大原，而最切中国当今之急务"（梁启超：《新民说九》，见《新民丛报》，第9号）。

是时，各地方要求实行地方自治呼声甚高。杨笃生的《新湖南》，欧榘甲的《新广东》，鼓吹湖南和广东脱离清政府而独立，影响都很大。1906年的《云南》号召："急宜仿各国地方自治之良法，因地制宜，以举行地方自治之事。"（崇实：《国民能力与国家进步之关系》，《云南》，第19号）《四川》杂志也发文说："欲解决国家问题，而不先解决地方自治问题，无当也。"（思群：《论地方自治》，《四川》，第2号）同盟会成立后编定的《革命方略》规定，各地起义成功后，应将"地方自治权归之其地之人民，地方议会议员及地方政府官皆由人民选举"（《辛亥革命》，第二册）。他们都希望通过提倡地方自治，摆脱清王朝的全面控制，给改革或革命提供一个新的空间。

1908年，清政府颁布宪政编查馆拟定的《九年预备立宪逐年筹备事宜清单》，对地方自治的实施作了规划：第一年颁布《城镇乡地方自治章程》；第二年筹办城镇乡的地方自治，并颁布《厅州县地方自治章程》；第三至五年筹办续办各地地方自治；第六年城镇乡一律完成；第七年厅州县一律完成。地方自治的构想由此获得合法地位。

但在革命党人中也有不同的声音。论及实施地方自治制度时，章太炎在《代议然否论》中就说："今之务在乎辑和民族，齐一语言，调度风俗，究宣情志，合之犹惧其隔阂，况剖分之？自宋以降，南人视北人则有异，荆、扬、益三州人视岭外人则有异。地方自治始萌芽，而湖南、安徽比邻之民，又且相视若戎狄；滨海通商之地，其民羯不均，顾反有贱其宗国，而厚爱欧美人者。若一日分为联州，其遐离则愈甚，而南北美之战争将亟见于汉土，于民族主义甚反矣。"他说，纵观中国历史，"三国分而晋混一之，南北分而唐混一之，五季分而宋混一之，江表唐蜀亦有文思之人，未闻以灭宗为怨，何者？幸同气之和合为一家，不至矛相见也。故当伏其阴极，轩其阳极，令民族亲如昆弟，宁可以联州促其骚离哉？"他坚定地认为地方自治制度不符合维护国家各地区协调统一的要求。

（三）民国时期的地方自治与中央集权

民国建立后，地方自治作为和中央集权相抗衡的一种政治方略，继续为不少人所鼓吹。1912年9月27日，孙中山在济南回答一记者所问集权与分权得失时说："实无所分集，例如中央有中央当然之权，军权、外交、交通、币制、关税是也。地方有地方当然之权，自治范围内是也。属之中央之权，地方固不得取之，属之地方之权，中央亦不得代之也。故有国家政治，地方政治，实无所谓分权集权也。"（《孙中山全集》，第2卷）推翻袁世凯统治后，孙中山更积极宣传实行地方自治，他在上海政见演说会演讲时说："地方自治者，国之础石也。础不坚，则国不固。观五年来之现象，可以知之，今后当注全力于地方自治。"（《在沪举办茶话会上的演说》，见《孙中山全集》，第 3 卷，北京：中华书局，1984）1922 年他在《中华民国建设之基础》一文中更提出，第一步当实行"分县自治，行直接民权"。他说：实行民治，"其实行之次第，则莫先于分县自治。盖无分县自治，则人民无所凭借，所谓全民政治，必无由实现"（《孙中山集外集》，上海：上海人民出版社，1990）。1924 年他手书《国民政府建国大纲》第九条规定："一完全自治之县，其国民有直接选举官员之权，有直接罢免官员之权，有直接创制法律之权，有直接复决法律之权。"第十六条规定："凡一省全数之县皆达完全自治者，则为宪政开始时期，国民代表会得选举省长，为本省自治之监督。"第二十三条规定："全国有过半数省份达至宪政开始时期，即全省之地方自治完全成立时期，则开国民大会，决定宪法而颁布之。"（《孙中山全集》，第 9 卷，北京：中华书局，1986）1924 年 1 月公布的《中国国民党第一次全国代表大会宣言》规定："关于中央及地方之权限，采均权主义，凡事务有全国一致之性质者，划归中央；有因地制宜之性质者，划归地方。不偏于中央集权制或地方分权制。"

值得注意的是，1923 年曹锟公布的《中华民国宪法》，对于实行省与县两级地方自治也作了具体的规定。这部宪法规定，各省有立法权，省自治法由省自治法会议制定之。省议会议员直接选举产生，省务院为省行政机构，省务员亦由省民直接选举产生。县有县议会，议员与县长俱由选民直接选举产生。省、县有权决定和处理属于本省、本县的各项事务。

这一阶段，地方自治思潮如此高涨，其实正是北洋军阀统治下中央与地方关系处于严重无序状态的反映。从1916年到1928年的12年中，控制中央政权的军阀首领像走马灯一样不停地变换，7人出任过总统或国家首脑，内阁改组达24次，此外有4个摄政内阁在短暂的过渡期间管理过政府。中央政权极不稳定，地方自治呼声便越来越高。但真正的民选县长、民选省务员，包括直接选举省、县议员，一概都是纸面上的空谈。地方自治的旗号下，实际上是地方割据。

南京国民政府建立后，1928年10月，国民党中央常务委员会通过并公布《中国国民党训政纲领》和《中华民国国民政府组织法》。规定：地方机构采用省（市）县（市）两级制，在省县之间设行政督察专员公署作为省政府的常设辅助机关。省政府主席和省政府委员不论是委任的和特派的，都由国民党中央决定，国民党中央政府任命，从而重新恢复了高度集权的统治。为在形式上落实孙中山所提倡的地方自治，1929年3月，国民党第三次全国代表大会《确定地方自治之方略及程序以立政治建设之基础案》规定了推进地方自治的基本原则，明定"市"为自治单位。国民政府于1928年7月1日召开第一次全国财政会议，决定开始实施分税制财政体制，即实行中央和地方两级财政体制。在1934年颁布《划分省县收支原则》的基础之上，1935年通过《财政收支系统法》，形成财政收支系统的三级税收体系，县市财政由此成为具有一定独立性的收支系统，县市亦由此有了一定的自主权。但所有这些，都只能局限在确保而绝不损害中央高度集权这一范围之内,正因为如此,真正的县自治,如民选县长,就从未做到过。

(四)中华民族复兴与中央、地方关系的关键性调整

中华人民共和国建立后,政权一直向下延伸到乡镇、街道一级,形成省(直辖市、自治区)、县(市)、乡镇(街道)三级体制。中华人民共和国成立之初,曾设置华北、东北、华东、中南、西北、西南六大行政区,作为中央政府派出机构,各管辖所在若干省、直辖市、自治区,不久即撤销。在省与县之间,设置地区专员公署,作为省人民政府派出机构,管辖所在若干县。正式的是三级地方政权体制,非正式的则先是准五级地方政权体制,后是准四级地方政权体制。

改革开放之初,由于计划经济体制开始被突破,更由于经济特区的设置,尤其是经济特区在中央批准下自主权扩大的示范效应,各级地方政府秉承解放思想、大胆探索、敢于实践的精神,普遍增强了自主、自立、自治意识。但由于各地区原先基础不同,在政策取向上又有许多差异,率先开放的沿海地区和中西部地区差距明显扩大。为从根本上改变这一状况,1994年实行了两级分税的分税制。分税制实施后,中央财力飞速增长,不仅有效地加强了中央对于地方政府的权威和控制力,而且有了足够的财力,可以兴办以前很难上马的许多特大工程,支持贫困地区加快发展,使各地区发展能够协调而同步。这是中国经济高速增长得以均衡而持续的一个重要原因。

五、肝胆相照，荣辱与共：历史的抉择

（一）西方政党学说的输入

早在戊戌变法运动中，一些维新派人士就已很热心地介绍西方政党制度，为之向往。

1907年5月《新民丛报》发表的黄与之《论中国现在之党派及将来之政党》说："今者中国之存亡，一系于政党之发生与否，是政党问题者，实今日最重要之问题也。"该文对两党制给予很高评价："激烈派对于社会一切之事务，主去敝生新，用猛烈之手段，以达其急进之目的；温和派对于社会一切之事物，主因势利导，用稳当之手段，以达其渐进之目的。此二派者，貌似相反，而实相成。使一国之中，无激烈派而仅有温和派，则事物之进步必流于缓慢；又使一国之中，无温和派而仅有激烈派，则事物之秩序必即于紊乱，故曰相成也。"

同年10月创刊的《政论》第1期发表的蒋智由《政党论》强调："政党者，少数贤者政治也。""政党者，立于国家与人民两方之间，于一方顾及国家，而于一方又顾及人民，常能为国家人民定平正之衡者也。"第3期发表的马良《政党之必要及其责任》说："国家恒采取大政党所主张，为国民最大多数所同欲，而与国利民福最相近者以施政。夫是之谓政党政治。政党政治者，现世人类中最良之政治也。"

他们视立宪政治为国会政治，又视国会政治为政党政治，

所以以政党为国会政治及立宪政治的根本。这里特别值得注意的是，他们将政党政治视为"少数贤者政治"，是否真是"贤者"，要看政党实际构成，但坦承政党政治仍是"少数"人的政治，却道出了政党政治的本质。

这一时期，热心宣传并积极组织政党者，多为立宪主义者，他们心目中的政党，基本上就是议会党。革命党人对于这类政党多持严厉的批判态度。革命党人致力于发动暴力革命，其组织立足于下层社会，且主要进行秘密活动，带有浓厚的秘密社会色彩，和主要以议会为活动舞台的政党自然格格不入。章太炎1911年10月下旬发表的《诛政党》便认为："欧、美政党，贪婪竞进，虽犹中国，顾尚有正鹄。政府有害民之政，往往能挟持不使遂行。自及秉政，他党又得议其后。兴革多能安利百姓，国家赖焉。汉土则独否。盖欧、美政党，自导国利民，至中国政党，自浮夸奔竞，所志不同，源流亦异。而漫以相比，非妄则夸也。"（姜义华：《章炳麟评传》）

（二）辛亥革命后政党政治的短暂实践

辛亥革命后，在规划建立共和制度时，许多人认为，中国已有条件仿行西方的多党制，特别是两党制。孙中山1912年9月4日在北京演讲中就说："世界最完全政党之国，一为英国，一为美国。英国有两党，一自由党，一保守党……美国两党，一为共和党，一为民权党……民国初成，吾愿……以英、美先进国之模范。"（《在北京共和党本部欢迎会的演说》，见

《孙中山全集》，第 2 卷）

是时，全国社团、政党如春草怒生。据张玉法《民国初年的政党》（长沙：岳麓书社，2004 年）一书统计，当时新兴团体共 682 个，其中，基本具备近代政治性质的党会团体有 312 个，提出政纲的有 35 个，目的在维护共和政体者 66 个，促进地方利益地方政治者 44 个，属于议员俱乐部性质者 11 个。

此前不久还激烈抨击政党的章太炎，这时提出"革命军兴，革命党消"，就是说，暴力革命已经成功，秘密结社式的革命党历史使命已经完成，现在该建立新的政党了。他本人就组建了一个统一党。中部同盟会负责人宋教仁为在第一届国会选举中取得绝对优势地位，更忙不迭地将同盟会与其他许多党团组建成一个庞大的国民党。原立宪派和许多旧官僚，这时也赶紧联合起来，组建了共和党、民主党，以便在国会中与国民党相抗衡。

1913 年 3 月，孙中山仍说："横览全球，无论为民主共和国，为君主立宪国，莫不有政党。党之用意，彼此助政治发达，两党互相进退。得国民赞成多数者为在位党，起而掌握政治之权；国民赞成少数者为在野党，居于监督之地位，研究政治之适当与否……盖一党之精神才力，必有缺乏之时，而世界状态，变迁无常，不能以一种政策永久不变，必须两党在位、在野互相替代，国家之政治方能日有进步。"（《在东京留日三团体欢迎会的演说》，见《孙中山全集》，第 3 卷）

1913 年 5 月，孙中山又说："政党之作用，在提携国民以求进步也。甲党执政，则甲党以所持政策，尽力施行之。而乙党在野，则立于监督者之地位焉……轮流互易，国家之进步无穷，国民之幸福亦无穷焉。"(《国民月刊出世辞》，见《孙中山全集》，第3卷)

但是，政党的组织极为纷乱与庞杂，彼此之间分分合合，政治主张朝三暮四，政客们肆无忌惮地借助政党牟取私利，欺骗和玩弄民众，当权者对于政党明目张胆地加以操纵和利用。它们正如当时评论所说："今日之所谓政党……盖不过一二野心家借政党名目，以为争权夺利之具也。"(王灿：《党论》，见《说报》，1913年第3期)这一局面，使人们对政党政治很快严重失望，对中国是否已具备条件建立现代政党政治制度产生严重怀疑。一度参与组建统一党与共和党的章太炎，便痛切感到："默观近状，乃知中国之有政党，害有百端，利无毛末。若者稳健，若者暴乱，徒有议论形式之殊，及其偕在议院，胡越同舟，无非以善腾口舌为名高，妄扩院权为奉职，奔走运动为真才，斯皆人民之蠹蠹，政治之秕稗。长此以往，游民愈多，国是愈坏。"(《与黎元洪论政党电》，见1912年9月1日《大共和日报》)

二次革命失败后，再次流亡日本的孙中山舍弃原先的同盟会与国民党，恢复采用秘密会社式的组织与活动方式，组建了中华革命党。他在解释为什么要这样做时说："本党系秘密结党，非政党性质，各处创立支部，当秘密从事，毋庸大张旗鼓。"这是因为同盟会、国民党"当时立党徒眩于自由平等之说，未尝以统一号令、服从党魁为条件"，致使"当时党员虽众，声势虽大……迨夫外侮之来。立见摧败"。以此，孙中山坚持："此次重组革命党，首以服从命令为唯一之条件。凡入党各员，必自问甘愿服从文一人，毫无疑虑而后可。"（《孙中山全集》，第3卷）孙中山的这番总结，极其值得重视，它表明，孙中山从这些年亲身经历中深切认识到，议会式的政党在中国只是一个中看不中用并最易为政客所利用的政治奢侈品。

（三）国民党专制体制的确立

孙中山组建中华革命党，在原革命党内部就遭到许多人的反对，在其后反对袁世凯和北洋军阀的斗争中，也没能发挥孙中山所期望的作用。俄国十月革命的成功，在如何建党的问题上，给孙中山提供了一个全新的思路。孙中山对苏俄"以党治国"给予高度评价。他说："此后欲以党治国，应效法俄人。"（《在广州国民党党务会议的讲话》，见《孙中山全集》，第8卷，北京：中华书局，1986）张继在与马林会谈时表示"赞成中国实行一党专政"（《马林与第一次国共合作》，北京：光明日报出版社，1989），这正是孙中山的态度。孙中山接受苏俄帮助，对国民党进行改组，便是这一全新思路的结果。

从广州到武汉，再到南京，以国民党主导建立的国民政府，与中国共产党保持着联合关系。这时的国民党，正是依靠和中国共产党的合作，积极开展工人运动、农民运动、妇女运动、青年运动、学生运动、商人运动，和广大草根民众密切联系，从而使国民党自身成为群众的组织者、领导者，这时的"以党治国"便具有很广大的群众基础。随后，国民党转向反共，便丧失了这一群众基础，并站到了工人运动、农民运动和其他群众运动的对立面。国民党这时仍坚持一党专政。1928年2月，国民党二届四中全会《改组国民政府案》规定：国民政府"受中国国民党中央执行委员会之指导及监督，掌理全国政务"。1928年10月，国民党中央通过《训政纲领》，规定："中华民国于训政期间，由中国国民党全国代表大会代表国民大会领导国民，行使政权"，国民党代表大会闭会时，"以政权付托中国国民党中央执行委员会执行之"。国民党中央政治会议"指导监督国民政府重大国务之施行"。国民党这时所确立的"以党治国"和"一党专政"体制，已经成为一个远离人民大众的特殊利益集团凌驾于广大人民之上的独裁体制。

抗战时期，国共两党及其他各党派合作抗日，但国民党仍未放弃它敌视中国共产党、敌视人民大众的一党专政体制。蒋介石1943年3月在他精心制作出版的《中国之命运》中，便直言不讳地坚持"一个主义""一个党"，称"三民主义是国民革命永远不变的最高原则"，"中国国民党……是领导革命建设国家的总机关"，说"抗战的最高指挥原则，惟有三民主义。抗战的最高指导组织，惟有中国国民党"。在论及中国未来的发展时，他更毫不讳言地宣称："中国的命运，完全寄托于中国国民党。如果中国国民党没有了，或是失败了，那中国的国家就无所寄托……所以大家应该知道：自国家有机体的生命上说，没有了三民主义，中国的建国工作就失去了指导的原理。所以三民主义是国家的灵魂。自国家有机体的活动上说，没有了中国国民党，中国的建国工作就失去了发动的枢纽。所以中国国民党是国家的动脉，而三民主义青年团是动脉里面的新血轮。"他完全不承认中国的命运最终取决于全体中国人民，这就使蒋介石在抗战中坚持一党独裁，抗战后继续坚持一党独裁，使国民党走向脱离民众，敌视民众。

1946年11月15日，国民党在南京召开"国民大会第一届会议"，大会的中心任务是制定《中华民国宪法》，故此次大会又称"制宪国大"。12月15日，经大会三读通过《中华民国宪法》，并于1947年元月公布，同年12月25日生效实行，它标志国民党执政已从"训政"转到"宪政"。但是，这只是给国民党敌视人民的"以党治国"及蒋介石敌视人民的"一党专政"披上一件合法性外衣。随着内战的扩大，国民党与蒋介石便连这一外衣也不要了，他们让第一届国民大会第一次会议在1948年4月18日通过一个《动员戡乱时期临时条款》作为临时宪法修正案，优先于宪法条款而于同年5月10日由国民政府公布施行，规定总统在"动员戡乱"时期，得为紧急处分、设置动员戡乱机构、调整中央政府的行政机构及人事机构、订颁办法充实中央民意机构等，此外，还规定总统副总统连选连任不受宪法连任一次的限制。

众所周知，国民党经过一番精心打扮粉墨登场的这个以反人民为主要职责的"宪政"，并没有能够挽救它完全失败的命运！

（四）中华民族复兴与中国共产党统一战线的成功实践

中国共产党创立之初，深受苏俄建党理论与实践的影响。但是，中国共产党人很快就深刻认识到，仅凭中国共产党一党单打独斗，不可能引导中国革命走向胜利。中国共产党除去深入农村、深入工厂、深入到各阶层群众中，使自己深深扎根于群众，成为广大草根群众利益的真正代表者，成为下层民众坚强的组织者、领导者之外，还通过和孙中山领导的中国国民党合作，推动了国民党改组，掀起了第一次国内革命战争高潮。抗日战争中，中国共产党和中国国民党第二次合作，领导全民抗战，赢得了抗日战争的伟大胜利。在第三次国内革命战争中，中国共产党又同各民主党派、人民团体结成广泛的人民民主统一战线，使蒋介石陷入全民包围中，夺得了中国革命的全面胜利。

统一战线，其实就是力求实现多党合作。当然，统一战线中有一个领导权问题，即统一战线由谁主导。两次国共合作的破裂，都源于领导权之争。中国共产党在中华人民共和国建立时，正是根据统一战线的精神，和各党派建立了联合政府，新建立的中央人民政府中，将近一半领导职务由非共产党人担任。毛泽东为此曾自豪地说："我们有一个广大的和巩固的革命统一战线。这个统一战线是如此广大，它包含了工人阶级、农民阶级、城市小资产阶级和民族资产阶级。这个统一战线是如此巩固，它具备了战胜任何敌人和克服任何困难的坚强的意志和源源不竭的能力。"(《在新政治协商会议筹备会上的

讲话》，见《毛泽东选集》，第4卷，北京：人民出版社，1991年第2版）

改革开放以来，中国共产党领导的多党合作和政治协商得到完善并逐步走向制度化。统一战线作为一大法宝，为改革开放和现代化建设提供了强有力的支持。中国崛起带来中国社会结构空前深刻的变动，新的社会阶层产生，原有的众多社会阶层生存状况和利益需求都发生极大变化，中国共产党和其他所有党派都面临一个怎样更全面、更准确了解广大民众、广大新的社会精英的问题，一个更普遍、更深入联系广大民众、广大新的社会精英的问题。中华民族复兴，给中国共产党真正作为人民群众自己的组织，给中国共产党领导的多党合作和政治协商制度提出了大量全新的问题，同时，也为党领导国家和多党合作、政治协商制度的不断发展、不断完善提供了前所未有的机会。

六、民族复兴与王朝体系的完全终结

辛亥革命推翻了旧的王朝，结束了已延续了两千多年的传统王朝体系。王朝体系最主要的象征——皇冠被打落在地。不仅各级官吏必须遵循"公天下"原则，国家最高领导者也必须同样遵循"公天下"原则，而不再由一家一姓通过"父传子"而产生。王朝体系确实是被打破了，而在这一体系中曾一直有效运行过的关于大一统国家的一系列基本原则，却并没有随着清王朝的覆灭而就此完全丧失其影响力。毛泽东所说的"百代都行秦政法",正是对历史这种延续性的深刻洞见。这些原则,其实在很长一段时间中很大程度上仍然影响甚至一度继续支配中国的政治生活。

贯穿于王朝体系运行中的传统大一统国家各项基本原则,至少有这样一些方面:

其一,等级行政权力保持着对全社会的支配地位。这种等级权力对于全社会的支配,本来就是适应于小农经济、自然经济的需要而确立的,是适应于农耕文明与游牧文明和平相处的需要而确立的,它是大一统国家得以存在的决定性因素。

其二,传统大一统国家由以构成的三大支柱是:领袖的最高权威及其所统帅的负责实际运作的庞大官僚机构;高度的中央集权与有限的地方分权;汉民族的主体地位和诸民族的共生共存(多民族统一国家)。

其三,以王朝体系为其实现形态的传统大一统国家必然会产生的各种矛盾:由于等级权力系自上而下授予,而不是自下而上产生,权力无法受到来自全社会的全方位的监督和约束,便难以防止它们演变成为无限权力、全能权力。而其结果,就必然会大大激化围绕权力和利益的占有与再分配而展开的争斗,在最高领导者与负责实际政务的政府之间,政府各个不同部门之间,中央与地方之间,地方与地方之间,上级与下级之间,当权者与接班人之间,爆发各种或明或暗剧烈的冲突。甚至还会产生后宫干政、大内总管干政等固有的弊端。权力的万能，又必然会导致官僚机构的不断膨胀，权力掌控者欲望的无节制增长，贪污腐败由此必然会迅速而普遍地蔓延，这就不可避免地会极大地激化高高在上的权力掌控者同处于社会基层的广大人民群众之间的矛盾。

在中华民族复兴的过程中，由于国家政权仍然居于支配地位，国家政权中又聚集了一大批社会精英，大一统国家体系的主要架构在这一进程中，不仅可以继续统领尚未走出古代的广大农民，而且可以在工业化和城市化等进程中发挥主导作用，这使它继续保持了强大的生命力。中国传统的王朝体系，就其获得成功的本质而言，乃是因为它是一种专业精英治国体系。专业精英的培育、选拔、任用、考核，都早已形成成熟的制度。这些制度，为吸取民众中的精英进入国家体系、参与国家管理、扩大国家统治基础打开了虽不很大却非常重要的一扇门。

百年来中国大一统国家体系延续与再造的历史过程表明，辛亥革命虽然已经推翻了旧的王朝体系，但要使旧的王朝体系在中国真正终结，还有很长的一段路要走。显然，这个问题只有在中国进一步崛起中方能最终解决。

真正终结原先的王朝体系，需要确立现代社会化大生产的绝对支配地位，需要建立发达的成熟的现代统一国内市场和世界市场，需要确保广大人民拥有真正的自主权利，需要人民对权力和利益的占有及再分配有充分的主导权、监督权和制约权，这当然首先需要每个人的自主自立，但这显然远远不够，要确立这一基础，除去观念的深刻改变外，更有待于制度上的及程序上的周密设计与切实的实践。

大一统国家体系和现代民主的有机结合，具有决定性意义的环节，应当在社会化大生产基础上真正重建个人所有制，谋求真正做到每个人自由而全面的发展。社会化大生产基础上的个人所有制，不是以往小生产基础上的家庭或家族所有制，更不是个人、家庭、家族垄断资源、垄断信息、垄断财富的特权所有制。马克思所预言的在社会化大生产基础上重建的个人所有制，乃是一种与每个人的个人生命相终始的所有制。重建个人所有制，不仅仅要重建物质生产的个人所有制，而且要重建精神生产的个人所有制。这种个人所有制的建立，在制度设计和程序设计上，最重要的一点就是用什么方法保障每个人，特别是处于社会下层无权无势的广大草根，能够实实在在地享有同等的经济、政治、文化权利。消除社会精英与广大草根民众之间的鸿沟，使大一统国家体系能够长久健康高效地持续运行。

"百代都行秦政法"，秦政法，确实是一份不可回避的基本的历史遗产。但是，今天的中国，已是21世纪的中国；今天的世界，已是21世纪的世界。大一统国家体系必须和现代化建设紧密相结合，必须和每个人自由而全面的发展紧密相结合，它方才能继续保持其旺盛的生命力，为中华民族伟大复兴提供坚强的保证，作更大的贡献。

附　录

柳宗元《封建论》

天地果无初乎？吾不得而知之也。生人果有初乎？吾不得而知之也。然则孰为近？曰：有初为近。孰明之？由封建而明之也。

彼封建者，更古圣王尧、舜、禹、汤、文、武而莫能去之。盖非不欲去之也，势不可也。势之来，其生人之初乎？不初，无以有封建。封建，非圣人意也。

彼其初与万物皆生，草木榛榛，鹿豕狉狉，人不能搏噬，而且无毛羽，莫克自奉自卫。荀卿有言：必将假物以为用者也。夫假物者必争，争而不已，必就其能断曲直者而听命焉。其智而明者，所伏必众；告之以直而不改，必痛之而后畏；由是君长刑政生焉。故近者聚而为群。群之分，其争必大，大而后有兵有德。又有大者，众群之长又就而听命焉，以安其属，于是有诸侯之列。则其争又有大者焉。德又大者，诸侯之列又就而听命焉，以安其封，于是有方伯、连帅之类。则其争又有大者焉。德又大者，方伯、连帅之类，又就而听命焉，以安其人，然后天下会于一。是故有里胥而后有县大夫，有县大夫而后有诸侯，有诸侯而后有方伯、连帅，有方伯、连帅而后有天子。自天子至于里胥，其德在人者，死必求其嗣而奉之。故封建非圣人意也，势也。

夫尧、舜、禹、汤之事远矣，及有周而甚详。周有天下，裂土田而瓜分之，设五等，邦群后。布履星罗，四周于天下，轮运而辐集。合为朝觐会同，离为守臣扞城。然而降于夷王，害礼伤尊，下堂而迎觐者。历于宣王，挟中兴复古之德，雄南征北伐之威，卒不能定鲁侯之嗣。陵夷迄于幽、厉，王室东徙，而自列为诸侯矣。厥后，问鼎之轻重者有之，射王中肩者有之，伐凡伯、诛苌弘者有之，天下乖戾，无君君之心。

余以为周之丧久矣，徒建空名于公侯之上耳！得非诸侯之盛强，末大不掉之咎欤？遂判为十二，合为七国，威分于陪臣之邦，国殄于后封之秦，则周之败端，其在乎此矣。

秦有天下，裂都会而为之郡邑，废侯卫而为之守宰，据天下之雄图，都六合之上游，摄制四海，运于掌握之内，此其所以为得也。不数载而天下大坏矣。其有由矣。亟役万人，暴其威刑，竭其货贿。负锄梃谪戍之徒，圜视而合从，大呼而成群。时则有叛人而无叛吏，人怨于下而吏畏于上，天下相合，杀守劫令而并起。咎在人怨，非郡邑之制失也。

汉有天下，矫秦之枉，徇周之制，剖海内而立宗子，封功臣。数年之间，奔命扶伤之不暇。困平城，病流矢，陵迟不救者三代。后乃谋臣献画，而离削自守矣。然而封建之始，郡邑居半，时则有叛国而无叛郡。秦制之得，亦以明矣。继汉而帝者，虽百代可知也。

唐兴，制州邑，立守宰，此其所以为宜也。然犹桀猾时起,虐害方域者,失不在于州而在于兵,时则有叛将而无叛州。州县之设,固不可革也。

或者曰:"封建者,必私其土,子其人,适其俗,修其理,施化易也。守宰者,苟其心,思迁其秩而已,何能理乎?"余又非之。周之事迹,断可见矣。列侯骄盈,黩货事戎,大凡乱国多,理国寡,侯伯不得变其政,天子不得变其君。私土子人者,百不有一。失在于制,不在于政,周事然也。秦之事迹,亦断可见矣。有理人之制,而不委郡邑,是矣;有理人之臣,而不使守宰,是矣。郡邑不得正其制,守宰不得行其理。酷刑苦役,而万人侧目。失在于政,不在于制,秦事然也。汉兴,天子之政行于郡,不行于国;制其守宰,不制其侯王。侯王虽乱,不可变也,国人虽病,不可除也。及夫大逆不道,然后掩捕而迁之,勒兵而夷之耳。大逆未彰,奸利浚财,怙势作威,大刻于民者,无如之何。及夫郡邑,可谓理且安矣。何以言之?且汉知孟舒于田叔,得魏尚于冯唐,闻黄霸之明审,睹汲黯之简靖,拜之可也,复其位可也,卧而委之以辑一方可也。有罪得以黜,有能得以赏。朝拜而不道,夕斥之矣;夕受而不法,朝斥之矣。设使汉室尽城邑而侯王之,纵令其乱人,戚之而已。孟舒、魏尚之术,莫得而施,黄霸、汲黯之化,莫得而行。明谴而导之,拜受而退已违矣。下令而削之,缔交合从之谋,周于同列,则相顾裂眦,勃然而起。幸而不起,则削其半。削其半,民犹瘁矣,曷若举而移之以全其人乎?汉事然也。今国家尽制郡邑,连置守宰,其不可变也固矣。善制兵,谨择守，则理平矣。

或者又曰："夏、商、周、汉封建而延，秦郡邑而促。"尤非所谓知理者也。魏之承汉也，封爵犹建。晋之承魏也，因循不革。而二姓陵替，不闻延祚。今矫而变之，垂二百祀，大业弥固，何系于诸侯哉？

或者又以为："殷、周，圣王也，而不革其制，固不当复议也。"是大不然。夫殷、周之不革者，是不得已也。盖以诸侯归殷者三千焉，资以黜夏，汤不得而废；归周者八百焉，资以胜殷，武王不得而易。徇之以为安，仍之以为俗，汤、武之所不得已也。夫不得已，非公之大者也，私其力于己也，私其卫于子孙也。秦之所以革之者，其为制，公之大者也；其情，私也，私其一己之威也，私其尽臣畜于我也。然而公天下之端自秦始。

夫天下之道，理安，斯得人者也。使贤者居上，不肖者居下，而后可以理安。今夫封建者，继世而理。继世而理者，上果贤乎？下果不肖乎？则生人之理乱未可知也。将欲利其社稷，以一其人之视听，则又有世大夫世食禄邑，以尽其封略，圣贤生于其时，亦无以立于天下，封建者为之也。岂圣人之制使至于是乎？吾固曰："非圣人之意也，势也。"

伟大的解放运动：改革开放四十年的中国

改革开放四十多年来，中国实现了从传统的生产方式和传统的生活方式向现代生产方式和现代生活方式的伟大飞跃。中国告别了传统立足于手工劳动的农耕文明，告别了传统的用牛、马和人去耕种土地的生产方式，走进了工业文明时代，并已开始向信息文明跨越式发展。中国又在大力建设生态文明，谋求融新型农业文明、工业文明、信息文明、生态文明为一体，全面统筹、有序推进。中国四十多年来这一历史性成就，名副其实地是一场用和平方式进行的伟大革命，是全体中国人更全面更深入的伟大解放。

一、社会活力的解放：劳动的解放、人的解放

社会活力的解放，是劳动的解放，劳动力的解放，人的普遍的解放。

劳动的解放首先是亿万农民的解放。1927 年 3 月毛泽东在《湖南农民运动考察报告》中说，国民革命需要一个大的农村

变动。"很短的时间内，将有几万万农民从中国中部、南部和北部各省起来，其势如暴风骤雨，迅猛异常，无论什么大的力量都将压抑不住。他们将冲决一切束缚他们的罗网，朝着解放的路上迅跑。一切帝国主义、军阀、贪官污吏、土豪劣绅，都将被他们葬入坟墓。"这里所说的"束缚他们的罗网"，主要指代表了全部封建宗法的思想和制度、束缚中国人民特别是农民的四条极大的绳索——政权、族权、神权、夫权。几万万农民在中国共产党领导下，用了差不多22年时间，终于冲决了这四大罗网，夺取了中国革命的胜利。1949年中华人民共和国的建立，标志着包括几万万中国农民在内的中国人民政治上得到了解放。为了从传统的生产方式和传统的生活方式中走出来，中国尽力发展现代工业、现代农业、现代科学技术，也取得了不容忽视的成绩。但是，直到1978年，中国9.6亿人口中，农民仍占82%，有7.9亿，他们虽然不再是传统的个体经济，主要仍是从事手工劳动；城市人口1.7亿，仅占18%。其中第二产业从业人员，包括工人、专业技术人员和管理人员，共0.69亿，第三产业从业人员仅0.49亿。这一事实表明，中国人民，尤其是人数最为广大的中国农民，还没有从传统的生产方式和传统的生活方式中解放出来，他们还被牢牢束缚在土地上。

改革开放是从承认农村实行"包产到户"的合理性、合法性开始的。随着家庭联产承包责任制的普遍推行，数亿农民有了独立自主地进行生产、流通、消费的权力，劳动的主动性、积极性得到极大的释放。大批农业劳动力由此得以从土地原先的束缚下解放出来，从城乡固化了的户籍制度和社会二元结构中解放出来，有了迁徙的自由，有了选择职业的自由，纷纷从农业转向工业，从农村进入城市，给制造业、服务业和城镇快速发展提供了源源不断的活力、动力。

由于乡镇工业和相关企业如雨后春笋发展起来，至1988年，就创造了将近1亿个就业岗位。其后，它们一直相当稳定地容纳着1.1亿至1.2亿农民工。从80年代中后期开始，农民工更成千万、成亿地涌入城市，成为现代城市发展的生力军。2017年，全国就业人口7.76亿人，其中城镇就业人口4.25亿人，而农民工就有2.87亿人，其中外出农民工1.72亿人，本地农民工1.15亿人。这些农民工用他们辛勤的劳动，低廉的工资，对各种新兴产业创造性的参与，和城市原有居民一道艰苦奋斗，将中国在短短时间中打造成世界工厂、第一制造业大国。

农民工虽然在身份上的解放还没有最终完成，但工农之间、城乡之间劳动的藩篱就此打破。农村积累的迅速增加，农民生活的迅速改善，大大加速了农业机械化进程。2017年我国耕种收农机化综合水平达到66%，绿色农机化技术推广成效明显，农业生产方式实现了由人力畜力为主向机械作业为主的历史性跨越。

劳动的解放，劳动力的解放，另一重要表现，就是冲破了脑力劳动和体力劳动的各种藩篱。不仅自然科学和工程技术领域里的脑力劳动得到尊重，人文社会科学、管理科学领域里的脑力劳动也得到尊重。理论的解放，思想的解放，都能够转化为巨大的物质力量。中国广大知识分子的创造力和无穷潜力爆发出来。在四十多年来历史研究中,对知识分子的研究之所以成为一个重要的热点,和这一伟大实践紧密相联系。

二、社会活力的竞相迸发:土地、资本、市场等要素的解放

中国的现代化建设,中国的工业化、信息化,中国空前规模的基础设施建设和快速的城镇化,中国超大体量的公共供给和公共服务,都需要巨额的资本投入。西方许多国家资本的原始积累,是通过剥夺本国农民和肆无忌惮地掠夺广大殖民地而完成的,航海带来的全球贸易,美洲、非洲等地黄金的发现,给西方原始资本积累注入强大活力;现今,他们则凭借金融资本和核心技术的垄断地位,以及世界范围无远弗届的广泛渗透,继续攫取高额利润,变本加厉地扩大资本的积累和积聚。这两条路在中国都走不通。剥夺本国农民,那只能激起农民的激烈反抗,堵塞走向现代化的道路;对外侵略扩张,中国素来没有这样的传统和基因。中国资本的原始积累,以及其后资本的积累与积聚,依靠的是广大农民所耕种的土地的解放、本国既有国家资本及民间资本的解放,以及通过开放互利,大量引进外资、侨资、港资、台资。而所有这些,又都和市场的解放紧密联系在一起。当市场真正获得开放的时候,不仅产品可以进入市场,劳动可以进入市场,而且土地也进入了市场,国家

资本进入了市场，知识、知识产权随之也进入了市场，除去极为广大的国内市场，还有极为广大的国外市场。

国家的土地、农民土地的可以进入市场流转，为中国资本的积累积聚提供了极为可观的第一桶金；并为大规模引进外资奠定了良好的基础。资本和市场的解放，可以说是改革开放所带来的最为石破天惊的突破。很长一段时间中，资本和市场都被视为和社会主义绝不相容，改革开放，彻底打破了这种迷思。实践证明，资本和市场，可以用来服务于资本主义，又何尝不可以服务于社会主义！实践证明，国内市场和国外市场的拓展与成熟，市场积极参与资源的合理配置以及逐步在资源配置中发挥决定性作用，有效地降低了生产与流通的成本，提高了生产与流通的效率，能够更为充分地实现劳动者的劳动价值，更为充分地满足人们多样化的甚至个性化的各种需求。

在我国，资本的解放最初是从放开民营企业开始的。民营资本经历了一个从无到有、从小到大极为快速的发展过程。到2015年底，全国民营企业已达1 908万户，民营企业投资人3 560万人。企业数占全国企业总数的87.3%；注册资金90.55万亿元，占全国实有企业注册资金的53.8%。这些企业吸纳了2.92亿从业人员，成为我国劳动的解放、劳动力解放的巨大推进器。这些企业已占国内生产总值的比重超过60%，税收占全部税收的比重超过50%，新增就业比重更超过90%，在支撑增长、增加税收、扩大就业、促进创新等方面正发挥着越来越重要的作用。

国有资本和民营资本的解放，本质上都是人自身的解放，是积累起来的劳动的解放，是从事工匠型劳动、知识型劳动、管理型劳动的各种劳动力的普遍解放。

三、生产力的大解放

劳动的解放，土地的解放，资本的解放，市场的解放，都是生产关系的伟大变革，这些解放的目标和必然的结果，就是社会生产力的巨大解放。

近代以来，西方发达国家已经经历了四次工业革命，使他们在科学技术和社会生产力发展中走在世界前列。第一次工业革命的主要标志是机械化，用机器生产普遍取代手工劳动；第二次工业革命的主要标志是电气化，即电力的广泛应用；第三次工业革命主要标志是原子能、电子计算机和空间技术的广泛应用，涉及信息技术、新能源技术、新材料技术、生物技术、空间技术和海洋技术等诸多领域；第四次工业革命的主要标志是智能化与信息化，绿色与生态，是数字技术、物理技术、生物技术的有机融合。

中国生产力的解放，最主要的特征，就是四次工业革命分区、同步甚至并轨进行。改革开放前，中国手工劳动还非常普遍，机械化还不高。1978年到1988年，乡镇工业勃兴，大量集中于劳动密集型产业，基本属于原始工业化阶段，但它激发了对电力、机械制造、钢铁、采矿和交通运输巨大市场需求，极大地推动了第一次工业革命的实现,同时引发了第二次工业革命的广泛展开,使钢铁、煤炭、铁路、机器、通讯设施、轮船、汽车等工业遍地开花,中国各地方争先恐后进入一个新技术大爆发时代。这两大工业革命尚未全面实现之时,中国又马不停蹄地开始了第三次工业革命和第四次工业革命,一方面在信息技术、新能源技术、新材料技术、生物技术、空间技术和海洋技术等诸多领域取得重大突破,另一方面在21世纪刚开始就确定要建设资源节约型、环境友好型社会,实行绿色发展战略,进行世界上最大规模的绿色投资,包括生态建设、环境治理、节能减排等方面的投资。

中国社会生产力的大解放,四次工业革命得以并轨进行,并取得举世瞩目的成就,离不开邓小平提出并努力付诸实施的科学技术是第一生产力这一战略。改革开放和中国教育与文化的快速发展一直紧紧相连。从切实实施九年制义务教育,到大学扩招,以及大规模派遣、鼓励和支持学生出国留学,中国用了不到二十年时间,普遍提高了广大劳动者教育水准和文化素质,造就了一支数百万、千万计的科技大军。中国辽阔的大地,各个地区、各个领域发展的不平衡,给他们提供了施展才华的足够空间。生产力的发展,先进生产力的创造,归根结底,是因为有了能够承担这一历史性使命的人。我们围绕建立社会主义市场经济体制这个目标,推进经济体制以及其他各方面体制改革,使我国成功实现了从高度集中的计划经济体制到充满活力的社会主义市场经济体制、从封闭半封闭到全方位开放的伟大历史转折,实现了人民生活从温饱到小康的历史性跨越，实现了经济总量跃居世界第二的历史性飞跃，极大调动了亿万人民的积极性，极大促进了社会生产力发展，极大增强了党和国家生机活力。

四、思想解放：伟大解放运动的总开关

改革开放是第二次革命，是一场用和平方式进行的革命。这一伟大的解放运动，是关系到每一个人的生产方式和生活方式的全面变革，是整个中华文明从物质文明到精神文明、从政治文明到社会文明再到生态文明全方位的提升，是人类文明中一种崭新文明在孕育、在诞生。

改革开放作为一场伟大的解放运动，发端于党恢复并高扬解放思想、实事求是的思想路线。没有党自身的解放思想、实事求是，就不可能打破紧紧束缚住人们的种种清规戒律，种种脱离实际的观念、体制、方法。马克思主义的认识论就是坚持实践第一，坚持一切从实际出发，《德意志意识形态》提出"从实际的前提出发，它须臾不离这个前提"，正是对这一认识论的明确揭示。中国共产党人正是经由共和国建立以来艰苦而曲折的探索和实践，在实践中探索，在实践中总结，在实践中发现真理、修正错误。思想解放运动的发动，可以说，是中国共产党人，包括一大批在"文革"中曾被打倒而跌入社会底层的高级领导干部，经历了一场凤凰涅槃的产物。人们正是在这一过程中，深入了解到中国真正的实际，了解到最广大的民众真

实的生产状况与生活状况,了解到原先许多教条和迷信多么严重地脱离了中国的社会实际,这就推动了人们深刻认识与总结先前奋斗的各种经验和所走弯路的种种教训,勇敢地挣脱长时间紧紧束缚住他们的、令他们脱离中国实际和当代世界实际的各种精神的思想的枷锁。中国共产党人发动了实践是检验真理的唯一标准大讨论,统一了人们的思想认识,站在一个全新的历史高度,决定结束以阶级斗争为纲,引导全民族转到以经济建设为中心以及实行改革开放的科学决策。随后,中国改革一步步深化,开放一步步扩大,无一不是坚持解放思想、实事求是思想路线的结果。

回顾四十多年来中国改革开放的全部实践,正如习近平在博鳌亚洲论坛 2018 年年会开幕式发表主旨演讲中所说:

> 以中共十一届三中全会为标志,中国开启了改革开放历史征程。从农村到城市,从试点到推广,从经济体制改革到全面深化改革,40 年众志成城,40 年砥砺奋进,40 年春风化雨,中国人民用双手书写了国家和民族发展的壮丽史诗。

中华文明历史性跃进的中国

中华人民共和国建立七十年来,历久而弥新的中华文明经历了一场历史性的向现代文明跃进的伟大变革。这场变革,集中表现为传统农耕文明向现代农业文明全面转型,现代工业文明快速普遍地确立,以及积极参与当今世界新的信息文明的创造。七十年来的历史,充分证明,坚持党的领导核心地位,国家的统一,人民的团结,是中华文明实现这一革命性飞跃的根本保证。

一、传统农耕文明向现代农业文明的全面转型

中国农耕文明有着悠久的历史,最早可以上溯至六七千年以前。这是一种有着独特形态的文明。自从商鞅变法以后,中国农耕地区就一直以一家一户为基本生产单位和生活单位,以男耕女织自给自足的小农经济为其根基。它绵延不断,曾创造出繁荣而辉煌的古代文化,但因其一直建立在分散的个体的经营和繁重的体力劳动基础上,又因土地不断流转而形成土地的集中、垄断和地主土地所有制的统治,生产力发展水准终究有

限。为了使广大农民从传统生产方式中得到解放，中国共产党在消灭了地主土地所有制及其统治之后，便将改变农民分散的个体的经营和繁重的体力劳动这一传统生产方式提上日程。

毛泽东1949年3月5日在中共七届二中全会上的讲话中指出："中国还有大约百分之九十左右的分散的个体的农业经济和手工业经济，这是落后的，这是和古代没有多大区别的，我们还有百分之九十左右的经济生活停留在古代。"为了解决"分散的个体的"经营方式问题，在进行土地改革以后，中国共产党发动农业互助合作运动和人民公社化运动，将广大个体农民以及个体手工业者组织进互助组、合作社、人民公社，用集体劳动取代了分散的个体的劳动。而为了解决农民和手工业者所从事的劳动主要是个人的体力劳动这一问题，则必须实现国家工业化和农业机械化。

面对以美国为首的帝国主义列强对新生的共和国严密的经济封锁和持续不断的战争威胁，中国的工业化选择了优先发展重工业的路线。已经组织起来的农村，承担了为国家重工业的快速发展提供全力支持的重任。重工业的快速发展，为国家工业化奠定了坚实的基础；但轻工业、乡镇工业的发展，农业机械化的实现，都不得不延后。中国农业的发展，不得不以超强的体力付出和削减扩大再生产的投入作为支撑。中国农村虽然人数众多，体力付出的力量毕竟有一定限度，虽然一再运用政治强力进行动员，亦难以长久持续。无论是从实现国家工业化目标的需要出发，还是基于农业自身发展的要求，农村一场具有革命性意义的改革运动势不可挡地开启了。

农村新的改革,发端于实行"包产到户""家庭联产承包责任制",这是在土地集体所有的基础上重新确认家庭在农业生产、流通、分配中的主体地位。将近九亿的农民劳动的主动性、积极性得到极大的释放。大批农业劳动力有了迁徙的自由,有了选择职业的自由,由此得以从土地原先的束缚下解放出来,从城乡固化了的户籍制度和社会二元结构中解放出来。

中国从农业生产中节省出数以亿计的青壮年劳动力,支撑了乡镇企业的蓬勃发展,为实现国家工业化注入一股异常强大的活力。从20世纪80年代中后期开始,农民工更成千万、成亿地涌入城市,成为现代城市工业和服务业发展的生力军。这些农民工用他们辛勤的劳动,低廉的工资,对各种新兴产业创造性的参与,和城市原有居民一道艰苦奋斗,成为发展超大规模劳动密集型产业的一支世界级的产业大军,将中国在短短时间中打造成世界工厂、第一制造业大国。

农村积累的迅速增加,农民生活的迅速改善,加上工业与城市的有力反哺,农业机械化和农业生产的科学化动力激增,以前所未有的步伐和规模快速向前推进。我国耕种收农机化综合水平已经达到将近70%,尤其是绿色农机化起步虽晚,但成效明显。农业生产方式终于普遍实现了由人力、畜力为主向机械作业为主的历史性跨越。

在中国漫长的农业史中,七十年仅仅是短短的一刹那,但我们终于普遍地走出了古代,并且正在向新型的生态文明中的现代农民、现代农业、现代农村这一更高的目标前进。

二、现代工业文明的确立

中国农耕文明演进过程中，家庭手工业和工场手工业一直相当发达。但是，引发整个生产方式全面变革的工业革命并没有在此基础上发生。这是因为与家庭手工业和家庭农业紧密结合的自然经济如汪洋大海，农村市场需求非常有限；工场手工业虽然规模很大，但大多为满足皇家和极少数享有特权者的特殊需求，市场其实也相当有限；加上人们获得财富，除去消费外，都用以购置更多土地，难以使资本快速积累和大规模积累。中国农耕文明内生的秉性，更使中国根本不可能依靠海外殖民扩张和剥夺本国农民完成资本原始积累。

中国的机器工业兴起于1840年鸦片战争以后。深重的民族危机惊醒了一大批国人。太平天国所引发的全国范围内此起彼伏的农民运动高潮，催化了资本向通商口岸的积聚集中。中国起初曾试图效法西方资本主义各国工业化路线，可是，中国完全没有条件像他们那样通过充满血腥的海外扩张与殖民掠夺去完成资本的原始积累；过度剥夺本国农民又必然会全面激化国内的社会矛盾，使国家陷入激烈的动荡乃至分崩离析。外有列强的压迫与攘夺，内有官僚统治的极度腐败和社会矛盾的日益尖锐，中国工业化因此举步维艰。直到1949年，现代工业在中国国民经济所占的比重，只不过10%左右。

中华人民共和国建立后，致力于实现国家工业化。起初，一度尝试仿行苏联工业化路线，借助强大的国家力量，实行高度集中统一的计划经济，依靠本国劳动者特别是广大农民的超强贡献，在不太长的时间内，初步建成以重工业为主干的现代工业体系，为下一步实现国家工业化奠定了基础。

实践表明，将生产资料的支配和生产过程、流通过程、分配过程全部纳入行政权力支配之下，有利于集中全力快速办成一批大事，但又比较容易以人的主观意志损害资源的合理配置和人们积极性、主动性、创造性的普遍发挥。因此，在学习苏联的同时，人们已经开始探索如何从中国实际出发，走符合中国国情的自己的路。这一条路，从根本上来说，就是既保障工业文明所需求的生产规模化、经济集约化，尊重市场机制配置资源的合理性，同时又十分注意防止因放任自由竞争而滑向优胜劣汰的丛林法则肆意泛滥，防止因放任物质至上主义、人们竞相追逐利益最大化而导致社会分裂及人文精神的丧失；既坚持自力更生，坚持依靠本国人民大众积极性、创造性的持续发挥，同时又坚定不移地奉行和平、互利、共赢的方针，参与并大力推动世界联系即全球化的健康发展。

在实践是检验真理的唯一标准思想指导下，中国实行改革开放，一方面充分发挥包括国有企业、民营企业、乡镇企业在内的所有中国企业的主体作用，一面大规模引进外资、侨资、港资、台资，运用外资、合资等多种形式，积极借鉴和吸取世界科学技术及先进管理经验，发动了一场规模空前浩大的工业革命。把近代以来西方发达国家已经经历的四次工业革命（第一次工业革命的主要标志是机械化；第二次工业革命的主要标志是电气化；第三次工业革命主要标志是原子能、电子计算机和空间技术的广泛应用；第四次工业革命的主要标志是智能化与信息化）在中国不同地域几乎同步推进，在一些地区甚至并轨进行。

改革开放前，我国制造业基础仍发展有限。1978年工业增加值仅有1 622亿元。改革开放后，投资累计完成490万亿元。1992年工业增加值已突破1万亿元大关，2007年突破10万亿元大关，2012年突破20万亿元大关，2017年工业增加值接近28万亿元，按可比价计算，比1978年增长53倍。到2020年，全年全部工业增加值更是达到了313 071亿元。中国制造业1990年占全球制造业的比重为2.7%，居世界第九位；2000年上升到6.0%，位居世界第四；2007年达到13.2%，居世界第二；2010年占比进一步提高到19.8%，跃居世界第一。自此连续多年稳居世界第一。到2020年，这个比重已经提高到近30%。工业革命的成功推进，推动中国除去农产品走向世界市场外，工业产品也一步步走向世界市场。初级工业产品、中级工业产品和若干高级工业产品相继走向世界大市场。中国因此而成为世界工厂。

中国工业革命跨越式的发展，使我们只用了数十年时间，就建成了体量巨大、门类齐全的现代工业体系。目前中国，尽管劳动密集型产业仍占有很大比重，但资本与技术密集型产业已占居越来越重要的地位。现代科学技术最新成就被广泛应用于工业、交通运输业和服务业，也愈来愈多地被应用于现代农业，使社会生产力快速提高，从而结束了已经绵延了数千年的手工劳动的绝对支配地位。

具有鲜明中国特色的工业文明使接近14亿的中国人，从超强度和超长时间的沉重体力劳动中解放出来，获得了进一步接受教育、自由创业、自由创新、全面发展自身的广阔空间。人们有史以来第一次真正走出普遍性贫困，普遍地实现温饱，逐步有序地在走向小康，走向富裕。

三、积极参与信息文明的创造

试看今日之中国，传统的农耕文明还没有完全成为明日黄花，工业革命所开启的工业文明还有大量的短板、不足，但是，当这些历史性任务尚未完成之时，中国又已在积极参与一场新的革命，参与一种全新文明的创造，这就是信息革命和信息文明。

现在人们所常说的第四次工业革命，是以信息革命为发端的一场极为全面而深刻的革命，它和前三次工业革命不在一个等级上。信息革命所创造的是一个全新的文明，目前可姑且称之为信息文明。这是因为这场革命正深刻地改变着人们的知识体系、思维方式，改变着人们的生产方式、交往方式、生活方式。

信息文明最根本的特点，就是它使人在历史上第一次普遍成为真正具有直接世界联系的人。支撑工业文明机械化大生产的，是人类知识的高度专业化、社会生产的高度组织化、社会分工的高度细密化，而支撑信息文明的，则是人类各种知识的贯通和综合、社会各成员的密切联系和全球越来越一体化。人们通过互联网，可以随时从世界各地获得各种最新信息，可以越过语言、学科、空间、时间、民族、国别等各种障碍，了解世界各种知识，并进而使自己的物质生产、精神生产、社会生活同全国、全世界的物质生产、精神生产、社会生活密切地相联系。这样，以互联网为代表的信息技术便创造了人类生活新空间，极大提高了人类单位时间中认识世界、改造世界的能力和效率。

越来越发达、越来越方便的智能化服务，背后是庞大的知识与技能系统的支撑，是难以统计其数的连接以及日益完备的信息记录。随着学科交叉融合加速，新兴学科不断涌现，前沿领域不断延伸，技术更新和成果转化更加快捷，产业更新换代不断加快，不同区域、不同行业、不同教育水准，乃至不同民族、不同国家，人们彼此的命运更加紧密地互相联结在一起。这一全新的文明，未来将如何发展，包含着各种可能，人们目前仍很难准确地预知。

中国在全面推进以第一次工业革命、第二次工业革命及第三次工业革命所代表的工业化时，已经非常敏锐地认识到，在当代，科学技术已成为第一生产力，而教育的发展和高水准的科学研究则是它的基础。2010 年我国进行了第六次全国人口普查，具有大学文化程度的人口数约为 1.2 亿。自 2011 年以来，至2018年，全国高等学校毕业生人数累计达到5 895万人，两者合计，具有大学文化程度的人口近1.8亿人。如果加上在校的大学生2 500万人，则超过2亿。中国科技研发人员总量在2013年超过美国，已连续6年稳居世界第一位，现有的科技人员是3 500万人，数量是世界第一位。当然，这支队伍总的来说，还很年轻，前期的积累还不够丰厚，但这也正是这支队伍优势之所在，因为它更有活力，更能够勇于应对各种新的挑战，因而常常更具创造力。

中国没有等待，一边致力于推进前三次工业革命，一边不失时机地瞄准了信息革命。经过近二三十年来不懈的努力，中国信息革命在互联网、大数据、云计算、人工智能、新材料、新能源，以及脑科学、生态科学、生命科学这些方面都已取得可观的进展。据统计，2018年末，中国移动宽带用户13亿户，移动电话交换机容量达到近26亿户。移动电话用户156 610万户。全年移动互联网用户接入流量711亿GB。如此巨大的体量，显示了信息化在中国的普及程度。信息革命以空前的力度，推动着中国农业现代化进程，推动着中国工业化从第一次工业革命到第二次、第三次工业革命快速转化的步伐，更将充满未知数的信息文明带给了中国最普通的千家万户平民百姓。

发端于西方资本主义国家的工业革命在席卷世界的过程中，创造了远远超过以往数千年总和的巨额财富，但资本的统治必然会将人们驱向追逐利益最大化，使人的生存与成长、人的全部活动，越来越受制于外在于人自身的异己的力量。中国选择社会主义道路，是为了防止这种异化的不断膨胀，约束工业化、市场化、城市化、全球化进程中各种负面后果的影响，让工业革命所创造的财富为全体人民所共享。由信息革命创立的信息文明，带来知识流、资金流、人流、物流新的大解放，为进一步解决工业文明诸多内在的矛盾与冲突，实现社会主义的宏伟目标，提供了更为巨大的空间和更加实际的保障，也为中国更加积极地参与世界新秩序的构建、推动人类命运共同体建设，提供了更为有力的动能。

四、中华文明历史性跃进的基本保证

1957年2月毛泽东在《关于正确处理人民内部矛盾的问题》讲话中指出："国家的统一，人民的团结，国内各民族的团结，这是我们的事业必定要胜利的基本保证。"这一论断，完全适用于说明中华文明为什么能够在这么短短七十年中实现这一历史性的跃进。

首先，是国家的统一。新中国的建立，结束了列强对中国长时间的侵凌、掠夺，结束了国内四分五裂的分裂动荡、内战不已的局面，得以专心致志进行经济、政治、社会、文化建设。国家的统一，便于利用国家权力，统筹规划，谋大局，谋全局，谋长远，调动一切积极因素，动员一切可以动员的力量，分区域、分层次、分步骤地向既定目标前进。国家的统一，还特别有利于在古代、现代乃至后现代并存的复杂条件下，从最大多数人的最大利益出发，协调好工业与农业、城市与乡村、发达地区与不发达地区所有社会群体利益的大变动、大调整、大冲突，解决好整体与局部、长远与当前、群体与个体之间的各种矛盾，给经济、政治、社会、文化各项建设提供所必不可少的稳定、秩序和法治环境。

其次，是人民的团结，国内各民族的团结。我们的新中国用共同的信仰、共同的奋斗目标将全国各地区、各阶层、各民族人民紧密地团结在一起。中国素来重视教育。《周易·贲卦》象辞中说："刚柔交错，天文也；文明以上，人文也。观乎天文，以察时变；观乎人文，以化成天下。"了解自然界阴阳、刚柔交会错综的万千变化以察知四时的变迁，认识人应当如何按照文明的要求而使生命真正有价值，这是中国教育的优良传统。新中国重视发展科学技术教育，更重视人文精神的培育，使人民的素质在七十年中获得了前所未有的提高。这是人们团结一心，发挥自己的聪明才智，推动中华文明成功地实现历史性飞跃最坚实的基础。毛泽东 1949 年已经说过："人民，只有人民，才是创造历史的动力。"有了素质不断提高的这样的人民，什么样的人间奇迹不能创造出来呢？

其三，是中国共产党在国家发展和治理中坚定不移的领导核心地位。国家之所以从纷乱走到统一，人民之所以从普遍被压迫走到扬眉吐气、当家作主，都离不开中国共产党的领导。中华文明之所以能够在新中国成立七十年间实现历史性跃进，和中国共产党在国家发展和治理中坚定不移的领导核心地位更密不可分。而中国共产党之所以能够肩负这样的历史重任，则是因为中国共产党坚持将人类精神生产的最高成果马克思主义同中国实际紧密结合起来，坚持从中国历史和现实出发；还因为中国共产党始终不渝地坚持为人民服务、密切联系人民群众，想人民群众之所想，急人民群众之所急，和最广大的人民群众血肉相连。中国共产党在实践过程中也走过弯路，犯过错误，但党能够坚持自我净化、自我完善、自我革新、自我提高，因而能够通过革故鼎新不断开辟未来。

事实证明，国家的统一，人民的团结和各民族的团结，中国共产党的坚强领导，是中华文明实现历史性跃进的三项主要法宝；事实还将证明，这也是中华民族继续克敌制胜、实现中华民族伟大复兴中国梦的三项主要法宝。

惟精惟一，允执厥中：
以中国共产党为中流砥柱的中国

中国共产党伴随着中国的工业化、城市化、市场化、世界化而产生、成长、壮大，它的现代性不容置疑；中国共产党又深深扎根于传统的中华文明，并非常成功地引导中华文明从传统走向现代，它根深蒂固的本土性、传统性同样不容置疑。中国共产党通过对历久而弥新的中华文明精髓的发掘、继承、弘扬以及创新性的转化，激发了中华文明从传统农耕文明、游牧文明向现代工业文明、信息文明跨越式发展的巨大的内生动力，化解了现代工业文明、信息文明同传统农耕文明乃至游牧文明的脱节与冲突，通过现代工业文明、信息文明的成功推进，使中华文明发生了历史性的提升和飞跃。

中华文明最为精粹的精髓，就是"人心惟危，道心惟微，惟精惟一，允执厥中"这十六个字所代表的尧舜之道。毛泽东在《送瘟神二首》中写道：

春风杨柳万千条，六亿神州尽舜尧。

尽舜尧,是毛泽东的最高理想,也是全体中国共产党人的共同追求。回顾中国共产党百年成长历程,中国共产党对中华文明精髓的发掘、继承、弘扬以及最具创新性的转化,在这一点上得到了特别集中的表现。

"人心惟危,道心惟微,惟精惟一,允执厥中",出自《尚书·虞书·大禹谟》,原文为:

> 帝曰:"来,禹!降水儆予,成允成功,惟汝贤;克勤于邦,克俭于家,不自满假,惟汝贤。汝惟不矜,天下莫与汝争能;汝惟不伐,天下莫与汝争功。予懋乃德,嘉乃丕绩。天之历数在汝躬,汝终陟元后。人心惟危,道心惟微,惟精惟一,允执厥中。无稽之言勿听,弗询之谋勿庸。可爱非君?可畏非民?众非元后何戴?后非众罔与守邦。钦哉!慎乃有位,敬修其可愿。四海困穷,天禄永终……"

这里的"帝",指的是舜,所说的是当舜确定大禹将承担执掌天下与百姓重任时,将帝尧和他本人执政的心得体会谆谆嘱咐给大禹。其中"人心惟危,道心惟微,惟精惟一,允执厥中"这十六个字,一直被视为尧、舜、禹所代表的执政者品德修养和治理国家的精髓,这就是所谓尧舜之道。这十六个字在一定意义上确是中国文化之根,中华文明之精髓。

中国共产党百年征程中,是怎样真正传承并创造性地发展了这十六个字所代表的中华文明之精髓的呢?

一、人心惟危，人民至上

"人心惟危"，论者或解释为人对声色名利的欲望追求而产生贪嗔痴爱的不良念头，使人人自危而贪图安逸，如清初理学家李颙就说："人之病疼各别，或在声色，或在货利，或在名高，一切胜心、妒心、悭心、吝心、人我心、是非心，种种受病，不一而足。"（李颙：《二曲集》，北京：中华书局，1996）这其实是专注心性之学的宋明学者的误读。值得注意的是《荀子·王制》中引用过的一段话："庶人安政，然后君子安位。《传》曰：'君者，舟也；庶人者，水也；水则载舟，水则覆舟。'"舜对禹的告诫，是要他牢记，他能否成功地引导国家与社会向前发展，关键就在他是否真正了解人心，是否能够赢得人心。人心即民心。《尚书·五子之歌》："民惟邦本，本固邦宁。"《老子》："圣人无常心，以百姓心为心。"《管子·牧民》："政之所兴，在顺民心；政之所废，在逆民心。"《孟子·离娄上》："得天下有道，得其民斯得天下矣。得其民有道，得其心斯得民矣。"以上所举，以人心为民心，是为正解。再说"危"字，《说文解字》解释为"在高而惧也"，意在要有高度的责任感和强烈的危机感。《诗经·小雅·小旻》："战战兢兢，如临深渊，如履薄冰。"《周易·乾卦》九三爻辞："君子终日乾乾，夕惕若，厉无咎。"准确地理解了"人心"与"危"的意义，就能把握"人心惟危"的真实内涵。

纵观古今，真正不折不扣尽心尽力做到民心至上、人民至上的，正是中国共产党人。中国共产党的初心和使命，就是为中国人民谋幸福，为中华民族谋复兴。中国共产党没有自己特殊的利益，在任何时候都把人民利益放在第一位。中国共产党的百年征程，就是中国共产党不屈不挠地为中国人民的幸福、为中华民族的复兴进行艰苦卓绝斗争的过程。民心至上、人民至上，是中国共产党所坚持的价值体系的核心，为中国人民谋幸福，为中华民族谋复兴，是全体中国共产党人英勇奋斗的共同目标，不断前进的根本动力。习近平2016年7月1日在庆祝中国共产党成立95周年大会上讲话中说："人民立场是中国共产党的根本政治立场"，"党和人民风雨同舟、生死与共，始终保持血肉联系，是党战胜一切困难和风险的根本保证，正所谓'得众者则得国，失众者则失国'。"

历史归根结底是由人民创造的，这是中国共产党所秉持的基本的世界观、历史观。毛泽东1945年4月在中国共产党第七次代表大会所作的政治报告《论联合政府》中指出："人民，只有人民，才是创造世界历史的动力。"习近平在党的十九大报告中指出："人民是历史的创造者，是决定党和国家前途命运的根本力量。""人民是历史的创造者，人民是真正的英雄。波澜壮阔的中华民族发展史是中国人民书写的！博大精深的中华文明是中国人民创造的！历久弥新的中华民族精神是中国人民培育的！中华民族迎来了从站起来、富起来到强起来的伟大飞跃是中国人民奋斗出来的！"

近代以来，中国人民为了克服极为分散的城乡个体经济所造成的一盘散沙局面，成功地进行反对外国资本主义列强和本国腐朽统治者的斗争，曾经尝试建立各种各样的政治性团体，将人们集合在一起，组织成富有战斗力的队伍。农村中传统的天地会、三合会、红枪会、大刀会等各种帮会重新活跃起来，太平天国运动中成立了新式的拜上帝会、太平军，义和团运动中各地风起云涌建立拳会、乡团，这些团体基本上都是破产农民的集结；伴随着中国新兴工业、新兴商业和新式教育的产生，中国与西方国家交往的频繁，接受了新学而积极谋求革新的士人开始仿效西方国家，建立商会、学会等新型社团，进而建立各种政团、政党。戊戌维新运动中成立的强学会、保国会，辛亥革命准备时期革命党人成立的兴中会、华兴会、光复会、日知会、岳王会、中国同盟会等各种革命团体，君主立宪主义者成立的保皇会、宪政公会、预备立宪公会等各种谋求实行宪政的团体，风起云涌。武昌起义、清王朝被推翻后，统一党、共和党、国民党、社会党、民主党、进步党等，一大批仿效欧美国家以议会为主要活动平台的政党纷纷建立。孙中山为改变国民党沦为议会党的现状，组建中华革命党，但也没有能够成为领导中国人民继续进行革命的中枢。中国共产党建立以后，中国又成立了经过改组的中国国民党、青年党、第三党（农工民主党）、国社党（民社党）、中国救国会、中国民主同盟等许多政党，他们最终都无法取代中国共产党。究其根本原因，就是他们都没有真正了解人心、人民，不能真心实意地相信人民，更没有做到放手发动人民，全心全意地依靠人民，有一部分党派甚至还为了一己私利而离开了人民，背弃了人民。

事实证明，人民的解放，特别是几万万农民的解放，全体被压迫被奴役的人民的解放，是中国共产党力量的源泉。新民主主义革命时期，中国共产党领导几万万农民从中国中部、南部和北部各省起来，如暴风骤雨，冲决一切束缚他们的罗网，团结各界民众共同奋斗，取得了土地革命战争、抗日战争、人民解放战争的胜利，将帝国主义、军阀、贪官污吏、土豪劣绅一一葬入了坟墓；中华人民共和国建立后，中国共产党又领导几万万农民胼手胝足，用辛勤劳动和无数汗水，同其他各界人民一道，奠定了中国社会主义工业化的基础；改革开放以来，中国共产党又依靠由全体中国人民组成的世界上最为庞大、最为勤奋的这支劳动大军，全面推进了中国的工业革命、农业革命、信息革命、生态革命，以及城市化、全球化进程。

中国共产党致力于建成最广泛的国内国际的统一战线，团结一切可以团结的力量，利用一切可能利用的积极因素，尽力做到《大禹谟》中所说的"嘉言罔攸伏，野无遗贤，万邦咸宁。稽于众，舍己从人，不虐无告，不废困穷"。

正因为始终不渝地坚持以人民为本体，中国共产党在百年征程中一心一意为人民，全心全意为人民，和人民心心相印，血肉相连，名副其实地成为了民心至上、人民至上的人民政党。

二、道心惟微，实践为尊

人民，人心，都是总体性的概念。一旦具体化，人们的道德素养、价值取向，人们的利益诉求、得失取舍，千差万别。即以利益诉求而论，根本利益与表面利益，长远利益与暂时利益，整体利益与局部利益，常常会互相背离、互相冲突。"道心"，指的是隐蔽在自然、社会万千现象之后的客观规律。"道心惟微"，指的是这些客观规律虽然如《道德经》所说，"道之为物，惟恍惟惚。惚兮恍兮，其中有象；恍兮惚兮，其中有物"，但把握了"道心"即这些客观规律，就能比较成功地处理好这些矛盾冲突，对于人民、人心，不致孰轻孰重，顾此失彼。

真理是具体的，是在千百万民众的生活实践中显现出来的。《大禹谟》记述，大禹在听到舜帝所说的"道心惟微"后，立即回应道：

于！帝念哉！德惟善政，政在养民。水、火、金、木、土、谷，惟修；正德、利用、厚生，惟和。九功惟叙，九叙惟歌。戒之用休，董之用威，劝之以九歌，俾勿坏。

民心，人民，都和水、火、金、木、土、谷生产活动紧密相连，都离不开"正德、利用、厚生"。《尚书正义》："正德以率下，利用以阜财，厚生以养民，三者和，所谓善政。""正德"，指居上位者必须自正其德，方能有效统民；"利用"，指以工作什器、商通货财之类利民之用，使财物殷阜，民无匮乏；"厚生"，指以衣帛食肉、不饥不寒之类令人民生计温厚，衣食丰足。

中国共产党之所以能够成为中国名副其实的人民政党，成为领导中国人民奋勇前进的先锋队，就是因为一贯注意在人民大众的实际生活中发现客观存在的真理，一直坚定不移地在现实世界、在中国人民变革现存状况的现实运动中认识真理、掌握真理、运用真理。不迷信本本，不迷信教条，不迷信别国一时成功的经验，坚持中国革命和中国建设道路的选择都必须从中国的实际出发，坚持在亿万中国人民艰苦卓绝的革命和建设长期实践中检验我们对于真理的认识是否正确，是否全面，是否深刻。毛泽东早就明确提出要反对"本本主义"，反对教条主义，1937年在《实践论》中深刻阐明了我们为什么必须"通过实践而发现真理，又通过实践而证明真理和发展真理"。邓小平1992年在南巡讲话中强调："实事求是是马克思主义的精髓。要提倡这个，不要提倡本本。"这是中国共产党所一贯坚持的科学的认识论，是中国共产党据以指导中国革命与建设的整个知识体系的核心。

正因为坚持这一科学的认识论，中国共产党方才能够制定正确的路线、方针和政策，运用正确的战略与战术，在一次次危机面前及时调整航向，转危为安，领导中国人民的革命与建设胜利前进。

我们党在历史上两次重大的转折，是最为充分的证明。

中国共产党从成立开始，便重视开展农民运动，但在共产国际和苏联共产党影响下，仍将工作重心放在城市，尤其是大中城市。轰轰烈烈的大革命1927年遭到惨重失败后，痛定思痛，以毛泽东为代表的中国共产党人，决心从中国实际出发，走中国革命自己的路，这就是将党的工作重心从城市转向农村，依靠发动广大农民，建立起以农民为主体的工农红军，开辟农村革命根据地，先占领农村，以农村包围城市，最后夺取城市，一步步先是赢得了抗日战争的胜利，继而又赢得了中国革命在全国的胜利。

另一次历史性的重大转折，是在经历了"十年动乱"之后，以邓小平为代表的中国共产党人，坚持以实践为检验真理的唯一标准，决心跳出苏联社会主义模式的缠束，通过改革开放，走出中国自己的社会主义建设之路。通过家庭联产承包责任制的普遍推行，民营经济的迅速发展，以及社会主义市场经济体系的建立，极富创造性地开辟了中国特色社会主义道路，创建了中国特色社会主义制度，推动中国经济和社会在短短四十年中就实现了历史性的飞跃。

当今，现代工业革命、现代农业革命、信息革命和生态革命正在引发中国以及世界又一次历史性的转折。面对这一转折，如何正确、全面、深刻地认识当今中国和世界的实际，如何清醒、沉着、冷静地应对一系列前所未有的挑战，领导全体中国人民共同创造能够保障每个人都能够自由而全面发展的明天，已经走过了百年征程的中国共产党，正在接受一场更大的也更为严峻的考验。

共产主义者同盟，1847年6月在伦敦成立，是第一个以科学社会主义为指导思想的国际无产阶级的政党。马克思和恩格斯曾积极参加了起草工作的《共产主义者同盟章程》第一章第一条规定："同盟的目的：推翻资产阶级政权，建立无产阶级统治，消灭旧的以阶级对立为基础的资产阶级社会和建立没有阶级、没有私有制的新社会。"自那以后，国际共产主义运动中涌现了众多政党，俄国十月革命后，以俄共（布）为首，有一批共产党成为他们所在国家的执政党。为什么中国共产党能够在中国近现代史上所有这些政党中脱颖而出，成为领导中国人民英勇奋斗并取得成功的先锋？就认识论而言，就是因为中国共产党一贯坚持从实际出发，在纷繁复杂的各种矛盾冲突面前，始终坚持实事求是的思想路线。"道心惟微"，"道心"素来被诠释为"天地自然之心，良知、良能、止于至善之心"，坚持实践为尊，就能够真正做到中华文明知识体系一贯提倡的"博学、审问、慎思、明辨、笃行"。

三、惟精惟一，抱元守一

惟精惟一，孔颖达《尚书正义》："道者，经也，物所从之路也。因言人心，遂云道心。人心，惟万虑之主；道心，为众道之本。""将欲明道，必须精心；将欲安民，必须一意。故以戒精心一意。"这一诠释，没有紧密结合《大禹谟》在此前后的上下文，因而对"惟精惟一"的实际内涵未能做出具体的说明。《大禹谟》中也说："吁！戒哉！儆戒无虞，罔失法度。罔游于逸，罔淫于乐。任贤勿贰，去邪勿疑。疑谋勿成，百志惟熙。罔违道以干百姓之誉，罔咈百姓以从己之欲"，舜帝叮嘱大禹："克勤于邦，克俭于家，不自满假，惟汝贤。汝惟不矜，天下莫与汝争能；汝惟不伐，天下莫与汝争功。"又叮嘱禹："俞！允若兹，嘉言罔攸伏，野无遗贤，万邦咸宁。稽于众，舍己从人，不虐无告，不废困穷，惟帝时克。"真正做到惟精惟一，就要做到信守法度，任贤勿贰，克勤于邦，克俭于家，要去魅、去腐、去邪、去满，这就叫作"抱元守一"。"抱元"，即是紧紧抓住人心与道心这一根本和本质，坚持人民至上、实践为尊，矢志不移；"守一"，即是戮力一心，始终如一，步调一致，天下一匡。

数千年来，唯有中国共产党，真正做到了这里所说的"惟精惟一"与"抱元守一"。

中国共产党从创立开始，就一直坚持只有中国人民中的先进分子方才有资格成为中共党员。1921年7月举行中共第一次代表会议时，全党仅有党员50余人。现今，据中共中央组织部统计，截至2019年底，中国共产党已经拥有9 191.4万名党员、468.1万个基层党组织。每一个党员，从申请入党开始，就要接受党组织的审查与考验。少数服从多数，下级服从上级，全党服从中央，党的严密组织和严格纪律使所有党员都受到有效的约束。中国共产党一贯将党的组织建设同党的思想建设、理论建设、作风建设紧密结合在一起，而任人唯贤的干部选拔与任用制度体系，则保证锻造出非常坚强有力的骨干队伍成为党的各级组织的中坚。在党大规模发展的历程中，免不了会泥沙俱下、鱼龙混杂，混进一些投机分子、不坚定分子，也会出现一些腐化堕落分子，正派的先进分子在复杂的形势面前也有可能犯这样或那样的错误，甚至很严重的原则性的错误。而党在长期奋斗过程中建立起来的在人民监督、党内监督下去魅（"罔违道以干百姓之誉，罔咈百姓以从己之欲"）、去腐（"罔失法度。罔游于逸，罔淫于乐"）、去邪（"任贤勿贰，去邪勿疑"）、去满（"满招损，谦受益"）的制度体系，党非常有效的自我纠错体制，确保了党的队伍纯洁，确保了党聚天下英才而用之（"嘉言罔攸伏，野无遗贤"）的先进性，确保了党的团结和统一。

近代以来，中国革命的一个重要特点，就是以武装的革命反对武装的反革命。中国共产党是冒着敌人的炮火、在异常激烈的革命战争和民族战争的洗礼中成长起来的。中国共产党最初参加了北伐战争，在大革命失败后，懂得了武装斗争是中国革命的主要斗争形式，建立了在党坚强领导下的人民军队，不畏艰难险阻，不怕流血牺牲，发动了无比英勇的人民战争。中华人民共和国建立后，中国仍长时间受到国际霸权主义的包围、封锁、破坏和侵扰，他们总试图割裂中国、分裂中国、颠覆中国。中国共产党所领导的人民军队一直是保卫国家主权与领土完整和实行人民民主专政的坚强柱石。事实证明，中国共产党能够做到"惟精惟一""抱元守一"，离不开人民战争的千锤百炼，离不开人民军队对党的无限忠诚、无私奉献。

中国共产党正因为自身做到了"惟精惟一""抱元守一"，作为领导核心，便领导整个国家做到了"惟精惟一""抱元守一"，稳定地实现了国家在社会主义的基础上的统一，人民在社会主义的基础上的团结，国内各民族在社会主义的基础上的团结。党团结和带领全国各族人民奋发图强，浴血奋斗，在并不算长的时间内将一个贫穷、落后的旧中国改造成为一个繁荣昌盛的新中国，迎来了中华民族伟大复兴，开创了中华文明发展的一个全新时代。

四、允执厥中，无远弗届

"允执厥中"，允，诚信；执，遵守；厥，其；中，中正。孔颖达疏："信执其中正之道。"明方孝儒《夷齐》："圣人之道，中而已矣。尧、舜、禹三圣人为万世法，一'允执厥中'也。"故宫中和殿正中上方有乾隆题写的"允执厥中"匾。殿名"中和"，二字取自《礼记·中庸》："中也者，天下之大本也；和也者，天下之达道也。致中和，天地位焉，万物育焉。"乾隆当认为"中和"二字的内核即"允执厥中"。"无远弗届"，亦出自《大禹谟》，大禹以有苗"反道败德，君子在野，小人在位，民弃不保"，奉命出征成功，益称赞禹："惟德动天，无远弗届。"对于中国共产党而言，这是完整的方法论。厥中，并非无原则的折中，而是对宇宙万事万物互相矛盾又互相统一的运动坚持总体性、全面性、本质性的认知和自觉应对。允执厥中，无远弗届，对于中国共产党说来，就是无限忠于人民，信守实践第一，持以至诚，团结一心，充分运用对立统一的辩证方法，为实现既定的宏大目标而不懈努力，顽强奋斗。

在中国共产党奋斗的全过程中，"允执厥中，无远弗届"，集中表现为党特别善于立足唯物辩证法，谋大局、谋全局、谋总局、谋新局。

谋大局，就是中国共产党在面对各种重大的阻力与挑战、重大危机与风险、国际国内各种严重的矛盾与冲突时，总能自觉而主动、及时而有力地予以应对；在面对历史的重大转折、斗争的重大挫折、决策的重大分歧时，总能保持清醒的头脑与足够的定力，以严谨的科学态度和正确的方法予以解决。党亦因此得以继续领导与党风雨同舟、生死与共的广大人民，冲破种种艰难险阻，坚持奋勇前行。从党建立后，决定开展工农运动，通过国共合作改组中国国民党；大革命失败后，将党的工作重心从城市转向农村，开展党所领导的现代农民战争；遵义会议，结束源于共产国际的"左"的路线的统治；到我们的共和国建立后，发动土地改革、抗美援朝、镇压反革命、"三反""五反"、知识分子思想改造五大运动；再到结束"文革"之后的拨乱反正、改革开放，在"苏东事变"及所谓"颜色革命"冲击下坚持走中国自己的路；如此等等，无一不显示了中国共产党谋大局的卓越能力。

谋全局，就是党所谋划的是全局、全面、全过程，地域包括东、西、南、北、中，部门包括党、政、军、民、学，领域包括政治、经济、社会、文化、生态。毛泽东1962年1月30日在扩大的中央工作会议上指出："工、农、商、学、兵、政、党这七个方面，党是领导一切的。党要领导工业、农业、商业、文化教育、军队和政府。"党的使命并不是事无巨细，包办一切，而是着力于总揽全局，把握发展方向，确定发展的主要目标、重点任务、重大举措和主要路径，统筹各地域、各部门、各方面动力机制，转变相关结构，协调各种利益关系。这是因为任何发展变化都不是单独的、孤立的，他们所牵系的方方面面，只有通过一体化的周密的综合谋划，方才能够事半功倍。

谋总局，中国共产党之所以能够成功地不断谋大局、谋全局，离不开一以贯之地重视打通古今、打通中外，打通人天，即打通人与自然、生态。

首先是打通古今。毛泽东在《新民主主义论》中已经阐明："我们必须尊重自己的历史，决不能割断历史。"习近平一再强调，历史是一面镜子，从历史中，我们能够更好看清世界、参透生活、认识自己；历史也是一位智者，同历史对话，我们能够更好认识过去、把握当下、面向未来。2021年2月20日在党史学习教育动员大会上，他号召全党要做到学史明理、学史增信、学史崇德、学史力行。正是基于对历史的深切了解，中国共产党方才能够坚定地立足中国实际，满怀信心地走中国自己的道路。

其次是打通中外。中国共产党非常重视借鉴和吸取西方文化的精华，对外来文化中的糟粕，也注意引以为戒。对于代表了西方文化最高成就的马克思主义，中国共产党更是视为至宝。马克思主义的革命和批判精神，马克思主义的立场、观点和方法，武装了中国共产党。但即使是马克思主义，中国共产党也坚持它绝不是僵化了的教条，一直致力于使马克思主义和中国实际相结合，和时代的发展进步相结合。

再次是打通人天，打通人类与自然。中国共产党所谋求的不是一时一地的得失，不是抛开绝大多数人的极少数人的利益，而是可长久、可持续的发展，是人民普遍的、共同的、长远的利益。在领导中国人民开展大规模经济建设以后，更加清楚地认识到工业化、城市化、市场化，以及资本对于最大利润的追逐，都非常容易造成生态环境的恶化，严重破坏人与自然和谐共生，人类对大自然的伤害最终会伤及人类自身。为了造福人类，在工业化、城市化、市场化进程中，必须自觉地尊重自然规律、保护自然环境，努力建设现代生态文明。

中国共产党谋大局、谋全局、谋总局，必然的取向就是不断谋新局。新民主主义革命道路的开辟，用和平的方式对个体农业、个体手工业、资本主义工商业进行社会主义改造，具有中国特色的社会主义建设道路的确定，全面建设小康社会与8亿人口的脱贫，都是谋新局最具代表性的成果。中国怎样走自己的路？中国共产党坚持唯物辩证法，努力客观地而不是主观地、发展地而不是静止地、全面地而不是片面地、系统地而不是零散地、普遍联系地而不是孤立地观察事物、分析问题、解决问题，在矛盾双方对立统一的过程中发现和掌握事物发展规律，不断地把马克思主义基本原理同各个时期的中国实际紧密结合，不断能在理论上推陈出新，不断开创马克思主义中国化的新境界。多谋然后善断，中国共产党始终不渝地坚持从群众中来、到群众中去的行动路线，具有空前强大的动员力、执行力，一贯坚持解放思想，勇于变革，不断自我解剖、自我净化、自我创新、自我革命，在努力发挥人的主观能动性的同时，有效阻遏各种机械论、唯意志论、民粹主义、唯心主义、庸俗唯物主义，开创了中华民族伟大复兴的崭新局面。

自从17世纪英国议会形成代表新兴资产阶级和新贵族利益的辉格党（后改称自由党）和代表地主阶级和封建贵族利益的托利党（后改称保守党）以来，政党在世界各国纷纷建立，并形成两党制、多党制、一党制等众多政党制度。纵观世界，用种种现成的所有政党模式，都无法真正揭示中国共产党本质特征的根源和秘密。一旦深入了解中华文明精髓之所在，便不难发现，撇开了中华文明这一母体，便无法读懂中国共产党，无法认识到给了中国共产党无尽活力的真正基因。同样，不能深入了解中国共产党如何成为中流砥柱，也不能真正读懂中国大一统的国家治理的制度体系生命力之所在。

后 记

这是我所承担的教育部人文社会科学重点研究基地"十三五"期间重大项目《当代中国学术话语体系的建构与文化建设》(18JJDZONGHE001)的主要成果。当代中国学术话语体系的建构,需要对国内外学术界所关注的具有重大学术价值和现实意义的问题,有很强针对性地在学理上做出我们自己的回答。何谓中国,就是这样一个问题。企图阻止中国完成国家统一大业和中华民族伟大复兴者,在"中国"这一话语上连篇累牍做了无数文章。他们打着学术的旗号,制造各种学术话语,终极目的就是否定"中国"这一名称的历史确定性,千方百计割裂中国历史,以达到分裂中国、瓦解中国、重新奴役中国的目的。依据历史实际,实事求是地阐明"中国"的科学内涵,无疑是当代中国学术话语体系的建构与文化建设中不容回避的一个重大课题。

我在《史学导论》一书中提出,历史认识是一种三极思维。客观存在的历史实际,可以称为历史1;历史实际所留下的各种遗物、遗址、文献、口述和其他资料,可以称为历史2;

历史研究者、历史诠释者、历史认识者,可以称为历史3。这三者都是具有强大能动性或强大生命力的有机体。历史研究者、历史诠释者、历史认识者是具有强大能动性或强大生命力的有机体自不必说,客观存在的历史实际之所以也是具有强大能动性或强大生命力的有机体,是因为历史实际所蕴含的许多本质性的内容、功能,往往要在不同世代的交替与历史的不断演进中方才能够逐步释放或显现出来。我们所获得的历史认识,正是这三者彼此互相作用的结果,可以称为历史4。历史认识的不同主体即不同的历史3,时空环境不同,社会关系不同,知识结构不同,价值体系不同,审美标准不同,思维方式不同,对历史2掌握的范围、程度不同,所获知的历史4自然不会相同。但历史1终究是客观存在,历史1的客观实在性是不容否认的。至于为了某些特殊利益、特殊目的,而千方百计曲解历史,甚至伪造历史,其结局,总不免在社会发展的进程中受到历史的无情惩罚。"中国"毫无疑问是客观实在的历史1,关于"中国"的各种文献记载与遗物、遗址,属于历史2,一些自不量力者硬要通过对历史2有选择的、片面的解读,否定历史1的真实存在,最终不可避免地会在历史实在面前碰得头破血流。

自2018年课题立项以来,我就"何谓中国"陆续撰写了一批文章。感谢东方出版中心万骏同志,帮助收集整理了我先前一些相关论述,因为早在二十多年前我已经专门讨论过这一问题。现在编为这部《何谓中国》,也算对这一问题有了一个自己认为较为完整的答案。

姜义华

2021 年 6 月 2 日

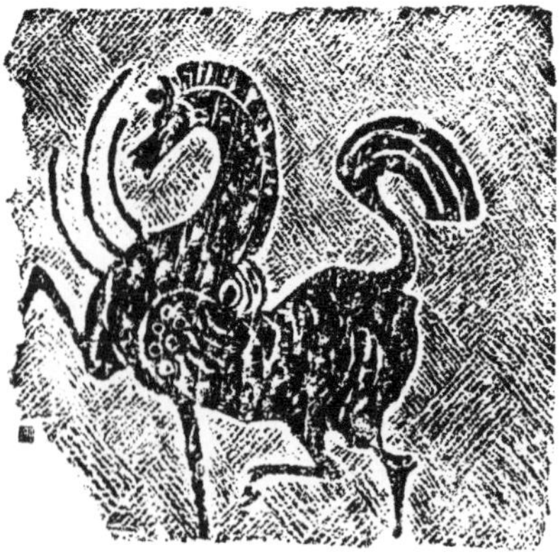